国家自然科学基金项目(41801221)资助出版

山丘区耕地抛荒治理策略研究

邓鑫 漆雁斌 等著

藏粮于地

FARMLAND MANAGEMENT

The Countermeasures of Farmland Abandonment in Hilly and Mountainous Areas

社会科学文献出版社
SOCIAL SCIENCES ACADEMIC PRESS (CHINA)

作者简介

邓　鑫　管理学博士，四川农业大学副教授、硕士生导师。主要从事农业绿色发展与区域振兴、耕地生态修复及农户响应等相关领域的教学与研究。在《农村经济》、《农业技术经济》、《中国经济问题》、*China Agricultural Economic Review*、*Social Indicators Research*、*Land Use Policy*、*Journal of Environmental Management* 等 CSSCI/SSCI 收录期刊公开发表学术论文 60 余篇，其中多篇论文入选 ESI 高被引论文。主持国家社科基金、四川省社科基金、重庆市社科基金等国家级、省部级项目 7 项。出版专著 1 部，获四川省社会科学优秀成果奖二等奖 1 项。

漆雁斌　经济学博士，四川农业大学教授、博士生导师。主要从事区域经济与绿色高质量发展等相关领域的教学与研究。在 SSCI、SCI、CSSCI、CSCD 等收录期刊上公开发表学术论文 100 余篇，出版专著 10 余部，主持国家社科基金等国家级、省部级项目 10 余项，获四川省人民政府教学或科研成果奖一等奖、二等奖、三等奖共 6 项。

本书著者[*]

邓　鑫　　漆雁斌　　曾　妙　　徐定德　　张　宽
韦　锋　　鲁仕宝　　郑　勇　　屈改柳　　陈　蓉
马　历　　林　桐　　何　强　　李　川　　瞿子杰
张加蓝　　张灵芝　　徐　荣　　宋　锟　　王　迪

---

[*] 曾妙为四川大学博士研究生、鲁仕宝为内江师范学院客座教授、马历为重庆大学讲师，其他著者单位均为四川农业大学。

序 一

杨继瑞[*]

耕地保护关系国之大计，是一个庞大的系统工程。我们党始终高度重视耕地保护问题，党的十八大以来，党中央先后实施一系列硬措施，守住了耕地红线，初步遏制了耕地总量持续下滑的趋势。然而，我们必须清醒地认识到，我国人多地少的国情没有变，耕地"非粮化"与"非农化"问题依然突出，守住耕地红线的基础尚不稳固，农田水利方面欠账还很多，耕地抛荒现象在不少地区仍然存在。新时代新征程，耕地保护任务没有减轻，而是更加艰巨。因此，对于耕地抛荒等土地利用问题应坚持问题导向、目标导向，尊重规律、因势利导、因地制宜、久久为功，进一步加强耕地保护，遏制耕地抛荒现象，实现"藏粮于地"。

作为国家自然科学基金项目（41801221）的研究成果，《藏粮于地：山丘区耕地抛荒治理策略研究》聚焦"藏粮于地"，围绕如何有效化解山丘区耕地抛荒问题着力展开理论研究和实践调研，为遏制耕地抛荒、促进复耕、保护耕地提供卓有成效的政策支持和新的制度安排。

该书指出，中国山丘区面积约占国土总面积的 70%，大部分耕地位于山丘区。由于常年受自然灾害困扰，山丘区农业生产有利条件有限，农业竞争力相对不足，劳动力非农化现象普遍，致使山丘区耕地

---

[*] 杨继瑞，四川大学原副校长、西南财经大学党委原副书记、重庆工商大学原校长，中国消费经济学会会长，成都市社科联名誉主席，四川外国语大学成都学院党委书记、省政府督导专员，教授，博士研究生导师。

抛荒现象高发、频发，给抛荒地治理带来了挑战。据此，著者明确指出，全面深化"藏粮于地"战略是实现"中国碗盛满中国粮"的关键所在，其重要抓手在于遏制山丘区耕地抛荒，促进抛荒地的复耕。

诚如书中所指出的那样，耕地抛荒问题是一个复杂的社会经济问题，需要从多个角度寻找原因和解决方案。政府在解决耕地抛荒问题中扮演着重要的角色。要通过加强政策支持、推进农业产业化发展、加强农村基础设施建设、推广现代农业技术和加强土地流转管理等方面的措施，努力提高农业生产效益，促进农村经济的持续发展和农民生活水平的提高，为遏制耕地抛荒构建新制度。同时，遏制和治理耕地抛荒，还需要社会各界的关注和支持，形成遏制耕地抛荒的大生态环境。

本书将人文地理学、政治经济学、农业经济管理学等学科的理论与方法有机结合起来，从多学科视野剖析了山丘区农户耕地抛荒的驱动机理，扎根田野调查，实证检验了滑坡灾害、非农就业对耕地抛荒的定量影响，给出了防范化解山丘区耕地抛荒问题的长效治理策略。这无疑是在治理耕地抛荒问题上的多学科交叉研究的有益探索和创新尝试。

本书不仅调研扎实，研究内容全面，而且数据翔实，分析透彻；其重要观点和论据不仅有理论推演，而且有实证考量；不仅有对四川典型案例进行的比对分析和佐证，更有基于全国微观调查数据进行的规律性归纳和凝练。

把"抛荒地"变成"希望田"，是邓鑫副教授研究团队把研究课题书写在"希望的田野"上的硕果。邓鑫副教授等青年才俊，有国之大者的情怀和对耕地抛荒治理研究久久为功的毅力。《藏粮于地：山丘区耕地抛荒治理策略研究》一书，透露出他们敏锐的观察力和脚踏实地的扎实的研究功底。我相信，《藏粮于地：山丘区耕地抛荒治理策略研究》的出版，必将丰富"藏粮于地"的理论研究和实践指导方略，为实现"复耕万亩田、守好中国粮"添砖加瓦。

希望有关同仁、相关部门人士和广大读者从《藏粮于地：山丘区耕地抛荒治理策略研究》中受益，更期待邓鑫副教授及其研究团队有更多、更好的研究成果问世！

2023 年 9 月于青城山麓

序 二

原 磊*

耕地是粮食生产的命根子，是中华民族永续发展的根基。为落实"两藏"战略中的"藏粮于地"战略，国务院分别于 2020 年 9 月印发《关于坚决制止耕地"非农化"行为的通知》、2020 年 11 月印发《关于防止耕地"非粮化"稳定粮食生产的意见》，为耕地治理提供了具体思路。随后，农业农村部在 2021 年 1 月印发《关于统筹利用撂荒地促进农业生产发展的指导意见》，指出遏制耕地撂荒的重要性和紧迫性，强调有序推进撂荒地利用，引导农民复耕撂荒地。制定抛荒耕地复耕利用具体方案，补齐抛荒耕地治理中的短板欠账、夯实耕地保护工作根基，不仅是落实"藏粮于地、藏粮于技"战略的工作重心，也是稳步拓展农业生产空间、提高农业综合生产能力的必然选择，更是实现中国农业农村现代化的基础保障。基于我国新的历史时期和新的发展阶段，深入开展耕地抛荒治理的系统研究具有十分重要的理论意义和应用价值。

由四川农业大学邓鑫副教授领衔完成的《藏粮于地：山丘区耕地抛荒治理策略研究》一书，正是在切实加强耕地保护、全力提升耕地质量方面做出的前沿性、创新性的理论研究和应用探索。本书基于"政策需求—形成机理—现实考察—实证检验—治理策略"的逻辑进

---

* 原磊，中国社会科学院经济研究所副所长、研究员。

路，从人多地少的基本国情、守住耕地红线的主要挑战切入，阐明了耕地抛荒治理在实现"藏粮于地"战略中的重要意义；借鉴马克思主义地租理论与人地关系地域系统理论等理论，构建了一个山丘区耕地利用转型的一般分析框架，识别出山丘区农户耕地抛荒行为的微观生成机理；基于全国大样本数据和四川典型抽样调查数据，详细检验了山丘区农户耕地抛荒的驱动因素及作用机制，提出自然灾害冲击、农村劳动力转移是山丘区农户抛荒耕地的主要驱动力。进而，明确提出要在国土空间利用上构建山丘区抛荒耕地治理的系统观，要从"环境—农民—土地"的人地关系地域系统各要素协调耦合切入加快构建韧性乡村，要以"建设宜居宜业和美乡村"为契机加快推进乡村产业振兴，为农村耕地长效整治利用打好人才和产业基础。

本书得到国家自然科学基金（41801221）资助，具有较强的学术性和专业性，书中集成了山丘区耕地治理的经验方案，对加快建成农业强国、推进农业农村现代化能够发挥积极作用。本书体系完整、逻辑清晰、观点明确、论证规范，是全面落实"藏粮于地、藏粮于技"战略的创新力作，相信本书的出版能够产生重要的学术影响和社会影响。

原磊

2023 年 9 月于北京

前　言

民以食为天，粮安天下安。党的二十大报告多次提及粮食安全。粮食安全的根基在于耕地红线不突破、耕地质量不下降。因此，"藏粮于地"战略是构建粮食安全屏障和维持社会稳定发展的压舱石。加快推进"藏粮于地"战略落地，需要摸清耕地利用现状，尤其是要了解农户抛荒耕地的根本原因，从而对症施策，统筹利用抛荒地，促进农业生产发展。特别是，山丘区农村耕地抛荒现象愈发明显，这显然不利于解决粮食安全问题。此外，山丘区不仅是解决粮食安全问题的重要国土空间，也是保护生态环境的重要功能空间。山丘区耕地抛荒导致农业生态景观减少，较大范围的耕地抛荒也不利于生态安全。耕地抛荒还可能引发土壤退化，并提高发生森林火灾的风险。与此同时，山丘区又面临着较多的地质灾害威胁，最为突出的就是滑坡灾害。山丘区作为特殊而重要的国土空间，农户的耕地资源利用行为对保护山丘区生态环境与发挥好山丘区粮食安全稳定器作用等至关重要。因此，探索山丘区农户耕地利用行为的驱动因素逐渐成为农业经济学、人文地理学、土地资源管理学和乡村发展学等学科的研究热点。

本书聚集山丘区耕地抛荒成因探析、定量探索与治理思路剖析。基于可持续生计框架，耦合人地关系地域系统理论、新劳动力迁移经济学理论与马克思主义地租理论，构建起"自然环境冲击差异→生计策略差异→耕地利用差异"的理论分析框架，采用逻辑推演和数理推导相结合的方式，对滑坡灾害与非农就业影响山丘区农户耕地抛荒的微观机理给出了理论解释。随后，基于2014年中国劳动力动态调查数据库数据

（以下简称CLDS2014数据）、2015年中国家庭金融调查数据库数据（以下简称CHFS2015数据）、2019年四川典型抽样数据，从实证角度定量检验滑坡灾害与非农就业对山丘区农户耕地抛荒的影响是否符合理论逻辑。

本书主要的研究结论如下。第一，马克思主义地租理论揭示了山丘区人地关系紧张与耕地抛荒现象并存这一耕地利用的"中国式悖论"。第二，滑坡灾害显著正向促进山丘区农户耕地抛荒。第三，非农就业显著正向促进山丘区农户耕地抛荒。第四，滑坡灾害不仅直接影响耕地抛荒，还通过劳动力资源配置（非农就业）间接影响耕地抛荒。对此，本书提出以下对策。第一，重视山丘区农村耕地在国土空间上的特殊地位，系统推进治荒减荒工作。山丘区农村耕地是保护好群众"米袋子"和"菜篮子"的物质基础之一，也是"山水林田湖草"生命共同体的有机构成，应当以系统性思维统筹推动山丘区农村治荒减荒工作。第二，提升山丘区农户防灾减灾的能力，以减少自然因素导致的耕地抛荒。一是从宏观层面增强山丘区农户防灾减灾能力；二是从微观层面加强山丘区农户日常避灾训练。第三，以农民工返乡创业为契机恢复乡村活力，盘活农地资源。一是加大力度鼓励农民工返乡创业，让农业成为有奔头的产业；二是加快山丘区农村土地市场建设，促进农地经营权流转改革红利释放。

本研究的价值和创新之处主要体现在如下几个方面。

第一，聚焦耕地抛荒现象这一耕地利用的"中国式悖论"，拓展和丰富了耕地利用转型的相关研究。已有研究多关注耕地利用转型中的产权制度改革、流转以及经营规模等问题，而本研究基于大型抽样调查数据，从农户这一微观群体切入，聚焦山丘区耕地利用转型中广泛存在的耕地抛荒现象，并利用马克思主义地租理论对此给出了经济学解释：在普遍情形下，山丘区农户相对于平原区农户所面临的生产条件更差，生产等量农产品所耗费的劳动更多，结合中国的社会主义市场经济体制，山丘区农户获得社会平均利润的可能性较小，此时，农户的最优策略是退出农业生产，或到平原区从事农业生产，由此，山丘区耕地被闲置。

第二，探索性构建耦合不同学科理论的山丘区农户耕地抛荒的微观生成机理的理论框架，并揭示理论的具体驱动机制。本研究遵循学科交叉研究范式，基于可持续生计框架耦合人地关系地域系统理论、新劳动力迁移经济学理论与马克思主义地租理论，从农户这一微观群体入手探索山丘区农户耕地抛荒的微观生成机理，构建起"自然环境冲击差异→生计策略差异→耕地利用差异"的理论分析框架，并放松了以往耕地利用研究中理论框架的假定。已有研究在讨论生计资产对农户土地利用行为的影响时认为"农户在某一特定时点上，面临的谋生环境和背景是一定的"。本研究认为即便是在某一特定时点上，由于农户地理位置的差异，其面临的自然环境也可能存在差异，换言之，自然环境冲击差异并不天然地接近于零。此外，本研究揭示了马克思主义地租理论下的"自然环境→耕地利用"的具体驱动机制，是对马克思主义地租理论中核心内容与具体驱动机制的现实再考察和检验审视。

第三，采用逻辑推演和数理推导相结合的方法讨论了山丘区农户耕地抛荒的微观生成机理并进行定量检验。本研究基于人地关系地域系统理论、新劳动力迁移经济学理论和马克思主义地租理论，采用逻辑推演和数理推导相结合的方式，分别讨论了滑坡灾害对山丘区农户耕地抛荒的影响机理、非农就业对山丘区农户耕地抛荒的影响机理、滑坡灾害与非农就业对山丘区农户耕地抛荒的影响机理。随后，采用 CLDS2014 数据、CHFS2015 数据及 2019 年四川典型抽样数据等多套不同尺度数据，以山丘区农户为主要研究对象，采用传统的计量经济学方法对山丘区农户耕地抛荒的微观生成机理进行定量检验。

在本书编写过程中，西北农林科技大学霍学喜教授、四川省农科院吕火明研究员、四川大学蒋永穆教授、四川省社科院张克俊研究员、中国科学院成都山地灾害与环境研究所刘邵权研究员，以及四川农业大学庄天慧教授、杨锦秀教授、曾维忠教授、蒋远胜教授、傅新红教授、李冬梅教授、王芳教授、曹正勇教授、郑循刚教授、李后建教授均提出了宝贵的修改意见和建议，在此一并表示感谢！由于水平有限，书中错误在所难免，欢迎广大读者批评指正。

邓　鑫

2023 年 10 月于成都温江

目 录

1 "藏粮于地"对耕地抛荒治理的要求 …………………………… 1
  1.1 中国粮食安全与山丘区耕地资源利用 ………………………… 1
  1.2 "藏粮于地"背景下聚焦耕地抛荒治理的目的与意义 ……… 6

2 耕地抛荒相关概念、理论与研究成果 ………………………… 9
  2.1 农户与耕地抛荒概念界定 …………………………………… 9
  2.2 耕地抛荒分析相关理论 ……………………………………… 15
  2.3 耕地抛荒研究成果 …………………………………………… 23

3 山丘区农户耕地抛荒的机理 …………………………………… 40
  3.1 耕地抛荒的经济学解释："中国式悖论"
     与马克思主义地租理论 ……………………………………… 40
  3.2 山丘区农户耕地抛荒的微观生成机理：
     可持续生计视角下的分析 …………………………………… 46

4 山丘区农户耕地抛荒的现实考察 ……………………………… 62
  4.1 大型抽样调查数据：2014年中国劳动力动态调查 ………… 62
  4.2 典型抽样调查数据：2019年四川滑坡灾害高发
     聚落调查 ……………………………………………………… 71
  4.3 山丘区农户耕地抛荒的现实考察与分析 …………………… 79

5 滑坡灾害与山丘区农户耕地抛荒 ························· 82
5.1 滑坡灾害影响山丘区农户耕地抛荒的背景分析 ············· 82
5.2 滑坡灾害影响山丘区农户耕地抛荒的实证策略 ············· 84
5.3 滑坡灾害对山丘区农户耕地抛荒的影响 ·················· 93
5.4 滑坡灾害影响山丘区农户耕地抛荒的讨论分析 ············ 107
5.5 本章小结 ··· 109

6 非农就业与山丘区农户耕地抛荒 ························ 110
6.1 非农就业影响山丘区农户耕地抛荒的背景分析 ············ 110
6.2 非农就业影响山丘区农户耕地抛荒的实证策略 ············ 113
6.3 非农就业对山丘区农户耕地抛荒的影响 ·················· 125
6.4 非农就业影响山丘区农户耕地抛荒的讨论分析 ············ 143
6.5 本章小结 ··· 146

7 非农就业、滑坡灾害与山丘区农户耕地抛荒 ················ 148
7.1 非农就业、滑坡灾害影响山丘区农户耕地抛荒的背景分析 ··· 148
7.2 非农就业、滑坡灾害影响山丘区农户耕地抛荒的实证策略 ··· 151
7.3 非农就业、滑坡灾害对山丘区农户耕地抛荒的影响 ··· 157
7.4 非农就业、滑坡灾害影响山丘区农户耕地抛荒的讨论分析 ··· 166
7.5 本章小结 ··· 167

8 "藏粮于地"背景下山丘区耕地抛荒的长效治理策略 ············ 169
8.1 山丘区耕地抛荒长效治理的逻辑起点 ···················· 169
8.2 山丘区耕地抛荒长效治理的总体思路 ···················· 173

8.3 山丘区耕地抛荒长效治理的

政策建议："藏粮于地"背景下的讨论 …………………… 174

参考文献 ……………………………………………………………… 178

附录 A 四川典型调查村庄问卷 ………………………………… 228

附录 B 四川典型调查农户问卷 ………………………………… 232

附录 C 稳健性检验中提取滑坡灾害风险认知变量的方法 ………… 238

著作撰写过程中形成的阶段性成果 ……………………………… 240

1 "藏粮于地"对耕地抛荒治理的要求

1.1 中国粮食安全与山丘区耕地资源利用

自古以来，粮安则天下安。"手中有粮，心里不慌。国不可一日无粮，家不可一日无米。"粮食安全问题始终是世界上许多国家和地区面临的重要问题（Boudet et al., 2020）。FAO 等（2019）估算出 2018 年全球超过 8.2 亿人口没有充足的食物，这一人口数占全球总人口的 10.80%，全球饥饿人口已连续增长三年。这无疑对"到 2030 年实现零饥饿的可持续发展目标"[①] 提出了巨大挑战。此外，如图 1-1 所示，2018 年全球粮食安全指数[②]最高为 85.9，最低仅为 23.9，平均值为 58.4（EIU, 2018）。这表明当前粮食安全水平与最佳状态仍存在较大差距。尽管中国通过精准扶贫政策已经基本实现全民"两不愁三保障"，但是中国粮食安全形势仍然不容乐观。如图 1-1 所示，中国粮食

[①] 联合国可持续发展目标（Sustainable Development Goals）提出到 2030 年在全球范围内确保所有人，特别是穷人和弱势群体（包括婴儿），全年都能获得安全、营养和充足的食物，又称"Zero Hungry"（零饥饿）行动。资料来源：https://www.globalgoals.org/2-zero-hunger。

[②] 全球粮食安全指数（Global Food Security Index）由经济学人智库（the Economist Intelligence Unit）编制，考虑了 113 个国家粮食安全的三大支柱——可负担性、可用性、质量与安全。该指数是一个动态的定量和定性基准模型，由 28 个独特的指标构成，为评估全球各个国家的粮食安全提供了一个客观框架。该指数最高值为 100，表明粮食安全状态非常好；最低值为 0，表明粮食安全状态非常差。目前已公开 2012~2018 年的数据。数据来源：https://foodsecurityindex.eiu.com/Resources。

安全指数长期维持在 62～66，刚好超过全球平均水平，但与全球粮食安全指数最高的国家存在较大差距，这表明中国粮食安全问题仍然严峻。目前，中国用世界 7% 的耕地养活着世界 20% 的人口（Zhang, 2011）。一个新的挑战是，中国政府自 2015 年开始逐渐放宽了人口政策，中国总人口已从 2000 年的 12.67 亿人增长至 2019 年的 14.00 亿人①，这也意味着中国对粮食的需求量还可能快速上升，中国粮食安全将面临更大的挑战。党的二十大报告提出："全方位夯实粮食安全根基，全面落实粮食安全党政同责，牢牢守住十八亿亩耕地红线，逐步把永久基本农田全部建成高标准农田"。由此可见，全面深化"藏粮于地"战略是实现"中国碗盛满中国粮"的关键所在。

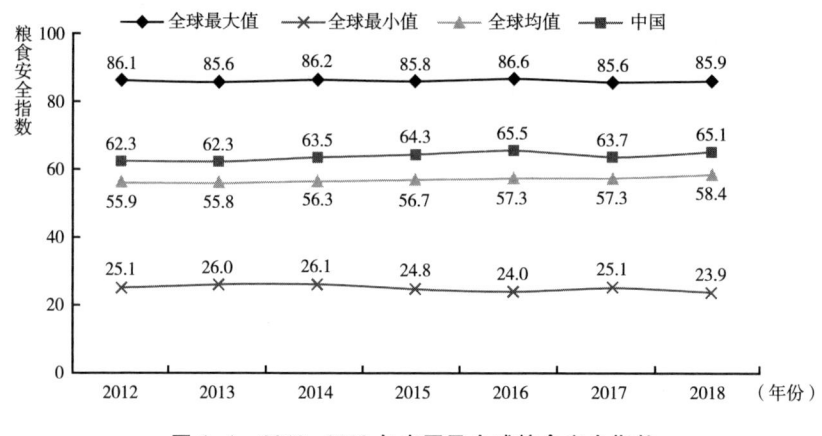

图 1-1　2012～2018 年中国及全球粮食安全指数

数据来源：https://foodsecurityindex.eiu.com/Resources。

在目之可及的未来，耕地仍将是解决粮食安全问题的重要物质载体（He et al., 2017; Creutzig et al., 2019）。张月蓉（1982）认为人类为了生存、生活和发展，特别要依赖耕地来生产粮食和其他必需生活资料。He 等（2017）也认为农田所提供的初级生产力是确保粮食生产和

---

① 2000 年的人口数据来源于《中国统计年鉴 2001》，2019 年的人口数据来源于《中华人民共和国 2019 年国民经济和社会发展统计公报》。

粮食安全的重要基础。此外，Godfray等（2010）认为为了应对人类日益增长的粮食需求，依靠耕地是最经济的一种方式。然而，人类当前面临的最大挑战是为近100亿人口提供充足的食物（Ward & Pulido-Velazquez，2008）。因此，充分利用土地、藏粮于地是确保粮食安全的重要途径（Luo et al.，2019；胡守庚等，2019）。

然而，全球范围内的耕地资源却没有被充分利用，部分处于抛荒状态（王倩等，2019；郑沃林、罗必良，2019；Ma & Zhu，2020）。据估计20世纪以来，全球抛荒的耕地面积大约为385万～472万平方千米（Campbell et al.，2008）。具体来看，Müller等（2013）发现1990～2005年，罗马尼亚抛荒耕地比例高达28%；Estel等（2015）发现2001～2012年东欧抛荒耕地面积多达760万公顷；Su等（2018b）发现即便是在人口稠密、土地稀缺的日本，耕地抛荒率也从2005年的9.66%提高到2015年的12.14%。中国人地关系历来十分紧张（Xie & Jiang，2016）。汉代人均耕地面积约10亩，明清以后人均耕地面积为3～5亩。近年来，由于建设占用、灾毁、生态退耕、农业结构调整等因素，中国实际耕种面积持续减少（Qiu et al.，2020）。中国农户户均耕地规模仅为0.5公顷，相当于美国的1/400（Xu et al.，2019a）。然而，即便是在如此紧张的人地关系背景下，2013年中国耕地抛荒率仍然高达18.98%（郑沃林、罗必良，2019）。

特别是在山丘区，耕地抛荒更为严重（史铁丑、李秀彬，2013；李升发等，2017；李升发、李秀彬，2018；Xu et al.，2019d）。Ustaoglu & Collier（2018）通过回顾2017年11月以前收录在Web of Science数据库中的文献，发现欧洲耕地抛荒的主要区域集中在山丘区。Zhang等（2014）也发现耕地抛荒最先发生于山丘区。聚焦中国山丘区，甘犁、尹志超（2015）通过抽样调查①发现2011年和2013年中国农田的闲置比例分别为13.5%和15%，且主要分布在山丘区。李升发等（2017）

---

① 此次抽样调查覆盖中国29个省份262个县市。

通过抽样调查①发现 2014~2016 年中国山区县耕地抛荒率为 14.32%。

山丘区耕地抛荒会引发诸多问题。首先，耕地抛荒作为一种资源浪费，严重的话会威胁粮食安全（He et al.，2017）。其次，耕地抛荒导致农业生态景观减少，较大范围的耕地抛荒不利于生态安全（Su et al.，2018b）。再次，耕地抛荒可能引发土壤退化（Stanchi et al.，2012；Brandolini et al.，2018）。最后，耕地抛荒可能增加发生森林火灾的风险（黄利民，2009；史铁丑、李秀彬，2013）。此外，由于城市化和气候变化的双重作用，粮食作物的主产区逐渐向山区转移（Attavanich & McCarl，2011）。目前，中国山丘区面积约占国土总面积的 70%（陈国阶等，2007），因此，山丘区逐渐成为维系粮食安全和保障生态安全的重要国土空间。探索山丘区农户耕地抛荒的驱动因素逐渐成为农业经济学、人文地理学、土地资源管理学和乡村发展学等学科的研究热点。

首先，农户是研究山丘区耕地抛荒的重要切入口。包括中国在内的许多国家和地区，农户是管理土地的基本单元（Wang et al.，2019）。受限于研究数据的获取，马玲玲（2010）、牛继强等（2017）、Sankey 等（2018）、Guo & Song（2019）等人利用卫星影像数据和宏观统计数据探索耕地抛荒的分布及驱动机制。这些大尺度研究能够很好地帮助我们从宏观视角定量辨识耕地抛荒的分布及成因，然而，农户是管理土地的基本单元，也是决定土地利用宏观行为的微观基础（Xu et al.，2019a），微观基础又与宏观行为相辅相成（Schelling，2006）。同时，家庭是农业经济的组织基础（袁明宝，2014）。因此，农户也成为农业经济学研究的重要切入口，当前研究亟待以大规模农户抽样数据，定量探索滑坡灾害、非农就业对山丘区耕地抛荒的影响。

其次，滑坡灾害、非农就业等自然环境因素与社会经济因素在山丘区叠加，促使农户调整生计策略，这可能导致耕地抛荒。一是，由于山

---

① 此次抽样调查覆盖中国 25 个省份 153 个山区县，约占《中国县（市）社会经济统计年鉴 2011》划定山区县的 16.91%。

丘区地形和地质背景较差，山地灾害（滑坡、泥石流等）频繁发生（徐定德，2017）。如图1-2所示，以滑坡灾害为例，2009~2018年滑坡灾害成为已发生地质灾害的主要类型，发生数占比稳居50%以上。二是，由于城市经济的迅速崛起，农村劳动力外迁严重（李升发等，2017；Xu et al.，2019a）。如图1-2所示，外出农民工①在乡村人口中的占比持续增加，从2009年的21.08%上升至2018年的30.61%。即便是务农，户均劳动投入也呈现下降趋势。De Brauw等（2013）发现中国农村家庭户均劳动力工时投入从1991年的3528工时下降到2009年的1399工时。综上，山丘区已成为耕地抛荒严重、滑坡灾害发生频繁、非农就业普遍的叠加区域。然而，已有研究尚未对滑坡灾害、非农就业在山丘区耕地抛荒中扮演的角色进行深入分析。

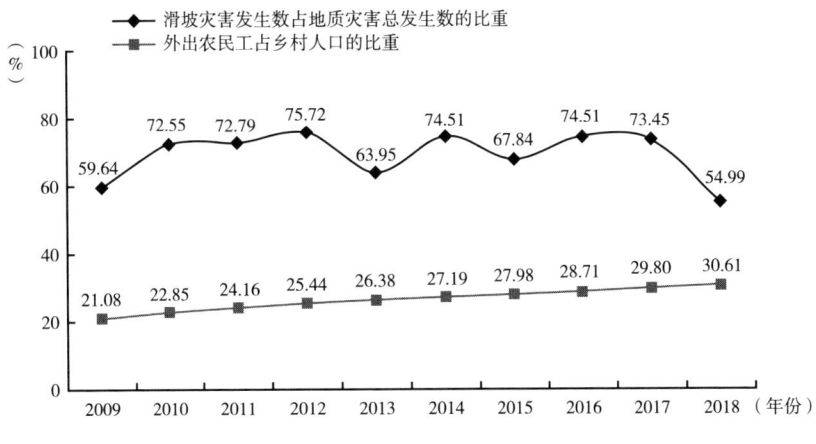

图1-2 滑坡灾害与外出农民工变化趋势（2009~2018年）

数据来源：滑坡灾害发生数、地质灾害发生数及乡村人口指标来自国家统计局官网，外出农民工指标来自历年《农民工监测调查报告》。

长期以来，乡村一直是世界各国经济发展的薄弱地区，因此，推动农村发展一直是世界各国政府的主要目标（Gary & John，2013）。党的

---

① 外出农民工是指在户籍所在乡镇地域外从业6个月及以上的劳动者。释义来源：https://www.gov.cn/lianbo/2023-04/28/content_5753682.htm。

十九大报告提出"乡村振兴战略",其目的在于繁荣乡村。从本质上讲,乡村振兴战略的主线是"人、地、钱"(罗必良,2017;郭晓鸣等,2018),其核心目标是打通城乡要素流通壁垒,将农村打造成生态宜居之地(Xu et al.,2018b)。可以预见,未来山区农村或将成为投资的热土。本研究在吸收和综合既往研究(黄利民,2009;张英,2017;史铁丑,2018)的基础上,基于可持续生计框架,耦合人地关系地域系统理论、新劳动力迁移经济学理论与马克思主义地租理论,构建起"自然环境冲击差异→生计策略差异→耕地利用差异"的理论分析框架,采用逻辑推演和数理推导相结合的方式,对滑坡灾害与非农就业影响山丘区农户耕地抛荒的微观机理给出了理论解释。基于上述思路,本研究采用 CLDS2014 数据、CHFS2015 数据、2019 年四川典型抽样数据作为稳健性检验数据集,对上述议题进行实证分析,从而为在乡村振兴背景下理解山丘区灾害管理、农村劳动力迁移与土地资源利用的相关问题,提供一些经验思考。

1.2 "藏粮于地"背景下聚焦耕地抛荒治理的目的与意义

1.2.1 "藏粮于地"背景下聚焦耕地抛荒治理的目的

本书的研究目的可以总结为:基于可持续生计框架,耦合人地关系理论、非农就业理论、马克思主义地租理论,结合农户微观数据,在理论与机理分析的基础上,首先,从不同尺度数据剖析山丘区耕地抛荒现状;其次,实证分析滑坡灾害、非农就业与耕地抛荒的定量关系;最后,在此基础上提出如何在乡村振兴背景下有效利用土地资源的政策建议。为达到上述目标,本书完成了如下三个分目标。

(1)用经济学理论解释山丘区耕地抛荒现象的形成以及山丘区农户耕地抛荒行为的决策依据。中国耕地资源的利用存在一个悖论,即十分紧张的人地关系与大面积的耕地抛荒现象并存,学界称之为耕地利用的"中国式悖论"。中国耕地面积仅占世界耕地总面积的7%,却要养活近20%的世界人口。同时,中国耕地抛荒现象越来越多,特别是在山丘区耕地抛荒现象更加普遍,地方政府非常重视,出台了相关政策予以干预。① 本研究将基于马克思主义地租理论,采用数理推导和经验数据模拟对山丘区耕地抛荒现象给出经济学解释,同时分析山丘区农户耕地抛荒行为的决策依据。

(2)从耕地抛荒行为发生率、耕地抛荒规模、耕地抛荒程度等维度,多视角呈现中国山丘区耕地抛荒现状。以往研究多注重讨论耕地利用中的土地流转问题,较少关注耕地抛荒,尤其是山丘区耕地抛荒这一日益普遍的现象。本研究基于CLDS2014数据和2019年四川典型抽样数据,从耕地抛荒行为发生率、耕地抛荒规模、耕地抛荒程度三个维度呈现中国山丘区耕地抛荒情况。

(3)构建理论分析框架,辨识滑坡灾害、非农就业对山丘区农户耕地抛荒的影响机理并进行定量检验。本研究基于可持续生计框架,耦合人地关系地域系统理论、新劳动力迁移经济学理论与马克思主义地租理论,构建起"自然环境冲击差异→生计策略差异→耕地利用差异"的理论分析框架,采用逻辑推演和数理推导相结合的方式,对滑坡灾害与非农就业影响山丘区农户耕地抛荒的微观机理给出了理论解释。随后,基于CLDS2014数据、CHFS2015数据、2019年四川典型抽样数据,从实证角度定量检验滑坡灾害与非农就业对山丘区农户耕地抛荒的影响是否符合理论逻辑。

1.2.2 "藏粮于地"背景下聚焦耕地抛荒治理的意义

伴随着城镇化的不断推进,大量农村劳动力在经济利益的驱使下外

---

① 《关于加强粮食生产严禁耕地抛荒的通告》,岳阳县人民政府网站,http://www.yyx.gov.cn/37584/38153/39075/content_1671008.html,2020年3月20日;《关于禁止耕地抛荒的通告》,安福县人民政府网站,http://www.afx.gov.cn/art/2020/3/5/art_53329_3178535.html,2020年3月5日。

出务工，随之而来的是农业生产劳动力的相对短缺与耕地抛荒（Xu et al.，2019a）。这一现象在山丘区更为普遍（李升发、李秀彬，2016；李升发等，2017）。由此，耕地抛荒逐渐成为农业经济学、人文地理学、土地资源管理学和乡村发展学等学科关注的话题。耕地抛荒作为农户利用土地资源的一种方式，不仅受到经济因素影响，还受到环境因素影响。立足社会经济因素并引入自然环境因素，全面剖析农户的土地适应性行为及驱动机制，有助于丰富农户生产行为的相关研究。因此，本研究基于可持续生计框架，耦合人地关系地域系统理论、新劳动力迁移经济学理论与马克思主义地租理论，构建起"自然环境冲击差异→生计策略差异→耕地利用差异"的理论分析框架，采用逻辑推演和数理推导相结合的方式，对滑坡灾害与非农就业影响山丘区农户耕地抛荒的微观机理给出了理论解释，深化了人地关系认知，有助于从学科交叉视角丰富农户行为理论的相关研究。

土地不仅是必要的农业生产资料，还是农户重要的生计资产（Zou et al.，2018）。作为生产资料，土地资源的有效配置对农业可持续发展至关重要（Restuccia & Santaeulalia-Llopis，2017）。然而，耕地抛荒作为一种不恰当的土地利用方式，将严重威胁粮食安全。不仅如此，耕地抛荒还可能造成水土流失和农业文化景观减少（Beilin et al.，2014），这不利于"农村生态环境明显好转，农业生态服务能力进一步提高"。此外，对缺乏以稳定的货币收益为社会保障的农民来说，作为生计资产的土地承担着重要的社会保障职能（Burgess，2001；吴萍，2010；徐志刚等，2018）。土地问题也是理解农业和农村问题的核心（应星，2014）。因此，以山丘区农户为研究对象，定量辨识滑坡灾害、非农就业对耕地抛荒的影响及影响机制，能为山丘区农村地质灾害管理工作及资源有效率利用提供一定的思路；从农户这一微观层面出发，有助于回答"如何藏粮于地"这一现实问题，也有利于保护和修复农村生态。

2 耕地抛荒相关概念、理论与研究成果

2.1 农户与耕地抛荒概念界定

2.1.1 农户

曾亿武（2018）认为农户有两个维度的含义，一是以家庭为核算单元，二是从事与农产品的生产、加工、转运等农业生产经营相关的活动。魏建（2019）认为农户是有别于居住在城镇且从事工业、商业等非农业活动的群体，他们以从事农业生产为主并长期居住在农村地区。本研究所指的农户有三个主要特征：①户籍在农村，以户主为纽带在农村地区拥有土地承包经营权；②家庭成员之间有密切的经济往来关系，或是居住在一起共同生活的人；③农户的主要经济来源可能是农业，也可能是非农业，或农业和非农业皆有。

2.1.2 耕地

耕地是解决粮食安全问题的重要物质载体（Creutzig et al., 2019）。根据《土地利用现状分类》（GB/T 21010—2017）的相关表述，耕地是指种植农作物的土地，包括熟地，新开发、复垦、整理地，休闲地（含轮歇地、休耕地）；以种植农作物（含蔬菜）为主，间有零星果树、桑树或其他树木的土地；平均每年能保证收获一季的已垦滩地和海涂。

耕地又可细分为水田、水浇地和旱地。① 本研究所探讨的土地利用问题可具化为耕地利用形态的变化问题。

2.1.3 农户耕地利用行为及耕地抛荒

耕地利用行为是指农户在自身经济利益诉求、市场经济环境、自然环境因素的共同驱使下而做出的不同利用行为决策（戈大专等，2018；胡守庚等，2019）。耕地利用行为包括自耕行为、流转行为和抛荒行为（Xu et al.，2017a）。自耕行为和流转行为已经得到了丰富的讨论，本研究主要讨论耕地抛荒行为。

目前，耕地抛荒尚无统一的定义（沈绍梅，2017；陈欣怡、郑国全，2018）。耕地抛荒还有一些相近的表述，如撂荒、弃耕、边际化利用等。马玲玲（2010）认为耕地抛荒是指在耕地利用方式保持不变且在社会、经济与自然等因素的共同作用下，农户在一定时期内对现有耕地停止或减少要素投入，从而导致耕地处于荒芜或未充分利用的状态。冯红燕（2011）指出在现有土地制度和生产条件下，在社会、经济、自然等因素的共同作用下，农户减少对耕地的资本和劳动投入，这一要素投入减少的过程可视为抛荒耕地行为。罗拥华（2012）认为在一组因素的共同作用下，农户会在一段时间内减少或者放弃耕种，导致耕地在这段时间内处于未充分利用或完全闲置的状态，这种状态就视为耕地抛荒。赵子亮（2015）认为耕地抛荒可以简单地理解成耕地由被利用状态转变为未被利用的状态。宋世雄等（2018）认为应当把由农户主观因素造成的、一般没有种植任何作物的土地和农户相对粗放利用且不进行农业管理的土地都视为抛荒耕地。Ustaoglu & Collier（2018）也将停止对农业用地的管理，导致生物多样性和生态系统服务不良变化的过

---

① 根据《土地利用现状分类》（GB/T 21010—2017），水田指用于种植水稻、莲藕等水生农作物的耕地，包括实行水生、旱生农作物轮种的耕地；水浇地指有水源保证和灌溉设施，在一般年景能正常灌溉，种植旱生农作物（含蔬菜）的耕地，包括种植蔬菜的非工厂化的大棚用地；旱地指无灌溉设施，主要靠自然降水种植旱生农作物的耕地，包括没有灌溉设施，仅靠引洪淤灌的耕地。

程视为耕地抛荒。

尽管耕地抛荒尚无统一定义，但从既有研究成果来看，耕地抛荒呈现如下几个特征：①由社会、经济、自然等多方面因素驱使；②在一定时间内；③土地未被利用或利用不充分；④农户的自发行为。有关耕地抛荒的驱动因素，将在后文予以深度分析，此处主要剖析耕地抛荒的时间范围、利用程度及行为来源。

不同研究对耕地抛荒的时间范围界定不一致。联合国粮食及农业组织1995年对抛荒耕地的界定是至少5年没有被用于农业生产或其他农业目的的可耕地（史铁丑，2018）；肖国峰等（2018）认为耕地抛荒的时间范围应当界定为耕地闲置或荒芜两年及以上；文华成（2003）、沈绍梅（2017）认为耕地荒芜一季及以上就可认为抛荒。然而，杨国永、许文兴（2015）认为从中国实际国情出发应该根据适度从紧的原则判定耕地抛荒，时间较短可能会将其与季节性休耕相混淆，主张以一年为界判定耕地抛荒。事实上，张柏齐（1994）、史铁丑和李秀彬（2013）、史铁丑（2018）等也支持以一年为界判定耕地抛荒。陈欣怡、郑国全（2018）在回顾耕地抛荒相关文献时指出，与中国一样人地关系紧张的日本，其农业部门将过去一年内没有耕种且今后也没有耕种倾向的耕地视为抛荒耕地。此外，《中华人民共和国土地管理法》也主张以一年为时间节点判定耕地抛荒[①]。

未利用和未充分利用引致耕地抛荒的类型差异。耕地利用形态可以分为显性形态和隐性形态（冯红燕，2011；Long et al.，2016）。具体而言，依据利用程度不同可以分为显性抛荒和隐性抛荒（谭术魁，2003；张斌等，2003）。冯红燕（2011）、何亚芬（2018）认为当农户

---

① 《中华人民共和国土地管理法》第三十八条：禁止任何单位和个人闲置、荒芜耕地。已经办理审批手续的非农业建设占用耕地，一年内不用而又可以耕种并收获的，应当由原耕种该幅耕地的集体或者个人恢复耕种，也可以由用地单位组织耕种；一年以上未动工建设的，应当按照省、自治区、直辖市的规定缴纳闲置费；连续二年未使用的，经原批准机关批准，由县级以上人民政府无偿收回用地单位的土地使用权；该幅土地原为农民集体所有的，应当交由原农村集体经济组织恢复耕种。

对耕地的投入降至零，即耕地完全未被利用时，称为显性抛荒；当农户对耕地的投入较往年有所减少，即耕地未被充分利用时，称为隐性抛荒。龙花楼（2015）认为耕地利用显性形态主要指土地利用类型的结构，如以面积、份额为主的数量结构和以类型格局、种植结构为主的空间结构；而隐性形态则较为复杂，需要通过采样、化学检验才能获得其具体特征，因此，耕地利用形态中的隐性抛荒难以统一度量。冯红燕（2011）、杨国永和许文兴（2015）、何亚芬（2018）、Guo & Song（2019）等认为目前农村地区以显性抛荒为主，应重点关注显性抛荒。

农户自发行为和非自发行为引致耕地抛荒的出发点不同。耕地抛荒容易与退耕还林（草）和休耕两个概念相混淆（李俊高、李萍，2016）。退耕还林（草）是指政府出资鼓励黄河与长江中游和上游的农户停止耕种坡耕地，并将坡耕地转变成林地和草地（Komarek et al., 2014）。休耕是指政府给予一定的补贴，在地下水漏斗区、重金属污染区、生态严重退化区实施的一项耕地肥力培育试点项目（俞振宁等，2019）。无论是退耕还林（草）还是休耕，都可被视为政府主导的、农户参与的耕地利用行为，对于农户而言这属于非自发的行为（何亚芬，2018），而耕地抛荒完全是农户的自发性土地利用行为（马玲玲，2010）。特别地，耕地抛荒伴随着要素投入的减少甚至完全不投入，而退耕还林（草）和休耕并不意味着减少甚至停止要素投入。具体而言，作为政府主导的农户非自发性土地利用行为，退耕还林（草）后，农户仍需要投入劳动要素和物质要素管护山林（草地），以巩固退耕还林（草）工程成效（赵冠楠等，2011；杨娜等，2018）；休耕后，不同地区会引导农户对耕地进行不同的要素投入（杨文杰、巩前文，2018；俞振宁等，2018），例如，河北省开展休耕试点治理地下水超采，支持农户减少种植次数，改种绿肥作物，不浇水、不收获，下茬作物种植前直接翻耕入田，减少地表裸露，培肥地力。①

---

① 资料来源：http://society.people.com.cn/n1/2018/0914/c1008-30292228.html。

总而言之，考虑到数据观测难易程度及避免与退耕还林（草）和休耕概念混淆，本研究所指的耕地抛荒是：在社会经济因素和自然环境因素等的驱使下，农户自发地停止对某一耕地的要素投入，且这种停止要素投入的时间持续一年及以上。涉及的耕地被视为抛荒耕地，农户的这一行为被视为耕地抛荒行为。

2.1.4 滑坡灾害

滑坡是指斜坡上的土体或者岩体在重力作用下，沿着一定的软弱面或者软弱带，整体或部分地顺坡向下滑动的自然现象（Varnes，1958；陈宁生等，2017）。规模较大的滑坡一般是缓慢、长期地往下滑动，有些滑坡滑动速度也很快，其过程分为蠕动变形和滑动破坏两个阶段，但也有一些滑坡表现为急剧滑动，下滑速度从每秒几米到几十米不等。滑坡多发生在山地的山坡、丘陵地区的斜坡、岸边、路堤等地带。小规模滑坡可能导致交通中断和作物毁坏；大规模滑坡可能阻塞河道，损毁公路，冲毁农田，甚至掩埋村庄。

滑坡灾害从属于山地灾害。山地灾害是伴生于山丘区环境演化过程，或者由山丘区聚落居民的不合理经济活动而引发，并对山丘区聚落居民的生命和财产安全造成不利影响的各种自然现象和人为事件的总称。在中国山丘区，灾害最主要的表现形式是地质灾害，即山洪、滑坡和泥石流（刘世建等，1996）。滑坡灾害是众多山地灾害中发生较频繁、危害较大的一种（徐定德，2017）。全球每年有17%的因灾死亡人口是由滑坡灾害直接或间接造成的，这一数字在所有灾害中排名第七（Lacasse & Nadim，2009；Petley，2012）。

滑坡灾害对山丘区农户的生活和生产造成了巨大影响。Mertens等（2016）认为滑坡灾害对山丘区农户的收入造成了巨大的影响，这种影响主要是通过土地利用方式表现出来的。因此，结合研究主题，本书选择山地灾害中的滑坡灾害作为研究的突破口。

2.1.5 非农就业

非农就业的一般解释是农户中原本从事农业生产的成员，转而进入非农部门从事相关工作。与非农就业相似的概念还有农村劳动力迁移、外出务工等。

目前，对于非农就业的度量并没有一个统一的标准（刘魏，2017）。但是非农就业可以从行为和数量两个方面予以度量。第一，从行为上度量非农就业，即从农户个体的非农就业行为出发，讨论其影响因素或其对其他被解释变量的影响。刘魏（2017）在讨论土地征用、非农就业与城郊农民收入三者的关系时，从行为角度度量非农就业，将其定义为家中有人从事非农产业；Ma 等（2018b）在讨论非农就业与手机使用对家庭收入的影响时，将非农就业定义为户主从事非农工作；赵羚雅、向运华（2019）在讨论互联网使用与社会资本对非农就业的影响时，将非农就业定义为农户个人进入非农部门工作。第二，从数量上度量非农就业，即从家庭全体成员从事非农就业的数量或非农就业的时间，讨论其影响因素或其对其他被解释变量的影响。钱龙（2017）在讨论非农就业、农地流转与农户农业生产变化三者的关系时，将非农就业度量为家庭中非农就业劳动力数量占总劳动力数量的比例；史常亮（2018）在讨论土地流转对农户劳动力资源配置的影响时，将非农就业度量为外出务工劳动力数量；Xu 等（2019a）在讨论劳动力迁移对土地利用行为的影响时，将非农就业度量为从事非农工作的劳动力占家庭总劳动力的比例。此外，从数量上度量非农就业时，还有一些研究从收入视角构建指标。例如，Rahman & Mishra（2019）在探索非农就业与粮食安全的关系时，以非农收入度量非农就业；Ma 等（2019）在讨论非农就业对农村能源消费的影响时，以家庭非农收入总额度量非农就业。

非农就业对农业和农村产生了深刻而长远的影响（钱龙，2017；Ma et al.，2019）。特别是，山丘区农户长期而持续的非农就业行为，已经对山丘区土地管理实践造成了严重的影响（Caulfield et al.，2019）。因此，为了进一步探究山丘区农户非农就业对耕地抛荒的定量影响，本研究参考钱龙（2017）和 Xu 等（2019a）的研究，将非农就业定量刻画为农户中非农就业劳动力数量占总劳动力数量的比例。

2.2 耕地抛荒分析相关理论

2.2.1 人地关系的相关理论

自人类起源以来，就存在人地关系。人地关系折射出两个方面的内容：一是人类及其活动的集合，二是地理环境载体。人地关系这一概念最早见于17世纪西方学者对于土地利用问题的探索（任启平，2005）。对人地关系的认识经历了环境决定论、环境或然论、环境适应论和可持续发展理论四个阶段（张玉泽，2017），如图2-1所示。

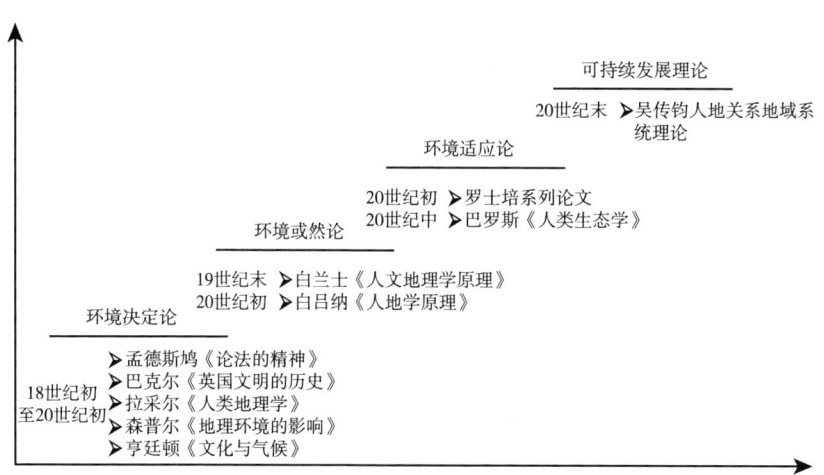

图2-1 人地关系理论的历史演进

环境决定论。早在西方古希腊和中国先秦时期，人们就已萌发环境决定论思想。例如，古希腊哲学家希波克拉底在其著作《论环境》中谈到"气候决定了人的性格和智慧";中国古代先秦著作《礼记·王制》中提出"广谷大川异制,民生其间者异俗";《国语》中提到"沃土之民不材,淫也;瘠土之民莫不向义,劳也"。环境决定论流行于18世纪初至20世纪初,孟德斯鸠(1961)认为各民族生理、心理、气质、宗教信仰以及政治制度的差异源于不同气候的特殊性。亨廷顿(Huntington,1922)认为具有刺激性气候的地区才能孕育出人类文化,气候特征决定了一个区域的经济发展水平。环境决定论所秉持的观点,在其所创立的时代有其重要意义。例如,环境决定论否定了神权统治,更具唯物主义色彩;创造性地将人和地联系起来从理论层面进行有益探讨(王爱民、缪磊磊,2000)。然而,环境决定论也存在诸多的缺陷,自其诞生之初就饱受争议。许多人类社会现实问题它都无法很好地回答,例如,即便环境因素不可或缺,但仍不足以解释历史为何自动变革(任启平,2005)。

环境或然论。环境决定论过分夸大了地理环境的作用,忽视了因果关系的随机变化(张玉泽,2017)。白兰士认为自然环境与人类的某些活动有直接关系,但是人类也有适应环境的能力,而且这种适应性行为是主动的而不是被动的(吴传钧,1986)。环境或然论认为自然环境为人类发展提供了多样性选择,人类可以根据需求和自身能力创造更多可能(张玉泽,2017)。任启平(2005)认为环境或然论从多元的角度来分析人类社会文化状态的形成与地理环境的关系,但仅给出了一定自然条件下的几种可能性,且没有论证这些自然条件用什么方式和在什么程度上决定了某一特定结果。换言之,环境或然论只给出了一种思想方法,而没有得出任何带有普遍性的认识,这显然与近代科学追求规律的目的相背离。

环境适应论。环境或然论对环境决定论的质疑,引导学界开始从人类自身去认知人地关系。人地关系并不是研究谁控制谁的问题,而应当重点关注人类活动对环境变化的适应能力(Roxby,1917;Roxby,1930)。Barrows(1923)认为讨论人地关系的目的不是关注环境特征及客观存在的自然现象，而是要关注人类对于自然环境的反应，重点考察人类活动及其分布与自然环境的联系，强调生态。环境适应论为可持续发展理论奠定了基础（张玉泽，2017）。

可持续发展理论。在联合国的报告《我们共同的未来》中，可持续发展被定义为既满足当代人的需求，又不对后代人满足其需求的能力构成危害的发展（Keeble，1988）。不和谐的人地关系将直接破坏生态平衡，进而威胁可持续发展。吴传钧（1991）认为人类活动和地理环境的关系处在动态变化之中，并伴随人类社会的进步而发展。人地关系地域系统是以地球表层一定地域为基础的人地关系系统，即人与地在特定的地域中相互联系、相互作用而形成的一种动态结构，重在协调人地关系。要谋求地和人的关系协调，首先是人与地两个系统的各组成要素在结构和功能联系上保持相对平衡，其次是人类活动不能过度地影响环境（吴传钧，1991）。人地关系地域系统强调人地关系的和谐，提倡可持续发展（樊杰，2018；何仁伟，2018）。吴传钧院士提出的人地关系地域系统理论正好符合可持续发展理念：首先，人地关系地域系统理论强调人地两系统各要素的相对平衡；其次，注重提升环境对人活动的容忍度，形成人与地长期共存的局面。

当前中国正处在乡村振兴和城乡融合的探索阶段，这一阶段的目标是实现城乡地域系统有序发展，优化升级和城乡经济，实现社会、环境可持续发展。中国城镇化快速推进的过程中，城市集聚了大量的劳动力、资本与土地，这些劳动力、资本与土地多是从农村地区转移而来，然而城市对农村地区的要素输出和扩散作用比较微弱，城乡之间长期保持着几乎单向的要素转移模式（何仁伟，2018）。农业生产劳动力不足、从业人员老龄化，致使耕地荒废，这不仅威胁粮食安全，更不利于人地关系和谐（Xu et al.，2019a）。随着城乡融合和乡村振兴的推进，乡村地域系统中的人力和耕地资源正在不断得到优化配置和有效管理，乡村社会经济形态和地域空间格局处于动态重构之中（Long et al.，2016；Tu et al.，2018；龙花楼、屠爽爽，2018），

17

人地关系地域系统理论能为理解农户遭受灾害威胁时的土地利用行为提供理论依据。

2.2.2 非农就业的相关理论

长期以来，发展经济学、经济地理学和农业经济学等学科持续关注劳动力迁移与非农就业（刘魏，2017；钱龙，2017），相关研究最早可以追溯至19世纪末，相关学者基于欧洲劳动人口迁移数据，初步探索了劳动力在城乡之间的配置问题（Ravenstein，1885）。在璀璨的经济学研究历史进程中，有关劳动力迁移和非农就业的讨论形成了一系列经典理论，其中为人熟知的有城乡二元结构理论（Lewis，1954）、托达罗模型（Todaro，1969）以及新迁移经济学理论（Stark & Bloom，1985）。

基于宏观视野，Lewis（1954）认为现实的经济部门可分为传统的农村农业部门和现代的城市工业部门，并且农业部门存在劳动力过剩，其边际生产率接近零，只要工业部门提供略微高于农业部门的工资水平，农业部门的过剩劳动力就会转移至工业部门。然而，该模型因存在缺陷而招致广泛的批评（程名望，2007）。首先，现实的农村地区并不存在无限的和零值的劳动力（Sohultz，1964）；其次，农业部门并非单纯为工业部门提供劳动力，还为工业部门提供初级产品；再次，不论是发达国家还是发展中国家都存在一定的失业率；最后，现实中工资水平、劳动与资本的比例都处在动态变化的过程中。

基于个人微观视角，Todaro（1969）认为城乡二元结构理论之所以不能解释为什么城市存在大量失业的情况下，农业部门劳动力仍会不断向工业部门转移，是因为个人行为在转移决策中至关重要。由此，Todaro（1969）将劳动力转移视角从宏观转移至微观，构造了以个人决策为基础的农村劳动力转移模型。转移者的决策并不是依据农业部门和工业部门的实际收入差距而是根据预期的城乡收入差距做出的。转移者是风险中性的，他们会努力实现"预期收入"最大化，而"预期收入"是获得工作概率、工业部门实际收入、农业部门收入和转移成本的函数。如果预期收入大于农业部门收入，农户会选择留在城市工业部门，反之，农户会选择回到农业部门。然而，该模型仍然存在一定的缺陷，例如，转移者并不是风险中性的，农村也存在失业现象，特别是在一些发展中国家还存在城乡二元制度障碍（钱龙，2017）。

基于家庭微观视角，Stark & Bloom（1985）分析了农户如何在农业部门和工业部门配置劳动力。由此，形成了新迁移经济学（the New Economics of Labor Migration，NELM）理论。NELM理论的核心观点是家庭劳动力在农业部门和工业部门的配置并不是个人决策而是一组人的决策，家庭是劳动力配置的决策单元（Stark，1991）。家庭劳动力非农就业是为了实现家庭收益最大化（Sana & Massey，2005），更重要的是为了分散家庭风险（Dillon et al.，2011），其本质是对家庭劳动力资源的再配置（Stark & Bloom，1985）。农业生产暴露在自然环境下，存在一定的生产风险，"谷贱伤农"时有发生，部分家庭成员从事非农工作，则可以通过汇款帮助留守在农业部门的家庭成员，从而减少家庭风险（Taylor et al.，2003）。务农家庭成员与务工家庭成员之间存在着契约关系，务农家庭成员为务工家庭成员提供最后的保障，务工家庭成员则通过汇款来改善务农家庭成员的福利水平（钱龙，2017）。NELM理论的观点更贴近实际，因而被广泛应用于解释城乡间的劳动力流动现象。同时，大量的经验研究也证实了上述观点（Atamanov & Van den Berg，2012）。

从宏观视角，以城乡二元结构理论来分析农村劳动力非农就业可能偏离现实，而后从微观视角，托达罗模型虽然在一定程度上弥补了城乡二元结构理论的缺陷，但仍没有很好地贴近现实情形。然而，NELM理论将研究视角由个人决策层面上升至家庭决策层面，分析农户非农就业的影响。不论是理论研究还是经验研究都支持了NELM理论的观点。本研究也主要基于NELM理论的观点来分析中国农户的非农就业及其对耕地抛荒的影响。钱龙（2017）指出由于特殊的二元制度，中国城乡人口迁移和非农就业是暂时的和不充分的。具有代表性的中国农民家庭的就业结构，表现为男性劳动力外出务工，老人和妇女在家务农。在传统中国文化中，家庭是联系个人与国家（社会）的纽带（王沪宁，1991；麻国庆，1999；吴飞，2009）。农户经济是中国乡村社会最基本的经济单位（应星，2014），因此，为了家庭利益最大化，个体服从家庭安排（袁明宝，2014）。在中国乡村的现实背景下，农户的非农就业行为与 NELM 理论所秉持的家庭决策先于个人决策不谋而合。基于中国数据的研究也证实了上述观点（Xu et al.，2015a；钱龙，2017；Xu et al.，2019a）。

2.2.3 马克思主义地租理论

地租理论起源于古典经济学派对农业的研究。英国重商主义学派的代表人物威廉·配第的《关于税收与捐献的论文》和英国资产阶级古典政治经济学的代表人物亚当·斯密的《国民财富的性质和原因的研究》，核心观点都是地租来源于农业生产的剩余收入，或者土地经营者为获得土地经营权而支出的租金。而后，英国古典政治经济学的杰出代表人物大卫·李嘉图在其著作《政治经济学与赋税原理》中运用劳动价值论提出地租是为获得土地使用权而支付给土地所有者的产品，源于劳动。同时，他还认为最肥沃的土地首先得到利用，随着对农产品需求的增长，较差的土地才被投入使用。随后，冯·杜能在大卫·李嘉图的基础上丰富和发展了区位级差地租理论。

马克思主义地租理论批判性吸收了古典经济学派的地租理论。该理论建立在劳动价值论、剩余价值理论、平均利润和生产价格理论基础上。马克思认为地租是使用土地所要支付的费用，并且一切地租都是剩余价值，源于剩余劳动，地租有三种表现形式，即绝对地租、级差地租和垄断地租[①]。根据《资本论》第三卷的阐述，级差地租又分为级差地

[①] 绝对地租是指土地所有权拥有者凭借对土地所有权的垄断而获得的地租；级差地租是指经营较优土地的农业资本家所获得的，并最终归土地所有权拥有者占有的超额利润；垄断地租是指由土地产出品的垄断价格带来的超额利润转化而成的地租，其并不是由农业雇工创造而是由其他部门工人所创造的价值。

租Ⅰ和级差地租Ⅱ。级差地租Ⅰ是在面积相等的不同地块进行等量投入，由区位、土壤质量的差异而产生的超额利润转化而来的地租，因而区位、土壤质量的差异决定了地租的差异；级差地租Ⅱ是在同一地块上进行连续的追加投资而带来的超额利润，地租差异由土地经营者追加投资的规模决定。此外，Evans（1999）、倪学志（2014）等人主张绝对地租的前提条件是土地短缺。然而，裴宏（2015）指出按照马克思主义地租理论的逻辑，耕地不可能出现既短缺又抛荒的悖论，他认为在"土地短缺"和"土地收益递减"的条件下，农产品的社会价格由劣等地生产条件下的个别生产价格决定，如此，经营劣等地的农户与经营优等地的农户都可以获得平均利润，结果是劣等地也会被耕种而不会被抛荒。

2.2.4 可持续生计理论

可持续生计（sustainable livelihoods）源于对农村发展、减贫和环境管理的研究。Chambers & Conway（1992）认为生计包括生活所需的能力、资产和活动，当生计能够应付和从压力与冲击中恢复，并维持或加强其能力和资产，同时又不破坏自然资源基础时，它就是可持续的。目前，常见的可持续生计框架有三类。

一是英国国际发展署提出的可持续生计框架（Sustainable Livelihoods Framework，SLF）。SLF 主要是基于 Scoones（1998）的可持续农村生计分析框架提出的。SLF 几乎可以涵盖影响农户生计的各种驱动因素（Mclennan & Garvin，2012）。根据 SLF，农户拥有不同的生计资本组合，分为人力资本、自然资本、金融资本、社会资本及物质资本五大类。实际上，SLF 将农户置于一定的生计风险之下（如社会经济冲击、自然环境冲击等），农户在生计资本和政府政策的相互作用下谋生（获取生计产出）（Xu et al.，2019b）。然后，生计产出反馈生计资本，即，正反馈促使生计资本积累，反之，负反馈消耗积累的生计资本（徐定德，2017）。图 2-2 展示了英国国际发展署提出的可持续生计框架。

二是美国援外汇款合作组织提出的农户生计安全框架。该框架定义

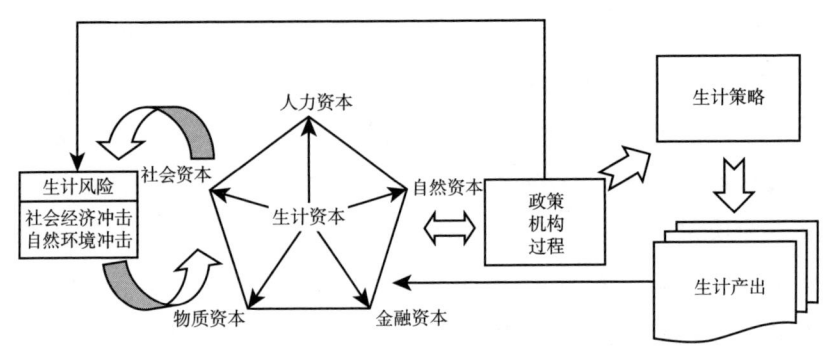

图 2-2 英国国际发展署提出的可持续生计框架

的生计与 SLF 定义的生计非常相似。该框架聚焦家庭，指出农户能够直接控制的资源基础（家庭资产）与在社区中通过成员资格所确定的资源基础（公共资产）之间是有差别的，侧重于识别影响生计和脆弱性的关键因素。

三是联合国开发计划署提出的可持续生计途径。该研究通过对农户拥有资产的讨论来重新定义发展，认为发展就是要支持个体提升才能、获取知识和习得技术。该研究基于整体发展观，强调收入、自然资源管理、赋权、资产工具、金融服务等因素的共同作用，并设计了一套生计安全监测指标，能够很好地监测可持续生计投入、产出、过程、影响、成果等的生计安全（Krantz，2001）。

近年来，国内外学者基于英国国际发展署提出的可持续生计框架，对一些经济问题和现象给出了很好的解释。例如，梁义成、李树茁（2014）基于局部可分农户模型将家庭结构视角引入 SLF，剖析异质家庭结构农户的生计策略选择机理；Xu 等（2015a）基于新劳动力迁移经济学理论将劳动力迁移视角引入 SLF，解决农户劳动力配置问题；Nguyen 等（2017）将气候变化视角引入 SLF，讨论了农场土地选择和作物多样化；汪樱（2018）将政府政策应对视角引入 SLF，回答农户土地资源配置问题。因此，本研究也借鉴英国国际发展署提出的可持续生计框架开展分析。

2.3 耕地抛荒研究成果

近年来，关于农村耕地利用行为、劳动力迁移、自然灾害管理等方面的研究颇丰。本小节主要梳理耕地抛荒、滑坡灾害与非农就业的研究现状及进展。具体而言，从耕地抛荒的分布特征、规模特征与行为后果等方面梳理相关文献；从滑坡灾害的现状及其对农业农村的影响两个方面梳理相关文献；从非农就业的现状及其对农业农村的影响等方面梳理相关文献，并采用词云图探索其与耕地利用行为文献之间的关联。

2.3.1 耕地抛荒的研究现状及进展

2.3.1.1 耕地抛荒的研究尺度

长期以来，学界多从宏观尺度讨论耕地抛荒的分布特征。陈欣怡、郑国全（2018）指出耕地抛荒的调查研究方法有实地调查法、应用MODIS时序数据制图、基于RS/GIS/SVM和景观指数提取抛荒耕地的时空分布信息等。耕地抛荒数据获取方法的差异导致了研究尺度的差异。如表2-1所示，Baumann等（2011）利用Landsat卫星影像提取耕地抛荒数据；Estel等（2015）应用MODIS时序数据制图获取耕地抛荒数据；史铁丑、徐晓红（2016）基于地理信息系统软件叠加多个图层提取耕地抛荒图斑。类似地，Sankey等（2018）、肖国峰等（2018）、Guo & Song（2019）也通过收集多期土地利用数据图层，基于地理信息系统软件提取整个区域的耕地抛荒数据，并据此展开相关研究。从宏观尺度切入，获取一个较大区域的整体抛荒数据，有助于我们认识耕地抛荒的分布特征。然而，由于混合像元的存在，区域性抛荒数据的解译精度受到限制，特别是针对山丘区耕地抛荒的解译可能不够精准（Alcantara et al., 2013; Estel et al., 2015），这将直接影响研究结果的应用价值。

表 2-1　国内外关于耕地抛荒的研究尺度差异（部分）

研究者	研究尺度	数据源
Rudel et al.（2009）	宏观	卫星影像
马玲玲（2010）	宏观	卫星影像
Baumann et al.（2011）	宏观	卫星影像
Bindi & Olesen（2011）	宏观	统计数据
Alcantara et al.（2013）	宏观	卫星影像
Renwick et al.（2013）	宏观	统计数据
Beilin et al.（2014）	宏观	卫星影像
邵景安等（2014）	宏观	卫星影像
Estel et al.（2015）	宏观	卫星影像
Jepsen et al.（2015）	宏观	他人研究
Long et al.（2016）	宏观	统计数据
史铁丑、徐晓红（2016）	宏观	卫星影像
牛继强等（2017）	宏观	卫星影像
Sankey et al.（2018）	宏观	卫星影像
肖国峰等（2018）	宏观	卫星影像
Guo & Song（2019）	宏观	卫星影像
黄利民（2009）	微观	685 份农户问卷
田玉军等（2010）	微观	222 份农户问卷
冯红燕（2011）	微观	472 份农户问卷
张佰林等（2011）	微观	540 份农户问卷
郑兴明、吴锦程（2013）	微观	365 份农户问卷
花晓波等（2014）	微观	246 份农户问卷
周丽娟等（2014）	微观	158 份农户问卷
Yan et al.（2016）	微观	599 份农户问卷
罗明忠等（2017）	微观	645 份农户问卷
李升发等（2017）	微观	2994 份农户问卷
Chaudhary et al.（2018）	微观	154 户农户问卷
何亚芬（2018）	微观	1117 份农户问卷
黎红梅、田松鹤（2019）	微观	228 份农户问卷
王倩等（2019）	微观	1578 份农户问卷
Wang et al.（2019）	微观	411 份农户问卷

近年来，从微观尺度探讨耕地抛荒的驱动机制成为热点。史铁丑（2018）认为有关耕地抛荒的研究有待在更小尺度上展开，以便于宏观

对比研究。杨国永、许文兴（2015）也认为应加强耕地抛荒的微观实证研究。从微观尺度探讨耕地抛荒的驱动机制，主要是基于入户访谈、实地勘验、资料整理形成的农户层面或村级层面的微观数据，运用相关计量经济学模型对耕地抛荒的驱动因素进行挖掘。例如，黄利民（2009）收集了685份农户问卷；田玉军等（2010）收集了222份农户问卷；周丽娟等（2014）收集了158份农户问卷；Yan等（2016）收集了599份农户问卷。问卷数据有助于我们从微观尺度更深入理解某一特定区域某一特殊群体的耕地抛荒驱动因素。特别是，全球范围内农户仍然是土地管理的主体（Lengoiboni et al., 2011；Cao et al., 2017；Wang et al., 2019），从农户这一管理土地的基本单元入手有助于理解耕地利用行为的微观基础（Xu et al., 2019a）。然而，从农户这一微观尺度研究耕地抛荒不可避免面临样本偏小的问题。从表2-1来看，样本数量最少仅有154户（Chaudhary et al., 2018），至多2994户（李升发等，2017）。

2.3.1.2 耕地抛荒的区域分布及规模现状

中国山丘区耕地抛荒问题日渐严重。根据2010年以来的研究（见表2-2），耕地抛荒面积比例记录最低为3.29%，马玲玲（2010）分析了丘陵县内蒙古和林格尔县1996~2009年的耕地抛荒情况，发现耕地抛荒面积比例为3.29%；耕地抛荒面积比例记录最高为38.10%，冯茂秋等（2018）分析了丘陵县四川省中江县2010~2014年的耕地抛荒情况，发现耕地抛荒面积比例为38.10%；耕地抛荒面积比例的中位数大约为15%，李升发等（2017）基于全国142个抽样山区县的数据分析指出2014~2015年中国山区县耕地抛荒面积比例为14.32%，郑沃林、罗必良（2019）基于CLDS2014数据指出2013年全国耕地抛荒面积比例为11.30%。此外，从耕地抛荒行为来看，表2-2显示，2009~2013年全国耕地抛荒行为比例在11.80%~15.30%（谢秋山、赵明，2013；郑沃林、罗必良，2019）。与全国平均水平相比，个别区域耕地抛荒行为比例更高，例如，陈心佩等（2016）发现重庆市酉阳县抽样农户中有90.71%表示家中有耕地被抛荒；田玉军等（2010）发现宁夏南部山区抽样农户中有66.22%表示家中有耕地被抛荒。这些研究表明随着时间的推移，中国山丘区农户耕地抛荒问题日渐严重，表现在抛荒行为更加普遍。

表2-2 国内外关于耕地抛荒的区域分布及规模现状研究（部分）

研究者	区域	耕地抛荒行为比例	耕地抛荒面积比例
马玲玲（2010）	内蒙古和林格尔县		1996~2009年,3.29%
田玉军等（2010）	宁夏南部山区	66.22%	
Baumann et al. (2011)	乌克兰西部		1986~2008年,56.00%
冯红燕（2011）	河南省尉氏县	64.83%	2010年,16.00%
郑兴明、吴锦程（2013）	福建省	35.10%	
谢秋山、赵明（2013）	CGSS2010	15.30%	
花晓波等（2014）	重庆市西阳县	27.72%	
邵景安等（2014）	重庆市石柱县		2002~2011年,16.18%
罗湖平等（2015）	湖南省9县9村	56.00%	
陈心佩等（2016）	重庆市西阳县	90.71%	
雷锟等（2016）	重庆市武隆区、西阳县和巫山县	55.69%	2011年,21%
史铁丑、徐晓红（2016）	重庆市武隆区、西阳县和巫山县		2011年,18%
沈绍梅（2017）	贵州省威宁县	67.9%	
李升发等（2017）	142个抽样山区县		2014~2015年,14.32%
吴志昊（2017）	浙江省四个山区		2016年,11.98%
Chaudhary et al. (2018)	尼泊尔山区		28.90%
Chen et al. (2018)	重庆市万州区		29.33%
冯茂秋等（2018）	四川省中江县		2010~2014年,38.10%
Sankey et al. (2018)	蒙古国		1990~2014年,38.00%
Su et al. (2018b)	日本		2015年,21.31%
Guo & Song (2019)	重庆市巫山县		2011~2016年,28.71%
黎红梅、田松鹤（2019）	湖南省四大经济区	12.28%	
郑沃林、罗必良（2019）	CLDS2014数据的统计区域	11.80%	2013年,11.30%

注：①耕地抛荒行为比例是指样本中有抛荒行为的农户数量占总样本农户数量的比例；②耕地抛荒面积比例是指统计区域内（样本农户中）合计抛荒耕地面积占统计区域内（样本农户中）合计耕地面积的比例。

耕地抛荒主要集中在山丘区。中国耕地大约66%分布在山地、丘陵、高原地区，仅有34%分布在平原和盆地（曹志宏等，2008）。耕地抛荒是目前山丘区发展较快的一种土地利用现象（邵景安等，2014；李升发、李秀彬，2018）。Estel等（2015）探讨欧洲大陆耕地抛荒分布时指出，2001~2012年多达760万公顷的耕地被抛荒，主要分布于东欧及欧洲山区。Baumann等（2011）在聚焦东欧国家耕地抛荒时指出，1986~2008年乌克兰西部有56%的耕地被抛荒，主要分布在山地和丘陵地带。聚焦到亚洲国家，Su等（2018b）在探索日本全境耕地抛荒分布时指出，2015年日本农村大约有21.31%的耕地被抛荒，耕地抛荒首先出现在山区；Chaudhary等（2018）在分析尼泊尔山区耕地抛荒时指出，大约28.9%的耕地被农户抛荒。在中国，山丘区也是耕地抛荒的主要聚集区。张学珍等（2019）通过荟萃分析指出1992~2017年，中国范围内有抛荒记录的县（市）共165个。通过梳理中国有关耕地抛荒的部分研究，并对照《中国县（市）社会经济统计年鉴2011》各区域县（市）名单，发现马玲玲（2010）、田玉军等（2010）、花晓波等（2014）、邵景安等（2014）、陈心佩等（2016）、雷锟等（2016）、史铁丑和徐晓红（2016）、李升发等（2017）、吴志昊（2017）、冯茂秋等（2018）、Guo & Song（2019）等人重点探索了中国山区县和丘陵县耕地抛荒问题（见表2-2）。这些研究表明尽管中国的耕地抛荒在全国范围内广泛发生，但主要聚集在山丘区农村。

2.3.1.3 耕地抛荒带来的后果

耕地抛荒可能威胁粮食安全（Xu et al.，2019a）。全球人口正在快速增长，这也意味着全球粮食需求正在快速增长（Ward & Pulido-Velazquez，2008）。FAO（2011）预测到2030年全球粮食需求将提高43%；Valin等（2014）通过构建全球经济模型，发现2050年全球食品需求较2005年将提高59%~98%。在农业生产用的土地日益稀缺的情况下（Lambin & Meyfroidt，2011；Creutzig et al.，2019），耕地抛荒无疑使日益紧张的人地关系雪上加霜。耕地抛荒是对耕地的极端不充分利用形态（谭术魁，2003），严重的耕地抛荒现象极大地降低了耕地利用效率（Chen et al.，2018）。因此，耕地抛荒可能威胁粮食安全（Terres et al.，2015）。

耕地抛荒对生物多样性产生混合影响（Kamp et al.，2018）。一方面，耕地抛荒可能威胁农田生物多样性（Plieninger et al.，2014；Zakkak et al.，2014）。适当地对土地进行要素投入而不是抛荒有助于维系农业文化景观和保护生物多样性（Benayas et al.，2007）。García-Ruiz & Lana-Renault（2011）认为耕地抛荒导致农田景观消亡，随后的植被覆盖导致农村景观同质化；Su 等（2018b）认为在日本，耕地抛荒造成了严重的环境问题和农村景观的丧失；Queiroz 等（2014）指出耕地抛荒意味着传统土地管理实践的中止，这将导致生态系统变化，进而引起重要的生物或文化消亡。特别地，Katayama 等（2015）认为耕地抛荒对生物多样性的影响具体表现为农田抛荒后以农田作物为栖息场所的动物减少了。另一方面，耕地抛荒并不必然消极影响生物多样性（De Miranda et al.，2019）。李秀彬、赵宇鸾（2011）认为农林交错地带的耕地抛荒，有助于耕地向森林转型，进而实现生态恢复；De Miranda 等（2019）认为耕地抛荒对非森林大型蛾类物种的多样性产生负面影响，但对森林型蛾类物种的多样性有积极影响；Kamp 等（2018）发现耕地抛荒后的植被覆盖让许多物种受益。然而，耕地抛荒后的植被覆盖是一个漫长的过程，在有些地方需要 20~25 年（García-Ruiz & Lana-Renault，2011）。

耕地抛荒对土壤涵养存在混合影响。一方面，短期内耕地抛荒可能导致水土流失（Seeger & Ries，2008；Stanchi et al.，2012）。由于地形原因，山丘区多数农田处在斜坡上，高强度降雨会冲蚀裸露的荒地（Vergari，2015；Brandolini et al.，2018）。短期内，如果山丘区的梯田因抛荒而缺乏必要的管护，地表径流量将增大，在雨水冲刷下将导致水土流失（García-Ruiz & Lana-Renault，2011；Stanchi et al.，2012；Arnáez et al.，2015；Vadillo et al.，2017）。另一方面，长期内耕地抛荒带来植被覆盖，将改善土壤质量。例如，长期的耕地抛荒将改善土壤有机碳和氮固存量。张超等（2013）发现在黄土丘陵区耕地抛荒20年后，土壤有效微量元素含量有所提高；张敏敏等（2015）发现抛荒有利于改善土壤总有机碳固存量；Tian等（2018）发现经过50年时间，抛荒耕地中的有机碳和氮固存量分别增加了57%和35%。此外，长期的耕地抛荒将改善土壤径流量，减少耕地退化（Cerdà et al.，2018）。Cerdà（1997）发现抛荒后植被恢复提高了土壤入渗率；García-Ruiz & Lana-Renault（2011）认为长期来看耕地抛荒导致的植被覆盖能够减少土壤侵蚀；Cerdà等（2019）指出抛荒后植被恢复有利于减少水土流失。

耕地抛荒可能提高森林火灾发生的概率。山丘区森林火灾对生物群落和生态系统的稳定影响明显（Hutto，2008；Keane et al.，2009）。近年来，山丘区森林火灾对生态系统稳定和人类福祉构成了较大威胁（Bowman et al.，2009；Bowman et al.，2011；Smith et al.，2016）。山丘区的农业生态景观可以降低火灾对生态系统和人类福祉的负面影响（Pettorelli et al.，2018）。耕地抛荒在短期内减少了农业生态景观，这可能提高山丘区森林火灾发生的可能性。例如，黄利民（2009）认为耕地抛荒后，杂草蔓延可能增加火灾发生的可能性；Ursino & Romano（2014）认为耕地抛荒会增加森林火灾发生的概率；Sil等（2019）发现耕地抛荒会降低山地景观的防火能力。

2.3.1.4 耕地抛荒的驱动因素分析

耕地抛荒的驱动因素主要来自社会经济和自然环境。耕地抛荒主要发生在偏远的、自然条件较差的区域（MacDonald et al.，2000；Sluiter & de Jong，2007）。这些自然条件具体指：地形条件，如海拔、坡向和坡度（Corbelle-Rico et al.，2012）；土壤条件，如土壤酸碱度、土壤肥力（Prishchepov et al.，2013）；气候条件（Gisbert et al.，2005）。社会经济因素也是推动耕地抛荒发生的重要原因。由于城镇化的快速发展，务农的机会成本攀升，农村人口迁移导致耕地抛荒（Levers et al.，2018a）。具体而言，农业投入要素价格上涨和对外贸易发展导致农产品价格下降,农户为了平衡务农风险从事非农工作,从而引起耕地抛荒(Van Meijl et al.,2006；李升发、李秀彬,2016)。此外,对于欧洲国家,尤其是东欧国家而言,引起耕地抛荒的因素还有制度的变化。Munteanu 等(2014)认为苏联解体导致东欧国家体制和经济制度发生变革,这些国家的变革引发了大量耕地抛荒。然而,对于全球大多数国家和地区而言,耕地抛荒的主要驱动因素仍然来自社会经济和自然环境。李升发、李秀彬(2016)认为耕地抛荒是多驱动力综合作用的结果,在社会经济方面主要是农村人口迁移、土地纯收益下降、农业政策调整、土地制度改革以及农业技术升级和农产品商品化,在自然环境方面主要是野生动物活动、水土流失等。根据这些研究,本研究梳理了引起耕地抛荒的影响因素,见表2-3。从表2-3可以看出,家庭劳动力变化在耕地抛荒的驱动因素中占据主导地位,这是因为农业生产不可避免地需要投入劳动要素,农户的非农就业将导致农业生产用劳动力减少,进而引发耕地抛荒的发生。

表2-3 国内外对耕地抛荒驱动因素的探索(部分)

研究者	社会经济/自然环境	关键因素
Kamada & Nakagoshi(1997)	社会经济	非农就业、农村人口迁移
Shively & Martinez(2001)	社会经济	农业技术发展
谭术魁(2001)	自然环境	自然灾害
Hölzel et al.(2002)	社会经济	体制变革
Aide & Grau(2004)	社会经济	非农就业
董晓波(2007)	社会经济	农产品净收益
Gellrich et al.(2007)	社会经济	农村人口迁移
Van Doorn & Bakker(2007)	社会经济	农村人口迁移
Kuemmerle et al.(2008)	社会经济	体制变革
定光平等(2009)	社会经济	劳动力析出
Sikor et al.(2009)	社会经济	非农就业
田玉军等(2010)	社会经济	劳动力析出
Warner et al.(2010)	自然环境	滑坡灾害

续表

研究者	社会经济/自然环境	关键因素
李秀彬、赵宇鸾(2011)	社会经济	农村人口迁移
张佰林等(2011)	社会经济	劳动力析出
Alix-Garcia et al. (2012)	社会经济	非农就业
葛霖等(2012)	社会经济	劳动力析出
Piguet(2013)	自然环境	滑坡灾害
Prishchepov et al. (2013)	社会经济	体制变革
Melendez-Pastor et al. (2014)	社会经济	农村人口迁移
邱幼云(2014)	自然环境	基础设施
邵景安等(2014)	社会经济	劳动力析出
Xie et al. (2014)	社会经济	劳动力析出
刘志飞(2016)	社会经济	生计资产
史铁丑、李秀彬(2017)	自然环境	地理条件
李娟娟(2018)	社会经济	非农就业
程宪波(2018)	自然环境	距离
冯茂秋等(2018)	自然环境	地形
郑沃林、罗必良(2019)	社会经济	确权
王倩等(2019)	社会经济	非农就业
Luo et al. (2019)	自然环境	地理条件

2.3.2 滑坡灾害的研究现状及进展

2.3.2.1 滑坡灾害的研究现状

滑坡灾害是山地灾害中发生频繁、危害巨大的灾害之一（徐定德，2017）。2018年全国共发生地质灾害2966起，直接经济损失14.7亿元，其中，滑坡灾害1631起，占比达55%（自然资源部地质灾害技术指导中心，2019）。滑坡灾害隐蔽性强、发生突然，已成为威胁山丘区居民正常生产生活的重要环境因素之一。

有关滑坡灾害的相关研究集中在探索发育特征、成因机制及防治措施等方面。①发育特征方面，高会会等（2019）提取了汶川地震后2009~2017年发生的滑坡数据，并从规模、烈度和发生月份3个方面分析滑坡的发育特征；刘筱怡等（2019）探索了青藏高原东缘古滑坡的发育特征；曹小红等（2019）分析了新疆特克斯达坂滑坡灾害的发育特征。②成因机制方面，闫国强等（2019）通过数值模拟发现三峡库区金鸡岭滑坡是由工程扰动引发地下水位升高诱发的；王国亚等（2019）基于实地考察发现诱发甘肃省岷县永光村滑坡的主因是地震；张杰等（2018）通过实地调查发现降雨导致了岩土水理性质发生变化进而引发了云南省彝良县两河镇坪子滑坡。③防治措施方面，常晓军等（2019）认为防治滑坡灾害应当完善易发生滑坡区域的排水设施以及加固山体；朱飞等（2017）认为防治滑坡灾害的主要思路是提升边坡的稳定性，因此，应当对不同部位的坡体进行加固，如削平坡体上方、加装格构梁等。

2.3.2.2 滑坡灾害对农业农村的影响研究

灾害作为自然环境中常见的一类现象，对山丘区农户的生产和生活造成了巨大影响（吴彩燕、王青，2012）。灾害可能改变农户的生活轨迹，进而对农业农村产生影响。

在自然环境中，灾害是引发生态移民的重要因素。将生态环境遭到严重破坏地区的人口转移到其他适宜居住区的过程就是生态移民，引发这一过程的重要因素之一是自然灾害（贾耀锋，2016）。滑坡灾害同其他灾害一样，可能引发大量农户举家搬迁，并形成生态移民。Chapagain & Gentle（2015）发现在尼泊尔，滑坡灾害导致农户退出农业，并转向非农生产；Veronis & McLeman（2014）发现滑坡灾害改变了农户原住地的居住环境，引发农户向宜居地迁移。生态移民对移出地人口结构的改变是巨大的，因此，山丘区滑坡灾害可能加速农户的非农就业进程，进而对农业农村产生更大的影响。

2.3.3 非农就业的研究现状及进展

2.3.3.1 非农就业的研究现状

改革开放以后，非农就业普遍发生在中国农村地区。1978年改革开放以前，农业部门和城市部门是严格分开的，农村人口很难迁移；1978年改革开放以后，农村人口开始大量进入非农部门工作（Gregory & Meng，2018）。2018年中国农民工总量为28836万人，其中外出农民工17266万人，占乡村总人口的30.61%。[①] 非农就业直接导致了农业劳动时间的缩短。De Brauw等（2013）发现随着农户经济重心的变化，户均劳动投入时间已从1991年的3528工时下降到2009年的1399工时。陈奕山（2019）也发现随着非农工资的上涨，农户在农忙和农闲时的劳动投入时间都有所下降。

非农就业的比例有上升的趋势。从以往关注非农就业的研究中，我们发现农户参与非农就业的比例有上升的趋势。具体而言，Ma等（2018a）基于中国山东、甘肃、陕西三省的抽样数据发现2012年参与非农就业的农户大约占15%；许庆、陆钰凤（2018）使用CFPS全国抽样数据发现2012年参与非农就业的农户占46.11%；李梦娜、曾一萌（2019）使用CHIP全国抽样数据发现2013年参与非农就业的农户占65%；Ma等（2018b）基于中国山东、河南、陕西三省的抽样数据发现2016年参与非农就业的农户大约占71%。可见从参与行为而言，近年来农户参与非农就业的比例呈升高态势。此外，从农户劳动力非农就业比例来看，赵光、李放（2012）发现2011年江苏省沭阳县农户劳动力非农就业比例大约为51.60%；Su等（2015）基于全国抽样数据发现2011年中国农户劳动力非农就业比例大约为50%；Luo等（2019）认为2012年江汉平原和湖北东南低丘地区农户劳动力非农就业比例大约为43.90%；钱龙、洪名勇（2016）采用CFPS全国抽样数据发现2012年中国农户劳动力非农就业比例为61.73%；Zhang等（2018）基于全国的抽样调研数据，揭示中国农户劳动力非农就业比例从1981年的16%上涨至2015年的70%。综

[①] 农民工数据来源：《统计局发布2018年农民工监测调查报告》，中华人民共和国中央人民政府网，https://www.gov.cn/xinwen/2019-04/29/content_ 5387627.htm，2019年4月29日；乡村总人口数据来源：《中国统计年鉴2019》。

合而言，中国农户的非农就业行为已十分普遍。

2.3.3.2 非农就业对农业农村的影响研究

非农就业对农户生活的影响是广泛的。①非农就业改变了农户的生计策略。传统的农村社会中，农户以农业为生，自给自足（袁明宝，2013）。随着改革开放的深入，农村人口向城市转移，其进入非农部门工作的障碍逐渐清除，农户的生计策略变得多元（Xu et al.，2019b）。非农就业引起家庭生计策略由单一依赖农业向农业与非农业并重，甚至完全非农化发展，并且非农就业对农户生计的影响是积极而重要的。Mago（2018）发现非农就业带来的收入能够帮助留守在农村地区的家庭成员维持生计、改善福利水平。②父母的非农就业对子女的教育产生了混合影响。一方面，外出务工减少了父母直接照看子女的机会，子女的教育可能因此荒废。吕开宇等（2006）发现父母外出务工可能降低子女的学习兴趣，甚至引发子女退学。另一方面，更多的研究支持非农就业对子女教育有积极影响。Yang（2008）基于菲律宾的研究发现，非农就业产生的现金收入会优先用于子女教育；赵连阁、李旻（2008）基于中国的面板数据发现农村妇女非农就业不仅有利于自身受教育水平的提高，还有利于促进农户增加对子女教育的投入；郭琳、车士义（2011）发现非农就业通过提高家庭收入增加对子女的经济支持，这将有利于子女获得接受高中和大学教育的机会。③非农就业从多个维度改变农户的消费。温兴祥（2019）认为非农就业能够提高家庭总的消费支出，非农就业家庭相比于务农家庭而言，年生活消费额增加了15.5%~28.2%。文洪星、韩青（2018）认为非农就业不仅提高了家庭消费总额，还会改变家庭消费结构，即非农就业收入对耐用品消费的促进作用强于对食物、衣着和交通通信消费的促进作用。Osili（2004）、Adams Jr & Cuecuecha（2010）、Zhu等（2014）也发现非农就业的增收效应使农户更偏好消费耐用品。此外，近几年的文献显示非农就业的增收效应还改变了农户的能源消费结构。Behera & Ali（2016）和 Ma 等（2019）发现非农就业通过提高家庭收入改变农户的能源消费偏好，促使其从消费传统非清洁能源（如农作物秸秆、煤炭等）转向消费现代清洁能源（如天然气、电力等）。

非农就业对农业生产的影响也是多方面的。①非农就业对农业生产性投资产生了混合影响。一方面，非农就业通过提高家庭收入促进农户农业生产性投资。钟甫宁、纪月清（2009）发现非农就业有助于扩大土地经营规模，从而提高农户的农业投资水平；方鸿（2013）发现提高农户非农收入会提升一个地区农户的平均农业投资水平；Zhao（2002）基于中国6省的调查数据发现非农就业能够增强农户购买农业机械的积极性；Ma等（2018a）基于中国山东、陕西、甘肃三省的调查数据证实非农就业提高农户的化肥和农药支出。另一方面，非农就业带来的收入增加并没有促进农户投资农业。De Brauw & Rozelle（2008）认为非农就业与农业投资之间并没有必然联系；Damon（2010）发现尽管非农收入有助于促进家庭的土地和牲畜等农业资产的积累，但不会影响农业生产投入；Davis & Lopez-Carr（2014）认为非农就业对农业投入强度（农场规模和奶牛拥有量）没有显著的影响；Huang等（2009）基于中国山东水果种植户的调查数据发现非农就业的增加并没有导致农业投入的增长。②非农就业对土地利用行为产生了混合影响。近二十年来，大量研究探索了非农就业对土地利用行为中流转行为的影响，并形成了两个相对立的观点。一方面，一些研究认为非农就业促进了土地流转。Su等（2018c）认为非农就业显著促进了农户耕地转出，但也显著抑制了农户耕地转入；许庆、陆钰凤（2018）发现家庭成员从事非农工作能够显著提高耕地转出行为的发生概率；李梦娜、曾一萌（2019）发现户主从事非农工作会提高家庭转出耕地的概率，并且非农工作时间越长转出耕地的意愿越强。另一方面，一些研究则认为非农就业并不能促进土地流转。中国的农村土地并不是私人所有的，而是集体所有的（Cheng & Chung，2017）。农户在规定的时期内享有耕地承包经营权，但对于到期后的承包经营权归属并没有严格界定。同时，农村土地不仅承担着生产职能，更承担着最为基础的社会保障职能（Burgess，2001）。因此，农户非农就业并不必然导致土地流转（刘芬华，2011），相反，非农就业缓解了资金约束，农户可以通过外包生产环节以替代自有劳动力从事农业生产（Sheng & Chancellor，2019）。Luo 等（2019）则认为在平原地区非农就业通过促进耕地流转提高耕地利用效率，但在山丘区非农就业并不会提高耕地利用效率。

2.3.3.3 非农就业的国内研究趋势——基于文献计量视角

非农就业对中国农业生产方式的演进，乃至对农村地区的发展都产生了深刻而长远的影响，具体到耕地利用方面，国内研究重点考察了非农就业对流转行为的影响。本节通过知网检索主题词"非农就业""农村劳动力迁移""外出务工"等，同时设定时间范围为 2000 年 1 月 1 日至 2019 年 7 月 31 日、期刊来源为 CSSCI、CSCD 收录期刊，获取文章 2020 篇，删除重复文章 63 篇，获取基础数据来源文章 1957 篇。此外，考虑到中国自 2013 年开始对农村土地进行确权颁证试点，结合本书主题，以 2013 年为时间切点，利用 Python 3.7 绘制词云图。图 2-3 为 2000～2019 年国内有关非农就业相关研究的关键词词云图，反映的是 2000～2019 年国内有关非农就业的研究趋势；图 2-4 为 2000～2012 年国内有关非农就业相关研究的关键词词云图，反映的是 2000～2012 年国内有关非农就业的研究趋势；图 2-5 为 2013～2019 年国内有关非农就业相关研究的关键词词云图，反映的是 2013～2019 年国内有关非农就业的研究趋势。在图 2-3 至图 2-5 中，字体越大表示该关键词出现的频率越高，即该关键词受到的关注度越高。图 2-3 显示，对于耕地利用行为而言，2000～2019 年，发表在国内期刊上的研究文献重点考察了非农就业与流转行为之间的关系；图 2-4 和图 2-5 显示，2000 年以后 2013 年以前，少有研究关注非农就业与流转行为之间的关系，而 2013 年以后，有关非农就业与流转行为之间关系的讨论逐渐增多。

2.3.4 文献述评

通过梳理相关文献可以发现，近年来关于耕地抛荒的分布特征、规

2 耕地抛荒相关概念、理论与研究成果

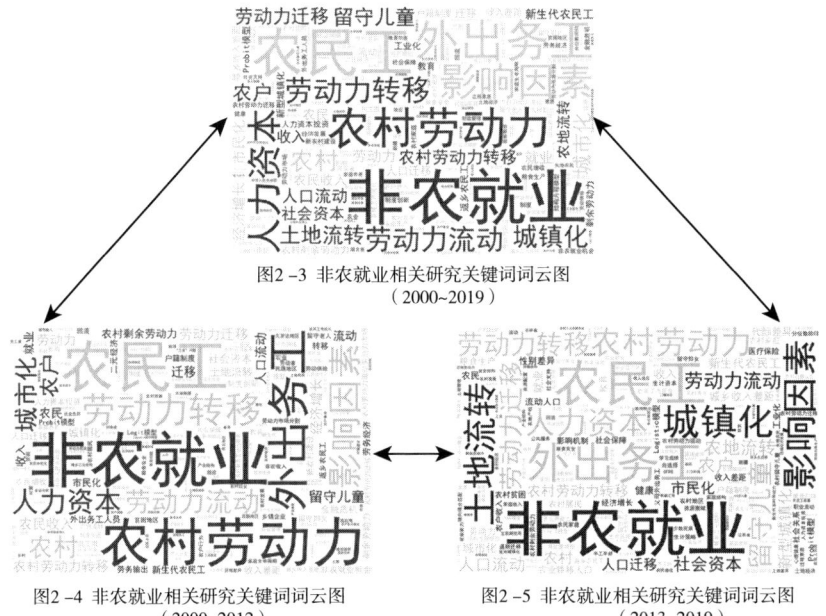

图2-3 非农就业相关研究关键词云图
(2000~2019)

图2-4 非农就业相关研究关键词云图
(2000~2012)

图2-5 非农就业相关研究关键词云图
(2013~2019)

模特征与行为后果的探索受到国内外学者的高度关注,特别是在山丘区建立滑坡灾害、非农就业与耕地抛荒联系方面,研究成果颇为丰富,为本研究奠定了扎实的基础。具体而言,关于灾害认知及适应性行为的研究在国外已有几十年历史,研究方法也相当多元。然而,中国在此方面(尤其是居民对灾害认知及适应性行为研究方面)尚处于起步阶段,亟待进行相关的实证研究(徐定德,2017)。特别地,中国是世界上饱受滑坡灾害困扰的国家之一,尤其在中国的四川、云南、贵州和甘肃等省份的山区,滑坡灾害影响更大(Shi,2016)。与此同时,这些区域也是劳动力非农就业比例较高、耕地抛荒普遍的区域。因此,滑坡灾害、非农就业与耕地抛荒之间的相关关系亟待进一步探索。

(1)国内外研究从研究尺度、区域分布、规模现状、抛荒后果、驱动因素等方面对耕地抛荒进行了有益探索,这为本研究的顺利开展提供了丰富的研究基础。然而,既有研究有关耕地抛荒的讨论在如下几个方面亟待完善。第一,卫星影像解译数据有助于我们从宏观尺度认识耕

地抛荒的分布特征，但耕地抛荒的微观驱动机制仍待进一步探索。第二，山丘区已逐渐成为维护粮食安全和保障生态安全的重要国土空间，但山丘区耕地抛荒问题日渐严重。基于卫星影像解译数据探索山丘区耕地抛荒分布特征的研究存在诸多瑕疵（Alcantara et al., 2013；Estel et al., 2015），亟待基于大尺度入户访谈数据，探索山丘区耕地抛荒的分布特征和山丘区农户耕地抛荒行为的微观驱动机制。第三，山丘区耕地抛荒可能影响粮食安全和生态安全，尤其是山丘区短期内耕地抛荒对粮食安全、生物多样性、土壤涵养等都可能产生负面影响。既有研究在控制住一部分自然环境变量后，从社会经济因素角度深入探索了耕地抛荒的驱动因素，这有利于进一步挖掘耕地抛荒的关键驱动机制。然而，山丘区面临着严重的地质灾害，"自然环境因素对耕地抛荒的影响是否通过社会经济因素起作用？"对这一问题，亟待从机制和实证两个方面进行回答。

（2）滑坡灾害可能引发农户生态移民，通过影响农户非农就业进程进而影响土地利用。既有研究重点考察了滑坡灾害的发育特征、成因机制和防治措施，并探讨了其对发生区域人口结构的潜在影响。然而，既有研究有关滑坡灾害的讨论在如下几个方面亟待完善。第一，滑坡灾害作为山丘区最常见的环境变化现象之一，少有研究定量探讨灾害经历对农户行为的影响，特别是山丘区耕地抛荒严重，鲜有研究定性和定量地辨识滑坡灾害如何以及在多大程度上影响土地利用。第二，滑坡灾害可能引发生态移民，通过影响农户非农就业进程进而影响耕地抛荒。同时，非农就业对农业农村影响深远。然而，鲜有研究构建理论框架，同时将滑坡灾害与非农就业纳入研究中，定量分析滑坡灾害是否通过影响非农就业进一步影响耕地抛荒。

（3）非农就业对中国农业生产方式的演进，乃至对农村地区的发展都产生了深刻而长远的影响，具体到耕地利用方面，国内研究重点考察了非农就业与土地流转行为之间的关系。这些研究为本研究深入讨论非农就业与耕地利用的关系奠定了基础。然而，既有研究有关非农就业的讨论也在如下几个方面亟待完善。第一，耕地利用行为，包括自耕行为、流转行为和抛荒行为（Xu et al., 2017a），同时，耕地抛荒行为已在全球范围内广泛发生，中国农村地区也不例外。然而，农户非农就业是否以及在多大程度上影响耕地抛荒尚不清楚。第二，既有研究表明非农就业对土地流转行为存在混合影响，这可能是因为未能区分地形差异（Luo et al., 2019；Xu et al., 2019c）。邵景安等（2014）、李升发等（2017）、史铁丑（2018）等聚焦了山丘区耕地抛荒现状及其驱动因素，但未能重点考察山丘区农户非农就业对耕地抛荒的定量影响。山丘区已成为中国重要的国土空间，因此，"非农就业是否以及在多大程度上影响耕地抛荒？"对这一问题，亟待以中国山丘区为案例予以定量回答。

3 山丘区农户耕地抛荒的机理

3.1 耕地抛荒的经济学解释:"中国式悖论"与马克思主义地租理论

中国耕地资源的利用存在一个悖论,即十分紧张的人地关系与大面积的耕地抛荒现象并存(李俊高、李萍,2016)。Zhang(2011)指出中国耕地面积仅占世界耕地总面积的7%,却要养活近20%的世界人口。同时,中国耕地抛荒现象愈演愈烈,地方政府也出台了相关政策予以干预。本研究将运用马克思主义地租理论解释耕地资源利用的"中国式悖论"。

3.1.1 马克思主义地租理论的前提条件及其适用性

马克思主义地租理论形成于百年之前,反映了当时典型资本主义社会工业和农业的生产力发展水平,具有一定的时代特征。当时典型资本主义的时代特征与当下中国所处的社会主义初级阶段的时代特征有天然的差别,因此,本研究需要对马克思主义地租理论的前提条件及其适用性予以说明。

首先,马克思主义地租理论指出土地是有限的。李俊高、李萍(2016)认为马克思主义地租理论中所描述的"土地是有限的"在当下的中国仍然适用,只是适用的范畴不同,原因在于:马克思所描述的是当时农产品在人们的消费需求结构中占有重要地位,以至于生产农产品所依赖的土地的地位也十分突出，目前虽然人们不再像当时那样依赖由土地所生产的农产品（主要是粮食），但同样依赖由土地所提供的其他产品，如依赖土地而种植的水果和蔬菜、"以种定养"模式下的畜牧产品、以农业文化为核心的生态产品等。因此，在现实中，土地的适用范围相对于马克思所处时代更加宽泛，马克思主义地租理论中的"土地是有限的"这一论断在当下的中国农村耕地利用研究中仍然具有生命力。

其次，马克思主义地租理论假定地租是土地所有权的经济形式，一切形式的地租都以土地所有权的存在为条件。在中国农村地区，随着农村土地产权制度改革的不断深入，与土地相关的权利被一分为三（即所有权、承包权和经营权），集体享有土地所有权，农户享有承包权和经营权。2017年中国共产党第十九次全国代表大会再次明确"保持土地承包关系稳定并长久不变，第二轮土地承包到期后再延长三十年"，这一共识也被写入了新修订的于2020年1月1日开始实施的《中华人民共和国土地管理法》。此外，农村土地确权颁证已基本全覆盖，《中华人民共和国土地管理法》第十二条明确规定"依法登记的土地的所有权和使用权受法律保护，任何单位和个人不得侵犯"。综上所述，农户所享有的土地承包权和经营权是比较稳定的，这些权利的集合具有所有权的基本特征（绝对性、排他性和永续性）①，李俊高、李萍（2016）将其称为准所有权。因此，马克思主义地租理论中所指的"土地所有权的存在"这一前提条件仍然适用于中国农村耕地利用研究。

最后，马克思主义地租理论指出地租的占有是土地所有权实现的经济形式，这就表明土地所有权与经营权分离是地租理论起作用的前提条件。在承包关系长期稳定不变的情形下，享有承包权和经营权的农户事

---

① 参见百度百科关于所有权的解释：所有权是指所有人依法对自己财产所享有的占有、使用、获得收益和处分的权利。它是对生产劳动的目的、对象、手段、方法和结果的支配力量，是一种财产权，所以又称财产所有权。所有权是物权中最重要也最完全的一种权利，具有绝对性、排他性、永续性三个特征，具体内容包括占有、使用、收益、处置等四项权能。来源：https://baike.baidu.com/item/所有权。

实上已经拥有土地的准所有权。农户可以将土地经营权流转出去以获得租金（可视为地租收入），这可视为在实践中耕地的所有权和耕地的经营权是分离的。此外，张鋆、杨慧玲（2016）指出，即便是在实践中耕地的所有权和经营权没有分离，仍能使用马克思主义地租理论分析耕地利用行为。即，当耕地准所有者（享有承包权的农户）和经营耕地的农户为同一个体时，由于自我经营需要付出成本同时也能获得土地经营收益，因此可以理解为农户将自己的土地流转给了自己，此时，地租仍然存在，只是被内化了。综上所述，马克思主义地租理论中关于地权关系的前提条件经过拓展也适用于中国农村耕地利用的相关研究。

此外，马克思在其著作《剩余价值学说史》中提出在完全的社会主义阶段不会出现级差地租，马克思认为优等地节约下来的劳动将被用来改良中等地，中等地节约下来的劳动将被用来改良劣等地，最终所有土地上生产等量农产品所耗费的劳动是一样的。这一思路暗含着在完全的社会主义阶段，耕地将被充分利用，从而不会出现抛荒。然而，这是一种非常理想的状态。根本原因在于，目前中国尚处于社会主义初级阶段，与完全的社会主义阶段还有一定的差距。具体而言，第一，目前生产资料并不是完全被社会占有；第二，目前节约的劳动并不会自发地参与次等地的改良工作；第三，目前市场在资源配置中起决定性作用。因此，在现阶段的中国农村地区，级差地租仍然存在，马克思主义地租理论仍对中国当下发生的耕地抛荒现象具有极强的解释力。

3.1.2 山丘区耕地抛荒现象的马克思主义地租理论解释

根据马克思主义地租理论对级差地租Ⅰ的描述，由于土地的生产条件（自然环境、地理区位等方面）存在差异，对同等面积的不同地块进行连续投资，由所获得超额利润转化而来的级差地租是不同的。即便随着社会不断进步，社会生产力得到了极大发展，先进的农业生产技术能够改良土壤，土地生产条件的差异能够得到一定缩小，然而在当前的技术条件下，人们始终不可能完全改变土地所处的自然环境条件。因此，级差地租在一段时间内仍将存在。平原、丘陵和山区所面临的降水、温度、灾害等自然环境条件，以及市场容量、消费群体等社会经济条件存在较大差异。从地形来看，就农业生产所面临的总体条件而言，平原优于丘陵，丘陵优于山区。为了简洁阐释山丘区耕地抛荒现象，在马克思主义地租理论中级差地租Ⅰ的框架下，本研究将通过数理表达和经验数据模拟相结合的方式解释山丘区出现的耕地抛荒现象。具体而言，本研究假定：①平原、丘陵、山区的耕地都种植同一种农作物，且三个地形区域内耕地面积相等，耕地所处的生产条件优劣程度排序为：平原>丘陵>山区；②在平原、丘陵、山区三个地形区域内的农户在土地上投入的可变资本（V）和不变资本（C）及它们的构成均相等；③不考虑绝对地租。

山丘区耕地抛荒现象的数理表达。根据上述假定，可知：$K_i = V_i + C_i$，且 $K_i = K$；平原、丘陵和山区耕地的产量分别为 $Q_{平原}$、$Q_{丘陵}$、$Q_{山区}$，且 $Q_{平原} > Q_{丘陵} > Q_{山区}$，也就是说，从地形来看，山区耕地的平均生产力最低，丘陵地区耕地的平均生产力一般，平原地区耕地的平均生产力最高；社会平均利润率为 r；平原、丘陵和山区农产品的个别生产价格分别为 $P_{平原}$、$P_{丘陵}$、$P_{山区}$，且 $P_{平原} < P_{丘陵} < P_{山区}$。因此级差地租的表达过程如下：

$$P_i = \frac{K + rK}{Q_i} \quad (3-1)$$

其中，下标 i 分别代表平原、丘陵和山区。i 地形区域产出的超额利润全部转化为级差地租Ⅰ，可表示为方程（3-2）：

$$RD_i = \frac{K + rK}{Q_a}(Q_i - Q_a) \quad (3-2)$$

其中，下标 i 分别代表平原、丘陵和山区，下标 a 代表决定社会生产价格的某一地形分区。

根据式（3-2）可知，当 a 代表山区时，即当社会生产价格由平均生产力最低的山区农产品的个别生产价格决定时，由于 $\frac{K+rK}{Q_a}>0$ 且 $Q_i-Q_a \geq 0$，可知 $RD_{山区}=0$、$RD_{丘陵}>0$、$RD_{平原}>0$，此时，所有耕地都不会被抛荒；当 a 代表平原时，即当社会生产价格由平均生产力最高的平原地区农产品的个别生产价格决定时，由于 $\frac{K+rK}{Q_a}>0$ 且 $Q_i-Q_a \leq 0$，可知 $RD_{山区}<0$、$RD_{丘陵}<0$、$RD_{平原}=0$，此时，山丘区耕地会被抛荒。

山丘区耕地抛荒现象的经验数据模拟。表3-1展示了按地形分区农产品的产量与收益情况。从表3-1可以看出，在等量投资的情况下，在平原地区种植农作物的农户获得的亩均总体收益高出丘陵地区800元，高出山区地区1200元。此时，农产品的生产价格是按山区农产品的生产价格来确定的，这能够保证在山区从事农作物种植的农户获得社会平均利润。在供求平衡且农业集约经营水平已经非常高的情况下，假设此时平原地区生产的农产品已基本能够满足消费者对农产品的需求，即农产品的社会生产价格由平原地区农产品的生产价格决定，此时的生产情况可由表3-2表示。可见，丘陵地区和山区的亩均总体收益分别为-200元和-300元，此时农户处于亏损状态，即丘陵地区和山区的农户不能获得社会平均利润，这些地区的农户就会退出农业生产，此时耕地被抛荒。这种情况是比较极端的，事实上，同一地形区内部耕地所处的生产条件还可以细分。因此，一方面，平原内部也可能存在耕地抛荒的现象，但这种情况相对丘陵和山区比较少见，尽管平原地区耕地的生产条件的平均情况优于丘陵和山区，但具体到某些地块，其经营者未必能获得社会平均利润，如果其他耕地提供的农产品能够满足消费者的需求，那么这些细分后相对劣等的土地将被抛荒。综上所述，无论是在极端情形还是在一般情形下，耕地抛荒最可能发生于生产条件相对于平原地区较差的丘陵地区和山区。尽管平原地区也可能会出现耕地抛荒现象，但相对于丘陵地区和山区而言，还比较少见。上述的理论推演与现实考察也基本一致，例如，Su等（2018b）发现日本的耕地抛荒首先出现在山丘区，Baumann 等（2011）发现欧洲的耕地抛荒主要集中在山丘地带。

表 3-1 按地形分区农产品的产量与收益情况
（按山区农产品个别生产价格定价）

地形	预付资本 （C+V） （元）	平均利润 （元）	亩均产量 （千克）	个别生产价格		社会生产价格		亩均总体 收益比较 （元）
				单位 （元/千克）	总体 （元）	单位 （元/千克）	总体 （元）	
平原	300	100	2000	0.20	400	0.80	1600	1200
丘陵	300	100	1000	0.40	400	0.80	800	400
山区	300	100	500	0.80	400	0.80	400	0

注：①表中的农产品为虚拟农产品，不映射现实中具体农产品；②表中的数字是根据逻辑推理需要而设定的。

表 3-2 按地形分区农产品的产量与收益情况
（按平原地区农产品个别生产价格定价）

地形	预付资本 （C+V） （元）	平均利润 （元）	亩均产量 （千克）	个别生产价格		社会生产价格		亩均总体 收益比较 （元）
				单位 （元/千克）	总体 （元）	单位 （元/千克）	总体 （元）	
平原	300	100	2000	0.20	400	0.20	400	0
丘陵	300	100	1000	0.40	400	0.20	200	-200
山区	300	100	500	0.80	400	0.20	100	-300

注：①表中的农产品为虚拟农产品，不映射现实中具体农产品；②表中的数字是根据逻辑推理需要而设定的。

综上所述，马克思主义地租理论对山丘区耕地抛荒现象给出了经济学解释。根据马克思主义地租理论的级差地租I，本研究的数理推导和经验数据模拟结果表明，在普遍情形下，山丘区农户相对于平原区农户所面临的生产条件更差，生产等量农产品所耗费的劳动更多，结合中国的社会主义市场经济体制，山丘区农户获得社会平均利润的可能性较小。此时，农户的最优策略是退出农业生产，或到平原区从事农业生产，由此，山丘区耕地被抛荒。为此，本研究聚焦山丘区耕地抛荒现象。同时，根据马克思主义地租理论，农产品的生产价格必须由劣等地的生产条件来决定。然而，山丘区相对于平原区而言是劣等地，山丘区的生产条件很大程度上取决于其面临的自然环境，为此，本研究将重点考察山丘区面临的自然环境（如滑坡灾害）如何影响山丘区农户耕地抛荒。

3.2 山丘区农户耕地抛荒的微观生成机理：可持续生计视角下的分析

马克思主义地租理论对耕地抛荒的生成机理与宏观分布进行了一定的阐释，但对耕地抛荒的微观生成机理解释不充分。在马克思主义地租理论的框架下，本研究从马克思主义政治经济学角度解释了耕地抛荒现象，并从理论视角得出耕地抛荒普遍发生于山丘区的结论。根据马克思主义地租理论，当市场供求达到平衡时，农产品的生产价格由劣等地的生产条件决定。而在相同技术条件下，山丘区农户需要耗费较多的无差别劳动才能生产出与平原区农户一样数量的农产品。因此，在农产品价格市场定价机制作用下，山丘区农户并不能获得社会平均利润，即，山丘区农户由于面临严重的山地灾害威胁，并不能通过农业生产维持生计的可持续，表现为"自然环境→耕地利用"的理论机制。然而，马克思主义地租理论并没有细致地讨论自然环境影响耕地利用的微观生成机理。为了进一步增强马克思主义地租理论对中国山丘区农户耕地抛荒的解释力，本研究在可持续生计视角下耦合人地关系地域系统理论、新劳动力迁移经济学理论与马克思主义地租理论讨论山丘区农户耕地抛荒的微观生成机理，以揭示自然环境如何影响耕地利用。

引入可持续生计框架研究耕地利用问题已是较为成熟的分析范式。根据英国国际发展署提出的可持续生计框架（后文如无特殊说明，所称的可持续生计框架均指此，如图2-2所示），可持续生计视角下山丘区农户耕地利用行为的微观生成机理是指农户在不同自然环境冲击（自然环境冲击差异）下为谋生而采取的不同的生计策略（生计策略差异），从而得到不同的生计产出（本书专指耕地利用差异）。例如，刘志飞（2016）基于可持续生计框架探讨了生计资产对土地利用的影响；Nguyen等（2017）基于可持续生计框架分析了农场土地选择和作物多样化种植；汪樱（2018）将政府政策应对视角引入可持续生计框架，回答农户土地资源配置问题。前人研究将可持续生计框架中的自然环境冲击当成研究背景，并未在具体分析框架中予以刻画。从马克思主义地租理论出发，自然环境不应仅作为研究背景，更应当在研究分析中予以具体化、定量化。因此，本研究结合马克思主义地租理论的主要观点和可持续生计框架的主要构成，基于中国山丘区农村的实际情况，将自然环境冲击具体化为滑坡灾害。综上所述，本研究在可持续生计框架下提出"自然环境冲击差异→生计策略差异→耕地利用差异"的理论分析框架（如图3-1所示），在此分析框架下回答马克思主义地租理论尚未细致回答的问题——自然环境影响耕地利用的微观生成机理。

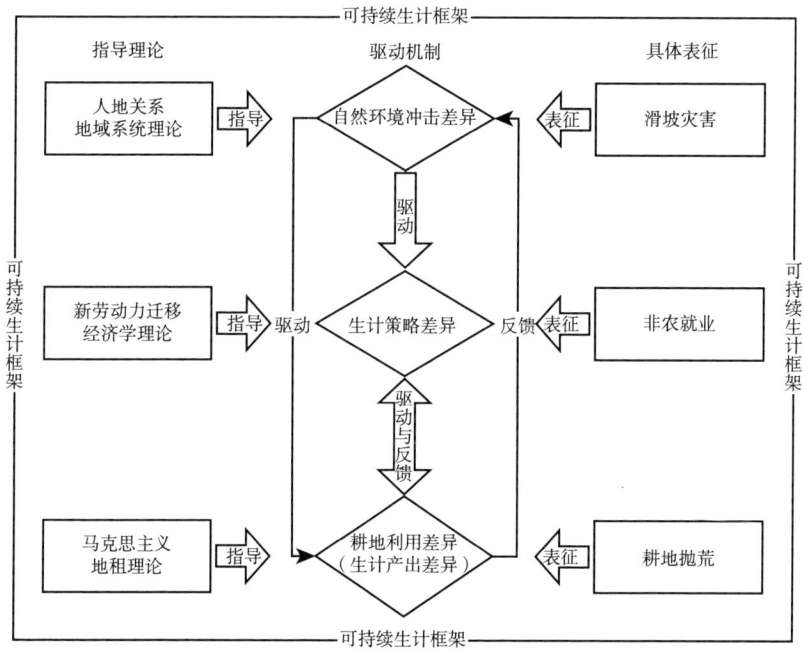

图3-1 基于可持续生计框架并耦合相关理论的农户耕地抛荒理论分析框架

本研究在学科交叉研究范式下，基于可持续生计框架耦合人地关系地域系统理论、新劳动力迁移经济学理论与马克思主义地租理论，从农户这一微观群体入手探索山丘区农户耕地抛荒的微观生成机理，这拓展了以往类似研究的分析框架。一是，本研究放松了刘志飞（2016）在讨论生计资产对农户土地利用行为的影响时遵循的"农户在某一特定时点上，面临的谋生环境和背景是一定的"这一假定。本研究认为即便是在某一特定时点上，由于农户地理位置差异，其面临的自然环境可能存在差异，换言之，自然环境冲击差异并不天然地接近于零。以本研究所讨论的自然环境冲击差异——滑坡灾害为例，由于农户地理位置的差异，在某个特定的历史时点上并不是所有农户都会遭受滑坡灾害冲击，因此，即便是农户具有相同的生计资本，但遭受的自然环境冲击不一致，为了平滑生计风险，农户会选择不同的生计策略（即表现为本研究所要探讨的劳动力非农就业情况的差异）。对以往研究理论假定的放松，有助于理论的一般化，对解决现实问题具有更好的指导意义。二是，本研究揭示了马克思主义地租理论下的"自然环境→耕地利用"的具体驱动机制。本研究基于可持续生计框架耦合不同学科理论，提出"自然环境冲击差异→生计策略差异→耕地利用差异"的理论分析框架，是对马克思主义地租理论中核心内容与具体驱动机制的现实再考察与检验、审视，这有利于将马克思主义基本原理同中国具体实际相结合，形成具有中国特色的马克思主义理论成果。

3.2.1 滑坡灾害对山丘区农户耕地抛荒的影响机理

从图 3-1 可知，自然灾害冲击会直接驱动农户的耕地利用行为。人地关系地域系统理论强调人与环境的相互影响与反馈（吴传钧，1991）。广义的环境不仅包括以灾害等要素在内的自然环境，还包括以城镇化等要素在内的社会环境。以往有关耕地抛荒的研究多强调社会环境变化对农户抛荒行为的影响。例如，东欧耕地抛荒的驱动因子是制度

3 山丘区农户耕地抛荒的机理

变革（Baumann et al.，2011）；澳大利亚、葡萄牙和瑞典耕地抛荒的驱动因子是社会经济发展（Beilin et al.，2014）。总的来说，技术、制度和经济等人文要素的变化促成了欧洲耕地抛荒的景观布局（Renwick et al.，2013；Jepsen et al.，2015；Li et al.，2018a）。然而，自然环境对耕地抛荒的影响也不应忽视（Li et al.，2018a）。汪险生、郭忠兴（2018）认为控制住社会经济因素后，早年饥荒经历降低了农户土地转出的概率。因此，仍需关注自然环境因素对耕地抛荒的影响。

滑坡灾害对山丘区农户耕地利用行为的驱动。由于地质结构的特殊性，山区是滑坡灾害的主要发生场所（Alvioli et al.，2018；Peng et al.，2018；Xu et al.，2018b）。山体滑坡是对山区农户生命财产安全造成威胁的最为普遍的自然灾害之一（Conforti et al.，2014）。滑坡灾害作为一种外部冲击，给山丘区社会经济造成了巨大损失，这主要包括两个方面：一是损坏物质生产资料；二是对人类的生命健康和心理健康造成威胁。具体而言，山体滑坡导致水土流失（Panagos et al.，2018），同时，山体滑坡毁坏农田水利设施，增加了土地管理的难度（Warner et al.，2010；Piguet，2013），直接引发农户抛荒耕地。

山丘区农户耕地利用行为对滑坡灾害的反馈。土地利用变化驱动灾害分布变化（Luo & Liu，2018）。具体而言，有效的土地管理有助于减缓水土流失（Pisano et al.，2017）。短期内，由于缺乏足够的植被覆盖，抛荒的耕地地表径流量增大（Chuang & Shiu，2018），并且，大部分山丘区耕地具有一定的坡度，因此，地表径流增多和边坡环境将导致滑坡灾害。

人地关系地域系统理论强调的是人地关系在地理格局重塑中的作用。具体到本研究，农业人文景观所依附的耕地利用景观的格局及其演变过程（农业植被覆盖变化），是自然环境和人类活动共同作用形成的。如图 3-2 所示，滑坡灾害首先影响农户（人类系统），农户在可持续生计作用下为降低滑坡灾害带来的负面影响，改变土地的利用形态（表现为土地利用变化），其结果是引发耕地抛荒现象（即土地利用由耕种状态转型为抛荒状态)。将这一过程置于时间维度中,如图 3-2 所示,耕地抛荒现象是土地利用转型的一种表现形式,它影响土地系统对人类系统的承载力,短期内将导致土地系统承载力急剧下降,在降雨等气象条件作用下诱发滑坡灾害。这符合人地关系地域系统理论的核心要点——人地系统中人与自然的相互响应与反馈机制。换言之,图 3-2 是对图 3-1 中自然环境冲击(滑坡灾害)驱动机制或耕地利用(耕地抛荒)驱动机制的具体化。具体而言,在可持续生计框架下,基于人地关系地域系统理论可以得出滑坡灾害与山丘区农户耕地抛荒之间存在互响应机制。

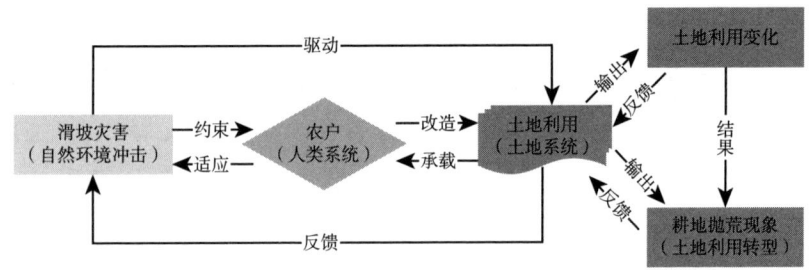

图 3-2 基于人地关系地域系统理论的滑坡灾害影响山丘区
农户耕地抛荒的机理

此外,根据人地关系地域系统理论,如果需要讨论人与自然的交互机制,还需要考虑空间结构、时间过程和组织序变等因素。由于本研究所采用数据不支持进行时间过程方面的检验,为了规避这一因素对滑坡灾害影响山丘区农户耕地抛荒机理的定量探索的混淆影响,本研究将滑坡灾害这一变量设定为发生在山丘区农户耕地抛荒之前。换言之,在本研究的设定下不考虑耕地抛荒现象对滑坡灾害的反馈。综上所述,在可持续生计框架下,基于人地关系地域系统理论,本研究得到如下待实证检验的假设:

H1:滑坡灾害将正向影响山丘区农户耕地抛荒。

3.2.2 非农就业对山丘区农户耕地抛荒的影响机理

从图 3-1 可知，农户的生计策略差异将直接驱动耕地利用行为。生计策略选择是可持续生计框架中的核心内容，不同的生计策略选择将导致不同的生计产出。一般而言，农户生计策略选择有农业就业和非农就业两大类，本研究重点关注的是农户的非农就业这一生计策略选择对生计产出中的耕地利用行为的影响。同时，农户的非农就业行为又受到新劳动力迁移经济学理论的指导，因此本研究在可持续生计框架下，基于新劳动力迁移经济学理论探索以非农就业表征的生计策略差异对耕地抛荒的影响机理。根据新劳动力迁移经济学理论，家庭劳动力非农就业是对家庭劳动力资源的再配置，在家庭劳动力资源得到重新配置时，土地资源也会得到重新配置（Carter & Yao，2002；钱龙，2017）。因此，家庭劳动力资源的配置与土地资源的配置密切相关（Arthi & Fenske，2016；Xu et al.，2019c）。

新劳动力迁移经济学理论将农户整个家庭作为一个决策主体，家庭会根据拥有的生计资本配置劳动力和土地资源，家庭成员会为了实现生计可持续（家庭收益最大化）而努力。根据钱龙（2017）所采用的农户模型，本研究构建了一个标准的农户模型来分析非农就业对山丘区农户耕地抛荒的影响。在前文的分析中，基于马克思主义地租理论，本研究得出由于自然条件限制和市场定价机制，山丘区农户很难获得社会平均利润，即山丘区的耕地流转的可能性较小。同时，山丘区的耕地流转实情也印证了由马克思主义地租理论推演得出的结论。因此，本研究在理论分析部分做如下假定：①山丘区农村土地市场发育不完善，农户的租赁行为主要发生在亲朋之间，租金约等于零；②劳动力的城乡流动不受限制，就业市场是完善的；③短期内，农业技术进步忽略不计。此外，为了实现家庭生计可持续，对于单个农户做如下假定：①家庭中劳动力总量为 $Labor$，家庭中农业就业的劳动力数量为 $Labor_{farm}$，家庭中非农就业的劳动力数量为 $Labor_{off\text{-}farm}$；②从事相同类型工作的劳动力是同质的，非农就业的劳动力工资为 $Wage_{off-farm}$，采用自家劳动力从事农业生产需要核算成本，劳动力的工资为 $Wage_{farm}$；③家庭耕地总面积为 $Land$，经营耕地面积为 $Land_{manage}$，抛荒耕地面积为 $Land_{abandon}$，当留在当地从事农业生产的劳动力不满足农业生产需求时，农户选择抛荒耕地；④为了简化分析，假定农户仅生产一种产品，单位产出为 $Production$，单位农产品市场价格为 $Price$，单位土地所需要投入的劳动力为 x，单位土地所需要投入的其他成本（除劳动力投入外的所有投入）为 $Cost$。因此，对于山丘区农户而言，家庭收入可表示为式（3-3）：

$$Income = Wage_{off-farm} \times Labor_{off-farm} + Land_{manage} \times (Price \times Production - Wage_{farm} \times x - Cost) \quad (3-3)$$

根据新劳动力迁移经济学理论，农户会根据家庭劳动力禀赋配置非农劳动力数量和农业劳动力数量，从而获得家庭收入最大化，以实现家庭生计可持续，因此农户面临的约束条件如下：

$$Labor = Labor_{farm} + Labor_{off-farm} \quad (3-4)$$

$$Land = Land_{manage} + Land_{abandon} \quad (3-5)$$

$$Land_{manage} \times x \leq Labor_{farm} \quad (3-6)$$

将式（3-4）、式（3-5）、式（3-6）代入到式（3-3）中，将收入函数转换一个关于耕地抛荒的函数：

$$Income = Wage_{off-farm} \times [Labor - (Land - Land_{abandon}) \times x] + (Land - Land_{abandon}) \times (Price \times Production - Wage_{farm} \times x - Cost) \quad (3-7)$$

采用拉格朗日乘数法对 $Land_{abandon}$ 求导，得到式（3-8）：

$$\frac{\delta Income}{\delta Land_{abandon}} = Wage_{off-farm} \times x - (Price \times Production - Wage_{farm} \times x - Cost) = 0 \quad (3-8)$$

根据式（3-8），当农户耕地抛荒面积达到均衡时，农户收入实现最大化。此时，非农就业的工资水平恰好等于单位耕地的净收益与单位耕地所投入的劳动力之比。

在上述农户模型中，本研究得出以下结论。当农户面临着完善的就业市场时，如果非农就业市场的工资水平稍微提高，即原有的均衡被打破，山丘区农户会重新调整生计策略，表现为原有留守在农业部门的劳动力会进入非农部门。当新的均衡形成时重新配置在农业部门的劳动力不足以开展农业生产，表现为耕地抛荒。即，在可持续生计框架下，基于新劳动力迁移经济学理论，以非农就业表征的生计策略选择将正向影响山丘区农户耕地抛荒。

定量研究也发现劳动力非农就业不利于耕地有效利用。一方面，非农就业直接导致务农劳动力的数量锐减。De Brauw 等（2013）发现随着农户经济重心的变化，户均劳动投入时间已从1991年的3528工时下降到2009年的1399工时。陈奕山（2019）也发现随着非农工资的上涨，农户在农忙和农闲时的劳动力投入都有所下降。另一方面，农业劳动力转移具有一定的选择性（Taylor & Martin，2001）。Todaro（1980）认为农村迁移人口在总人口中并不随机分布，年轻的、受过较好教育的农村人口更易从事非农工作。尹虹潘和刘渝琳（2016）、张娜和邓金钱（2017）也发现中国农村劳动力中从事非农就业的劳动力具有三个特征：男性、青壮年和高素质。王建英等（2015）、向云等（2018）发现留守在农村从事农业生产的群体逐渐老龄化、女性化和低素质化。因此，李德洗（2014）、张艳虹（2017）认为农业劳动力供给数量的锐减、农业劳动力的转移和农业生产较高的监督成本，使得留守在农村的家庭成员或雇佣的农业社会化服务群体无法较好地完成原本由已从事非农工作家庭成员完成的农业生产活动。例如，Baumann 等（2011）发现农户家庭成员实现非农就业后，耕地抛荒的概率提高了；Xie & Jiang（2016）发现非农工资上升且城市工作越稳定，土地抛荒和土地转出的可能性都会提高；Xu 等（2017a）发现非农就业导致农户缩小了土地经营规模，甚至抛荒土地。此外，Aide & Grau（2004）、Van Doorn & Bakker（2007）、龚敏芳等（2013）、Chen 等（2014）、Lieskovsky 等（2015）等也发现非农就业导致耕地抛荒。

综上所述，本研究提出如下假设：

H2：随着农户劳动力非农就业比例的上升，耕地抛荒行为发生概率及耕地抛荒面积也将随之上升。

农户劳动力由农业生产转向非农生产，这直接减少了从事农业生产的劳动力，但也带来了非农收入的增长。非农就业带来的收入效应将对农业生产造成不同的影响。Stark（1980）、Stark（1982）、Taylor & Martin（2001）指出 NELM 理论假定发展中国家的劳动力市场、资本市场和保险市场并不完善，农户出于规避风险的诉求，将一部分家庭劳动力配置于农业部门，一部分劳动力配置于非农部门，从非农部门获取资金以缓解自身在农业部门面临的资金约束、信贷约束和保险约束。然而，农户可能并不会将从非农部门获取的资金用于改善农业生产（Hennessy & O'Brien，2008；Mathenge et al.，2015；张艳虹，2017）。

参考张艳虹（2017）的研究，假定农户家庭成员在农业部门和非农部门两个部门中选择工作，在农业部门中从事工作获取的收入为 Q_1，在非农部门从事工作获取的收入为 Q_2，那么生产可能性边界是一条倾斜的直线 pp。同时，对于一个农户而言，其所面临的土地、资本和劳动力等要素约束为一条垂直于纵轴的直线 C。C 平行于横轴上下移动，表示农户的均衡产出发生变化。

从理论上看，非农就业通过收入效应影响耕地抛荒是双向的。具体地，当非农就业收入用于农业投资时，耕地抛荒减少；当非农就业收入用于满足家庭消费时，耕地抛荒增加。如图 3-3 所示，期初，如果没有进入非农部门从事非农工作，那么农户的收入为 Q_1^0。当农户从事非农工作时，C^0 向下移动至 C^1，此时，由于非农就业导致务农劳动力减少，非农收入又多被用于非农消费，同时，在一些地理环境较差的地区（如山丘区），机械无法有效替代流失的劳动力，农业收入下降至 $Q_1^{C^1}$。

甚至随着务农机会成本的不断上升，农户可能完全退出农业生产，耕地被完全抛荒。另外，在一些地理环境较好的地区（如平原地区），农业基础设施较好，机械化能够有效替代流失的劳动力，非农就业通过增加农户收入缓解资金约束，C^1 会上升至 C^2 水平。此时，非农收入保持不变，但农业收入增加，生产边界向外扩展为 pp'。此时，土地能够得到充分利用，耕地抛荒现象会减少。

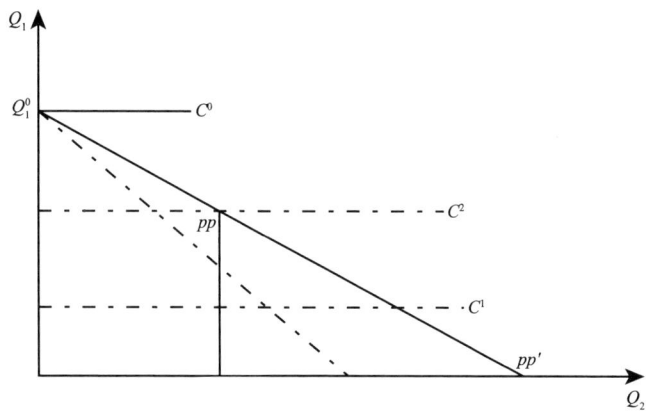

图 3-3　NELM 理论下非农就业对耕地抛荒的影响机制

数据来源：张艳虹（2017）。

从实证上看，非农就业通过收入效应影响耕地抛荒也是双向的。一方面，相关研究表明非农就业增加的收入主要用于住房等非农业投资，这可能降低土地利用效率，从而引发耕地抛荒（Lipton，1980；Huang et al.，2009；De Brauw，2010；钱文荣、郑黎义，2010）。基于国外样本的实证研究表明，非农就业带来的收入增长主要用于非农业投资，如住房、子女教育等方面（Hennessy & O'Brien，2008；Ecer & Tompkins，2013；De Brauw，2018）。Ahituv & Kimhi（2002）基于以色列的调查数据实证表明非农劳动力供给与农业资本存量之间存在较强的负相关关系；Osili（2004）使用尼日利亚的调研数据实证发现非农就业带来的收入增长会影响农业生产投资也会影响非农投资，非农收入主要被用于投资住房，这可能挤出农业生产投资；Morera & Gladwin（2006）发现当非农收入缓解了农户资金约束时，洪都拉斯的农户仍没有较高的投资土地的积极性；Adams Jr & Cuecuecha（2010）发现在危地马拉的农户中，与没有汇款（非农就业产生的收入）的家庭相比，有汇款的家庭在教育和住房这两项投资上支出较多；De Brauw（2010）发现在越南的农户中，非农就业导致农户偏好种植土地密集型作物，与没有发生非农就业的家庭相比，有非农就业的家庭在农作物上投入的化肥和劳动时间都变少了；Mathenge 等（2015）检验了来自非农工作的收入是否有助于提高肯尼亚农户的生产力投资，发现非农工作的增收效应挤出了玉米种植中的化肥投入和杂交种子需求。此外，Koc & Onan（2004）基于土耳其农户数据、Airola（2007）和 Böhme（2015）基于墨西哥农户数据、Yang（2008）和 Quisumbing & McNiven（2010）基于菲律宾农户数据均发现非农就业带来的收入增长主要提高了家庭的非农业支出。基于中国样本的实证研究也表明，非农就业带来的收入增长也主要用于非农业投资（朱民等，1997；Qin，2010；Xie et al.，2019）。基于中国农户的样本，De Brauw & Rozelle（2008）发现在收入中位数超过贫困线两倍的地区，劳动力迁移带来的收入增加更多被用于住房和其他耐用消费品的投资，并没有被用于生产性投资；Zhu 等（2014）发现非农收入也主要被用于住房等消费；王子成、郭沐蓉（2015）发现农户劳动力外出务工挤出了家庭对农业生产的投资；文洪星、韩青（2018）指出非农就业带来的收入增长主要促进了农户在家庭设备、住房等方面的消费；温兴祥（2019）指出非农就业带来的收入增长主要促进了农户在教育、文化娱乐、住房等方面的消费；Ma 等（2019）认为非农就业带来的收入增长主要被用于改善生活环境，如从传统能源消费转向更为清洁的能源消费。此外，Huang 等（2009）发现非农就业降低了山东农户种植苹果和葡萄的可能性和强度；钱文荣、郑黎义（2010）认为随着非农收入的提高，农户将倾向于忽视稻田管理。Qian 等（2016）、吕新业和胡向东（2017）、柳建平等（2018）的研究也支持非农就业降低了农户经营农业的积极性，非农收入主要被用于改善生活，如购买住房等。

另一方面，相关研究表明因非农就业增加的收入被用于农业生产投资，这可能提高土地利用效率，从而减少耕地抛荒（Taylor，1999）。基于国外样本的实证研究表明非农就业带来的收入增加主要通过促进农户使用改良种子、扩大生产规模、购买更多农业机械来维持农业生产，从而减少耕地抛荒。Damon（2010）针对萨尔瓦多农户的一项研究表明，非农就业带来的收入增加提高了家庭牲畜形式的农业资本积累；Davis & Lopez-Carr（2014）探讨了美洲中部多个国家农户非农就业与农业生产规模的关系，发现劳动力迁移并没有直接导致农业生产向规模化发展，反而是通过增加收入促进了农户扩大生产规模；Tshikala 等（2019）基于肯尼亚农户调查数据指出非农就业带来的收入增加促进农户使用改良种子。此外，Chiodi 等（2012）和 Bohra-Mishra（2013）分别基于墨西哥和尼泊尔农户调查数据，指出农户劳动力迁移在农业生产中发挥了积极作用，非农就业增加的收入被用于农业生产投资，而不是非农生产投资。基于中国样本的实证研究也得到了相似的结论。Zhao（2002）发现中国农户劳动力非农就业通过增加家庭总收入促进农户投资农业机械；De Janvry 等（2005）发现中国农户劳动力非农就业带来的稳定现金流缓解了收入波动，发挥着保障作用，这有利于家庭投资农业，提高农业生产的积极性；纪月清、钟甫宁（2013）发现非农就业通过提高家庭收入促进农户购买农机服务以替代减少的劳动力；苏卫良等（2016）认为随着非农就业的人数增加，农机服务支出显著增加，但是非农就业人数对家庭农业机械的持有没有显著影响；钟甫宁等（2016）发现农户劳动力外出务工后，对机械要素投入的需求会增加，粮食播种面积比例也会提高。

无论是理论研究还是实证研究，都认为非农就业通过增加收入影响耕地抛荒的机制存在不一致。同时，山丘区基础设施远不及平原（Xu et al.，2019c），机械化水平较低（张艳虹，2017），非农就业增加的收入无法有效地用于购买农机或农机服务来替代因非农就业而流失的劳动力，非农就业增加的收入更多地被用于非农消费。这将导致土地利用效率下降（Luo et al.，2019），从而引发耕地抛荒。此外，Shi（2018）发现非农收入能够放松流动性约束从而在一定程度上降低劳动力外出就业的负面影响，但最终的结果表明，劳动力外出就业的负面效应在农业生产中占主导地位。特别是，Pan 等（2018）发现非农就业导致的劳动力流失，使得在山区的农户受到的负面影响更为严重。因此，本研究聚焦于山丘区情境下，非农就业如何通过收入效应影响耕地抛荒，提出如下假设：

H3：在山丘区，非农就业对农业投资的影响为负。

H4：在山丘区，非农就业对非农投资的影响为正。

3.2.3 滑坡灾害与非农就业对山丘区农户耕地抛荒的影响机理

根据图3-1，农户的生计策略差异受到自然环境冲击的影响。在可持续生计框架下，山丘区农户暴露在山地灾害威胁下，会对灾害风险产生认知。当农户意识到灾害风险存在时，基于可持续生计的诉求，会倾向于改变生计策略以平滑风险。本研究在可持续生计框架下，耦合人地关系地域系统理论、新劳动力迁移经济学理论和马克思主义地租理论，构建一个包含土地利用的农户模型。

基于马克思主义地租理论，本研究得出由于自然条件限制和市场定价机制，山丘区农户生产的农产品很难获得社会平均利润，即山丘区的耕地流转的可能性较小。同时，山丘区的耕地流转实情也印证了由马克思主义地租理论推演得出的结论。因此，本研究在理论分析部分做如下假定：①山丘区农村土地市场发育不完善，农户的租赁行为主要发生在亲朋之间，租金约等于零；②劳动力的城乡流动不受限制，就业市场是完善的；③短期内，农业技术进步忽略不计。此外，为了实现家庭生计可持续，对于单个农户做如下假定：①家庭中劳动力总量为 $Labor$，家庭中农业就业的劳动力数量为 $Labor_{farm}$，家庭中非农就业的劳动力数量

为 $Labor_{off\text{-}farm}$；②从事相同类型工作的劳动力是同质的，非农就业的劳动力工资为 $Wage_{off\text{-}farm}$，采用自家劳动力从事农业生产需要核算成本，劳动力的工资为 $Wage_{farm}$；③家庭耕地总面积为 $Land$，经营耕地面积为 $Land_{manage}$，抛荒耕地面积为 $Land_{abandon}$，当留在当地从事农业生产的劳动力不满足农业生产需求时，农户选择抛荒耕地；④为了简化分析，假定农户仅种植一种农产品，单位产出为 $Production$，单位农产品的市场价格为 $Price$，单位土地所需要投入的劳动力为 x，单位土地所需要投入的其他成本（除劳动力投入外的所有投入）为 $Cost$；⑤滑坡灾害冲击因子为 β，β 值越大代表其给农户带来负面影响的可能性越大。

对于山丘区农户而言，家庭收入可表示为式（3-9）：

$$Income = Wage_{off\text{-}farm} \times Labor_{off\text{-}farm} + Land_{manage} \times \\ (Price \times Production - Wage_{farm} \times x - Cost) \quad (3-9)$$

根据新劳动力迁移经济学理论，农户会根据家庭劳动力禀赋来配置非农劳动力数量和农业劳动力数量，从而获得家庭收入最大化，以实现家庭生计可持续。同时，根据马克思主义地租理论和人地关系地域系统理论，滑坡灾害等自然环境冲击会增大土地管理难度，即冲击越大，单位土地所要达到未受冲击时的产出需要投入的劳动力更多，假定单位土地劳动力 x 是关于滑坡灾害冲击因子 β 的函数，表示为：

$$x = f(\beta), \quad 且 \frac{\delta x}{\delta \beta} > 0 \quad (3-10)$$

因此农户面临的约束条件表达如下：

$$Labor = Labor_{farm} + Labor_{off\text{-}farm} \quad (3-11)$$

$$Land = Land_{manage} + Land_{abandon} \quad (3-12)$$

$$Land_{manage} \times x \leq Labor_{farm} \quad (3-13)$$

将式（3-11）、式（3-12）、式（3-13）代入到式（3-9）中，采用拉格朗日乘数法对 $Land_{abandon}$ 求导，当农户耕地面积达到均衡时，农户收入实现最大化，可表示为$\frac{\delta Income}{\delta Land_{abandon}}=0$，此时，可得到一个农业劳动力工资关于滑坡灾害冲击因子的函数，表示为：

$$Wage_{farm} = \frac{Price \times Production - Cost}{f(\beta)} - Wage_{off-farm} \quad (3-14)$$

短期内外部环境不会发生较大变化，单位农产品价格、单位土地所需要投入的其他成本、非农部门平均工资等保持不变。同时，根据本章的假定，农户只要付出更多劳动也能达到与未受冲击时一样的单位产出。因此，由式（3-10）和式（3-14）可知，$\frac{\delta Wage_{farm}}{\delta \beta}<0$，经过简单换算可知：

$$Wage_{farm}^* < Wage_{farm} \quad (3-15)$$

其中，$Wage_{farm}^*$表示遭受滑坡灾害时劳动力从事农业生产的工资水平，$Wage_{farm}$表示未遭受滑坡灾害时（农户耕地抛荒面积处于均衡状态、农户收入达到最大化），劳动力从事农业生产的工资水平。农户未遭受滑坡灾害时的均衡状态为，劳动力非农就业的工资水平$Wage_{off-farm}$对应的劳动力农业就业的工资水平为$Wage_{farm}$。由式（3-15）可知，当农户遭受滑坡灾害时的劳动力农业就业工资水平小于农户未遭受滑坡灾害时的劳动力农业就业工资水平，此时非农就业工资水平不变，其他条件也未变，这意味着遭受滑坡灾害将导致农业部门的工资相对于非农业部门的工资下降，农户为了维持家庭生计可持续会选择从农业部门退出，将劳动力更多地配置于非农部门，留守在农业部门的劳动力不足以开展农业生产，从而导致耕地被抛荒。换言之，在可持续生计框架下，耦合人地关系地域系统理论、新劳动力迁移经济学理论、马克思主义地租理论，滑坡灾害将通过驱动劳动力非农就业导致耕地抛荒。

事实上，上述灾害影响农户迁移决策的研究又被称为"环境迁移"。环境迁移是指那些极易遭受环境灾害事件威胁地区的居民被迫离开原住地（Mistri & Das，2020）。Funk 等（2020）认为气候变化带来的一系列具体灾害事件对农户的生活产生了严重影响，有时农户不得不寻找适应气候变化的方法。正如前文提到的，滑坡灾害极易在山丘区发生，并造成巨大的直接经济损失和长期的恐慌心理。徐定德（2017）认为频繁发生在山丘区的滑坡灾害直接导致了原本依赖农业谋生的农户逃离原有住所，改变家庭生计策略。新劳动力迁移经济学理论认为家庭会根据自身禀赋和面临的约束条件配置劳动力资源和土地资源。同时，人地关系地域系统理论认为人与环境共生，人受环境影响，也影响环境。Renn（2011）、Demski 等（2017）、Ogunbode 等（2019）等人的研究表明灾害会对个人行为决策产生长期影响，主要表现为对灾害的恐惧、抵触和逃离。因此，在山丘区，有滑坡灾害经历的家庭，会重新配置家庭劳动力资源以减小未来再次面临滑坡灾害而遭受的损失。环境迁移打破了既有的人地关系均衡状态，农业生产劳动力的相对不足会引发抛荒耕地。也就是说，乡村地域系统在外力诱发下，使得影响乡村发展的人、地、钱等要素得到重新配置（Long et al.，2016；Tu et al.，2018；龙花楼、屠爽爽，2018）。

综上所述，对于山丘区农户而言，为谋求家庭的可持续生计，会在遭受自然环境冲击（滑坡灾害）时，调整家庭生计策略，最终导致耕地被抛荒。换言之，山丘区农户耕地抛荒行为遵循"自然环境冲击差异→生计策略差异→耕地利用差异"的理论逻辑。因此，结合本研究的研究内容，在山丘区情境下，提出如下假设：

H5：非农就业在滑坡灾害影响山丘区农户耕地抛荒中具有正向中介作用。

4 山丘区农户耕地抛荒的现实考察

4.1 大型抽样调查数据：2014年中国劳动力动态调查

4.1.1 数据来源

本研究在后续分析中采用的数据来自中山大学社会科学调查中心的中国劳动力动态调查（China Labor-Force Dynamics Survey，CLDS）数据库[①]。根据《中国劳动力动态调查（CLDS2014）调查手册》[②]和梁玉成等（2015）的介绍，中山大学社会科学调查中心于2012年开始在中国大陆推动劳动力动态调查项目，以两年为间隔期系统地监测村/居社区的社会结构和劳动力及其家庭的变化与相互影响，建立反映中国社会劳动力、家庭和社区这3个层次的变动趋势的追踪资料数据库，从而为进行高质量的理论研究和政策研究提供基础数据。CLDS聚焦于中国劳动力的现状与变迁，内容涵盖教育、工作、迁移、健康、社会参与、经济活动、基层组织等众多研究议题，是一项跨学科的大型追踪调查。为保

[①] 本研究使用数据来自中山大学社会科学调查中心开展的中国劳动力动态调查（CLDS）。本研究的观点和内容由作者负责。如需了解有关此数据的更多信息，请登录http：//css.sysu.edu.cn。

[②] 有关CLDS的简介部分摘自《中国劳动力动态调查（CLDS2014）调查手册》第一章：项目的基本概述。

证样本的全国代表性，CLDS 的样本覆盖了中国 29 个省份（除港澳台、西藏、海南外）。在抽样方法上，采用多阶段、多层次与劳动力规模成比例的概率抽样方法（multistage cluster, stratified, PPS sampling）。在追踪调查方式上，CLDS 在国内率先采用轮换样本追踪方式，既能较好地适应环境的变迁，同时又能兼顾横截面调查和追踪调查的特点。近年来，社会学、管理学、经济学等学科领域的学者基于 CLDS 数据产生了许多优秀的成果，例如，刘毓芸等（2015）基于 CLDS 数据在《经济研究》发文讨论方言距离对劳动力流动的影响；Wang 等（2017）基于 CLDS 数据在 China Economic Review 发文讨论语言技能的经济回报；张莉等（2017）基于 CLDS 数据在《经济研究》发文讨论房价对劳动力迁移的影响；叶文平等（2018）基于 CLDS 数据在《管理世界》发文探索外来人口流入地与原户籍地的经济发展水平差距、社会网络嵌入与异地创业三者间的关系；Zhou（2019）基于 CDLS 数据在 Gender & Society 发文讨论了性别视角下劳动力求职过程中获得帮助的差异。此外，阳义南和连玉君（2015）、Hao & Liang（2016）、Chen 等（2017）、冯大威（2018）、Dovi（2019）、Liu 等（2019）等认为 CLDS 覆盖了大部分中国大陆省份[①]，其样本具有较好的全国代表性。因此，为了较好地反映当前中国农村的实际情况，本研究主要使用了 2014 年中山大学社会科学调查中心发布的 CLDS2014 数据[②]。

[①] 为了保证样本的全国代表性，劳动力动态调查样本覆盖了除港、澳、台、西藏、海南的 29 个省份，这些省份的人口约占全国总人口的 99.11%（人口数据为 2013 年数据，源于国家统计局官网：http://data.stats.gov.cn/easyquery.htm?cn=E0103）。
[②] 需要指出的是，目前最新的数据是 2016 年完成的第二轮追踪调查数据，即 2016 年中国劳动力动态调查（CLDS2016）。然而，直到本研究完成之际，根据相关消息（消息源：http://ssa.sysu.edu.cn/article/1994）CLDS2016 仅对中山大学师生开放，2011 年广东省试调查数据、2012 年基线调查数据和 2014 年追踪调查数据对社会开放。虽然可在网络上获取到 CLDS2016 的数据，但是出于尊重数据管理方意愿和遵守学术道德规范考虑，本研究仍以已获数据管理方授权使用的 CLDS2014 数据进行分析。

4.1.2 数据基本特征

本研究聚焦滑坡灾害、非农就业对山丘区农户耕地抛荒的影响。因此，非农村样本户和村落地形为平原的农户被剔除。经过上述处理，共获取样本农户4850户，来自24个省份（分布见图4-1）。从地域分布来看，受访农户中东部地区农户有1712户（占比35.30%），中部地区农户1335户（占比27.53%），西部地区农户1803户（占比37.18%）；从地形分布来看，受访农户中丘陵地形农户2837户（占比58.49%），山地地形农户2013户（占比41.51%）。

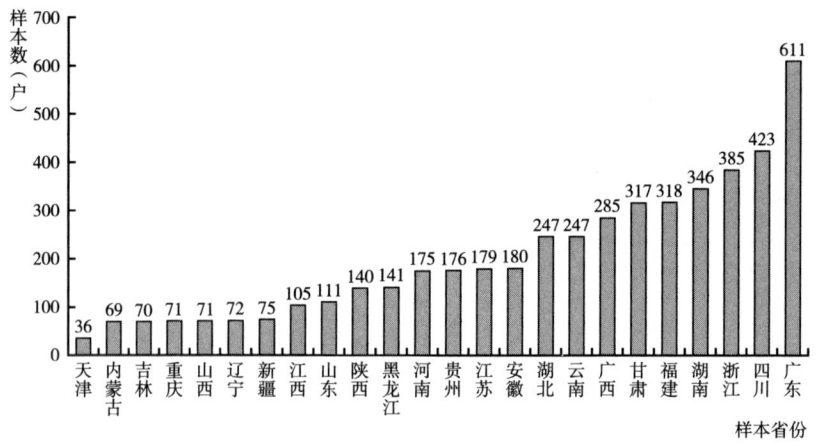

图4-1 样本省份分布

注：东部地区包括天津、辽宁、山东、江苏、福建、浙江、广东；中部地区包括吉林、山西、江西、黑龙江、河南、安徽、湖北、湖南；西部地区包括内蒙古、重庆、新疆、陕西、贵州、云南、广西、甘肃、四川。

4.1.3 基于中国劳动力动态调查数据样本农户的基本情况

4.1.3.1 生计资本情况

自20世纪90年代开始，生计分析逐渐成为国际上理解农户谋生方式的重要手段（Ellis，2000；Scoones，2009；Soltani et al.，2012；

Fang et al., 2014; Rahman et al., 2018)。不同学者提出了不同的可持续生计框架,其中影响力最大、应用最广泛的是英国国际发展署提出的可持续生计框架(本书第二章已有介绍,不再展开)。Liu 等(2018)认为该框架表明农户是在一定的脆弱背景下谋生,且农户会在家庭收益最大化和风险最小化的目标设定下,通过使用生计资产以改善生计状况,进而调整其资产组合与使用方式。本研究借鉴 Nguyen 等(2017)和汪樱(2018)的研究,基于可持续生计框架,将 Nguyen 等(2017)研究中的自然环境冲击具体化为滑坡灾害,并将农户耕地抛荒行为作为具体生计结果[这不同于汪樱(2018)将土地利用行为作为生计策略]。DFID(1999)将农户生计资本进一步划分为人力资本、自然资本、物质资本、金融资本和社会资本。本研究也按此分类方式划分,并参考 Babulo 等(2008)、Xu 等(2015b)、Cao 等(2016)、Gautam & Andersen(2016)、Su 等(2018a)、Wan 等(2018)、Xu 等(2019b)、丁建军等(2019)、何仁伟等(2019)、王振振、王立剑(2019)等的研究,结合中国山丘区农户实际情况,对各类生计资本进行量化,并进行逐一分析。

(1)人力资本基本情况

人力资本指个人拥有的用于谋生的知识、技能以及劳动能力和健康状况。Fang 等(2014)、赵文娟等(2015)、Su 等(2018a)、Cai 等(2019)、甘宇和胡小平(2019)等在测度农户人力资本时考虑了年龄、家庭规模、健康状态、受教育程度等因素。因此,结合本研究数据,选取了年龄、性别、健康、教育、职业、家庭教育、家庭健康、家庭年龄、老人务农、子女务农等变量作为度量人力资本的代理变量(变量及其定义见表 4-1)。由表 4-1 可知,从人力资本角度而言,样本中户主年龄平均接近 54 岁;90%的户主为男性;户主的健康状况较好(82%的户主处于一般及以上健康状态);户主的受教育情况不容乐观(仅 11%的户主具有高中及以上文凭);超过半数的户主从事非农业生产(62%的户主从事非农业生产);农户整体受教育情况也不容乐观（仅13.29%的家庭成员接受了高中及以上学历教育）；农户整体健康状况较好（超过80%的家庭成员处于一般及以上健康状态）；农户整体年龄偏年轻，家庭成员平均年龄约为41岁；11%的农户存在64岁及以上老人从事农业生产的情形；8%的农户户主的子女从事农业生产。

表4-1 人力资本的代理变量：名称及定义

变量名称	定义	平均值	标准差
年龄	户主年龄（岁）	53.79	13.37
性别	户主性别（1=男；0=女）	0.90	0.30
健康	户主健康状态（1=处于一般及以上健康状态；0=否）	0.82	0.39
教育	户主受教育程度（1=具有高中及以上文凭；0=否）	0.11	0.31
职业	户主职业状态（1=从事农业生产；0=否）	0.38	0.49
家庭教育	家庭成员中具有高中及以上文凭的比例（%）	13.29	20.38
家庭健康	家庭成员中处于一般及以上健康状态的比例（%）	85.29	23.89
家庭年龄	家庭成员的平均年龄（岁）	40.61	13.19
老人务农	家庭中64岁及以上老人是否从事农业生产（1=是；0=否）	0.11	0.32
子女务农	家庭中户主的子女是否从事农业生产（1=是；0=否）	0.08	0.27

（2）自然资本基本情况

自然资本指能从中导出有利于生计的资源流和服务的自然资源存量和环境服务。丁士军等（2016）、伍艳（2016）、全磊和陈玉萍（2018）、Berchoux & Hutton（2019）、Xu等（2019b）在测度自然资本时主要考虑了家庭所掌握的土地资源。因此，根据本书的研究主旨，选择表征土地资源规模、属性的变量作为自然资本的代理变量，具体选取了土地面积、土地确权、土壤质量、土地灌溉等变量（变量及其定义见表4-2）。由表4-2可知，从自然资本角度而言，样本农户家庭成员人均承包耕地面积1.51亩；有45%的农户获得了土地权证；18%的农户表示自家的耕地质量比较好；43%农户的耕地获得了村庄提供的灌溉服务。

表 4-2 自然资本的代理变量：名称及定义

变量名称	定义	平均值	标准差
土地面积	家庭成员人均承包耕地面积(亩)	1.51	2.11
土地确权	家庭承包耕地是否获得土地权证(1=是;0=否)	0.45	0.50
土壤质量	家庭耕地整体质量自我评价(1=好;0=其他)	0.18	0.39
土地灌溉	所在村庄是否提供灌溉服务(1=是;0=否)	0.43	0.49

（3）金融资本基本情况

金融资本指用于购买消费品和生产物品的现金以及可以获得的贷款和个人借款。Speranza 等（2014）、苏芳（2017）、Ward 等（2018）、何仁伟等（2019）、Yang 等（2019）在度量金融资本时考虑了家庭收入、借贷情况、参与金融市场程度等方面。因此，本研究结合样本数据特征，选取了家庭收入、金融接入、贷款、借款等变量作为金融资本的代理变量（变量及其定义见表4-3）。如表4-3所示，从金融资本而言，样本农户家庭成员2013年的现金总收入均值接近4万元；农户金融接入的情况较差（金融接入变量均值为0.01，表明大部分农户没有持有金融产品）；农户从正规金融渠道和非正规金融渠道获得资金的比例分别为7%和8%，这在一定程度上表明农户倾向于从非正规金融渠道获得资金。

表 4-3 金融资本的代理变量：名称及定义

变量名称	定义	平均值	标准差
家庭收入	家庭成员2013年的现金总收入(万元)	3.99	4.03
金融接入	家庭持有债券、股票、基金等金融产品的种类(个)	0.01	0.12
贷款	家庭是否从银行等正规金融渠道获得资金(1=是;0=否)	0.07	0.26
借款	家庭是否从亲朋好友等非正规金融渠道获得资金(1=是;0=否)	0.08	0.27

（4）社会资本基本情况

社会资本指为实现不同生计策略的社会资源，包括个人参与的社会网络和协会。邝佛缘等（2017）、李聪等（2019）、袁梁等（2017）、

Gao等（2019）、Zhang等（2019）在度量社会资本时考虑了农户的社会网络、规范和社会事务参与等因素。因此，本研究结合样本数据，选取了礼金支出、合作社、互联网、组织参与、土地流转等变量作为社会资本的代理变量（变量及其定义见表4-4）。如表4-4所示，从社会资本而言，样本农户家庭2013年礼金支出的平均数额为0.56万元；约有2%的农户加入了某一个农业合作社；约有27%的农户通过手机或者电脑上网；农户家庭成员加入中国共产党的比例约为4%；有68%的农户参与转出耕地。

表4-4 社会资本的代理变量：名称及定义

变量名称	定义	平均值	标准差
礼金支出	家庭2013年礼金支出的数额（万元）	0.56	1.93
合作社	家庭是否加入某一个农业合作社（1=是；0=否）	0.02	0.12
互联网	家庭是否使用了互联网（1=是；0=否）	0.27	0.44
组织参与	家庭成员中中国共产党党员的比例（%）	3.88	11.13
土地流转	家庭2013年是否转出耕地（1=是；0=否）	0.68	0.47

（5）物质资本基本情况

物质资本指用于经济生产过程中的除去自然资源的物质。Speranza等（2014）、Ward等（2018）、何仁伟等（2019）、Xu等（2019b）、Yang等（2019）在度量物质资本时考虑了主要农户的房屋资产和农业生产资产。因此，本研究结合样本数据，选取了房屋价值等非农资产和农业机械等农业资产的总和作为物质资本的代理变量（变量及其定义见表4-5）。由表4-5可知，从物质资本而言，样本农户家庭成员人均拥有的固定资产在2013年的价值总额均值为4.42万元。

表4-5 物质资本的代理变量：名称及定义

变量名称	定义	平均值	标准差
固定资产	家庭成员人均拥有的固定资产在2013年的价值总额（万元）	4.42	15.95

4.1.3.2 滑坡灾害发生情况

灾害经历会在随后通过增强个人对灾害威胁的感知,进而影响个人的灾害适应性行为。例如,Ogunbode 等(2019)基于 2013~2014 年英国冬季的洪灾数据,发现该洪灾事件的个人经验能直接影响人们对灾害的威胁感知,并进一步预测人们对灾害的适应性行为。Renn(2011)、Demski 等(2017)研究发现"个人经历—风险认知—适应性行为"的传导机制,源于灾害事件的"信号"通过提高受灾群体的认知程度,从而引发受灾群体关注该类灾害事件,并提高其风险意识,随后激发其适应性行为。本研究关注滑坡灾害受灾群体的适应性行为,因此,结合样本数据特点选取农户所在村庄 2012 年及以前是否发生滑坡灾害作为滑坡灾害的代理变量。CLDS2014 数据提供了村庄历史上发生的最主要灾害的类型及发生时间,为探索滑坡灾害对适应性行为的单向因果关系,考虑到 CLDS2014 数据主要涵盖农户 2013 年发生的实际情况,因此,本研究在数据处理时关注 2012 年及以前的灾害发生数据,并按类型提取了滑坡灾害发生数据。为便于后文分析,本研究在涉及 CLDS2014 数据时,将农户所在村庄 2012 年及以前年度发生过滑坡灾害的家庭均视为经历了滑坡灾害的家庭,其他家庭为未经历滑坡灾害的家庭(如无特殊说明,均按此处理)。如表 4-6 所示,样本中大约有 31%的农户所在村庄 2012 年及以前发生过滑坡灾害。

表 4-6 滑坡灾害变量:名称及定义

变量名称	定义	平均值	标准差
滑坡灾害	农户所在村庄 2012 年及以前是否发生滑坡灾害(1=是;0=否)	0.31	0.46

4.1.3.3 非农就业基本情况

农户劳动力由农业生产转向非农生产,直接减少了从事农业生产的劳动力,但也带来了非农收入。非农就业带来的收入增长将对农业生产造成不同的影响。Stark(1980)、Stark(1982)、Taylor & Martin

(2001）指出NELM理论假定发展中国家的劳动力市场、资本市场和保险市场并不完善，农户出于规避风险的诉求，将一部分家庭劳动力配置于农业部门，一部分劳动力配置于非农部门，从非农部门获取资金以缓解自身在农业部门面临的资金约束、信贷约束和保险约束。对于农户劳动力而言，存在部分劳动力完全从事非农生产，部分劳动力既从事非农生产又从事农业生产的情况，为了简化研究，本研究将两者都视为非农就业。CLDS2014数据包含农户家庭成员2013年的就业就学状态及年龄，本研究将16~64岁且就业就学状态不为"从未工作过"、"上学且无工作"、"服兵役"或"丧失劳动能力"中任何一种的家庭成员视为劳动力，将劳动力中就业就学状态为"全职就业"、"半职就业"或"临时就业"的成员视为非农就业人员。为了规避家庭规模对研究结果的影响，采用家庭总劳动力规模的倒数作为权重，即非农就业变量的度量方式为非农就业人员规模占家庭中总劳动力规模的比重。如表4-7所示，样本农户中2013年劳动力非农就业的比例平均约为52%。

表4-7 非农就业变量：名称及定义

变量名称	定义	平均值	标准差
非农就业	农户中2013年非农就业劳动力占总劳动力规模的比例(%)	51.52	37.84

4.1.3.4 耕地抛荒基本情况

参考Xu等（2019a）、Xu等（2019c）的研究，本研究将农户耕地抛荒面积和耕地抛荒行为作为耕地抛荒的代理变量。考虑后续实证分析中稳健性检验需要，本研究还将耕地抛荒比例作为耕地抛荒的代理变量。CLDS数据的调查时间为2014年，调查内容为2013年农户实际情况。因此，抛荒耕地指的是家庭在2013年全年没有任何投入（如劳动力、化肥或农药）的地块。抛荒的耕地可能在未来重新耕种，也可能在长期内被抛荒，但是抛荒的耕地不能随意改变其功能（如建房等）。如表4-8所示,样本中平均15%的农户2013年存在耕地抛荒行为,平均抛荒面积为0.34亩;农户2013年抛荒耕地面积占比均值为8.59%。

表4-8 耕地抛荒的代理变量:名称及定义

变量名称	定义	平均值	标准差
耕地抛荒行为	农户2013年是否存在抛荒耕地行为(1=是;0=否)	0.15	0.35
耕地抛荒面积	农户2013年抛荒耕地的总面积(亩)	0.34	1.57
耕地抛荒比例	农户2013年抛荒耕地面积占家庭耕地总面积的比例(%)	8.59	24.77

4.2 典型抽样调查数据:2019年四川滑坡灾害高发聚落调查

大型抽样数据能够较好地反映现实情况,但也存在一定的局限性。例如,大型抽样数据可能无法较好地反映典型区域的具体特征;大型抽样数据多为公开数据,其发布时间与调查时间存在明显滞后性。因此,为了进一步验证大型抽样数据的现实反映能力,本研究还将基于实地调查形成的一手数据验证大型抽样数据回归结果的稳健性。

4.2.1 数据来源

4.2.1.1 抽样区域

四川是遭受滑坡灾害威胁较为严重的省份之一。从国家统计局网站上,本研究获取了全国31个省份2011~2017年的滑坡灾害数据,计算累计发生数,绘制了图4-2。如图4-2所示,2011~2017年,四川共发生滑坡灾害5876起,在全国31个省份中排名第二。《全国地质灾害通报(2018年)》[①] 显示,2018年按地质灾害发生数量排名,四川发生

---

① 数据来源:http://www.cigem.cgs.gov.cn/gzdt_4839/dwdt_4861/201904/W020190417531394315484.pdf。

的地质灾害数量最多，同时，2018年全国地质灾害发生数中，滑坡灾害占比55%，由此推测2018年四川滑坡灾害发生起数也较多①。此外，根据四川省地质灾害隐患点掌上查询系统（以下简称四川地灾隐患点系统）数据②，四川共有各类地质灾害隐患点37716处，其中滑坡灾害隐患点19681处，超过半数的地质灾害隐患点是滑坡灾害隐患点。综上所述，本研究选择四川作为典型抽样数据采集省份。

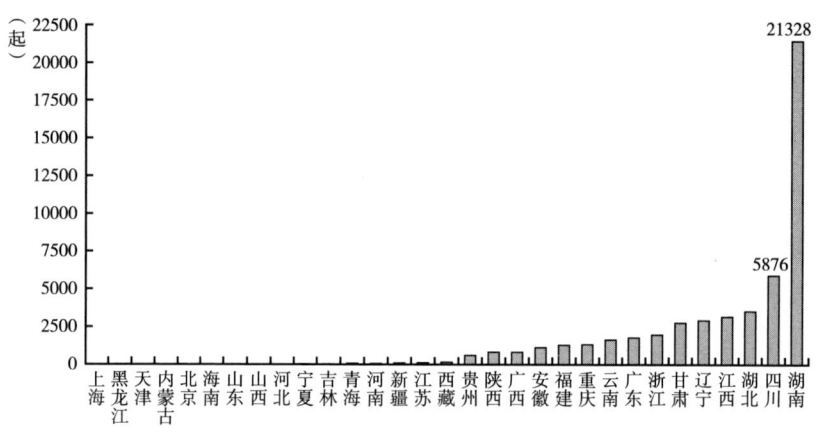

图4-2　2011~2017年31个省份累计滑坡灾害数

数据来源：国家统计局官方网站（http://data.stats.gov.cn）。

4.2.1.2 抽样方法及样本选取

本研究采用随机抽样和非随机抽样相结合的方法确定样本。按照图4-3的抽样逻辑顺序进行抽样，具体步骤如下：首先，确定样本县，根据四川地灾隐患点系统数据将各县级单位③按滑坡灾害隐患点数量排

---

① 《全国地质灾害通报（2018）》没有给出各个省份各类地质灾害的具体起数，该结论系根据现有信息推测。
② 四川地灾隐患点系统数据由四川省自然资源厅权威发布、四川日报和四川在线制作，网址为：http://topic.scol.com.cn/2017/17dzzhcx/pc/。数据采集路径为：采用"Fiddler"软件获取手机端四川地灾隐患点系统网址；将获取的网址信息传输给Python，并获取隐患点数据。数据采集时间为2019年3月29日。
③ 截至2018年底，四川共有县（市、区）等类型县级单位183个。四川地灾隐患点系统数据显示，共计177个县级单位记录有地质灾害隐患点。排序时未纳入没有隐患点记录的县级单位。

序，并将各县级单位划分为滑坡灾害发生概率高、中、低风险单元①，在高风险单元中采用随机数表法抽取2个样本县，在中、低风险单元中采用随机数表法各抽取1个样本县；其次，确定样本乡镇，根据四川地灾隐患点系统数据将样本县各乡镇按滑坡灾害隐患点数量排序，随后按50分位法将各乡镇划分为高、低风险单元，在高、低风险单元中采用随机数表法各抽取1个样本乡镇；再次，确定样本村，根据四川地灾隐患点系统数据将样本乡镇各村落按滑坡灾害隐患点数量排序，随后按50分位法将各村落划分高、低风险单元，在高、低风险单元中采用随机数表法各抽取1个样本村；最后，确定样本农户，在样本村中采用典型抽样和随机抽样相结合的方法②访谈15~25户农户。

按照上述抽样流程，于2019年7月至8月开展数据采集工作，最终完成预定任务。获得4个样本县、8个样本乡镇、16个样本村③共计325户样本农户数据，涉及四川省宝兴县、芦山县、彭州市、北川县。

4.2.2 基于四川滑坡灾害高发聚落调查数据样本农户的基本情况

4.2.2.1 生计资本情况

为尽可能与大型抽样数据保持一致，结合典型抽样数据特征，生计资本中的五类资本的代理变量基本与前文保持一致。各代理变量分类、名称及定义见表4-9。需要指出的是，由于典型抽样问卷主要关注农户的土地资源配置、劳动力非农就业状况及滑坡灾害风险认知水平，是对

---

① 由低到高排序，位于三分之一位及以下的县级单位为滑坡灾害发生概率低风险单元，位于三分之一位至三分之二位（含）的县级单位为滑坡灾害发生概率中风险单元，位于三分之二位以上的县级单位为滑坡灾害发生概率高风险单元。需要强调的是，该排序仅用于本研究使用，并不适用于其他决策参考。

② 四川地灾隐患点系统提供了防灾责任人、监测责任人、专职监测员信息，为了尽可能反映滑坡灾害带来的危害，在入户抽样时对这部分群体进行了典型访谈，即村内农户的典型抽样调查；对其他农户则采取随机抽样调查。

③ 所有样本村的地形特征为丘陵或者山地，无平原。与前文对CLDS数据的处理方法保持一致。

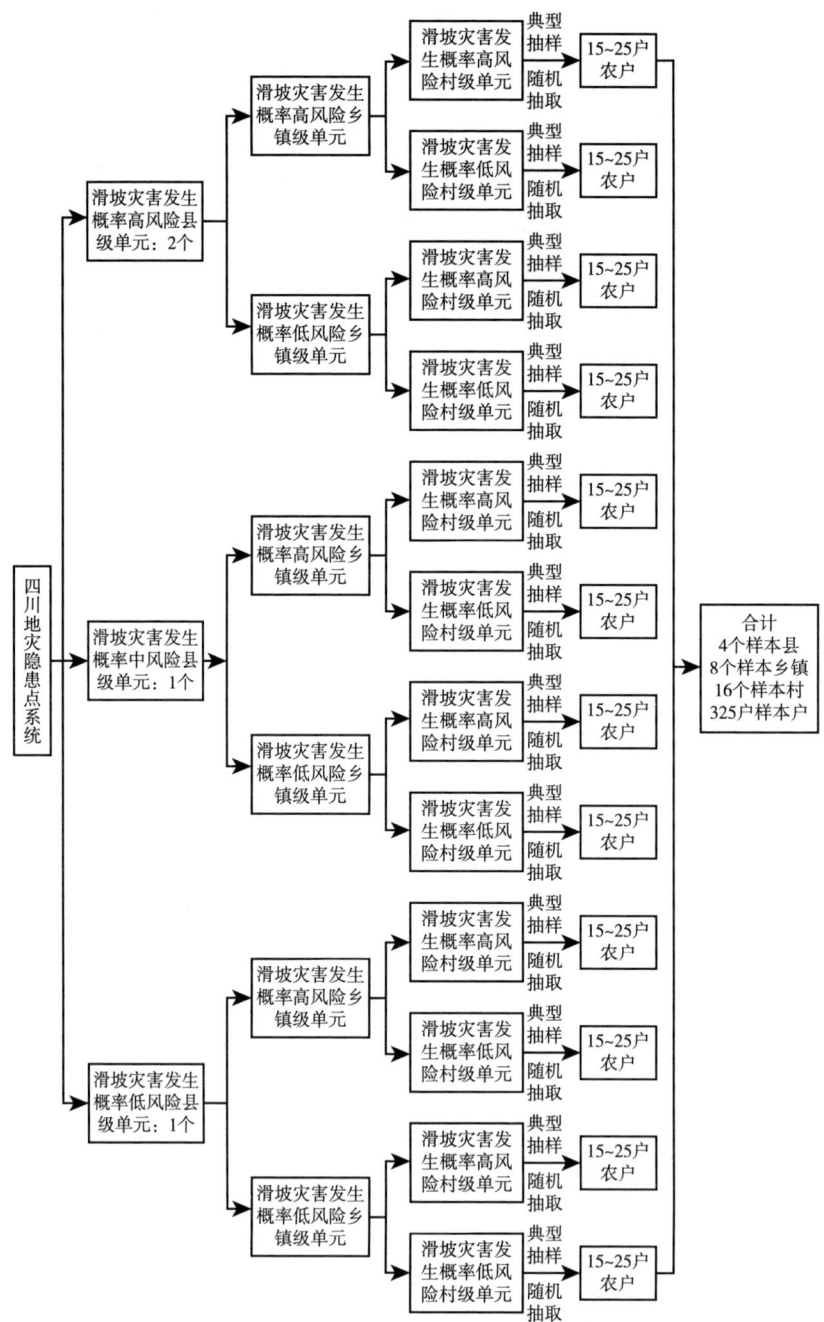

图 4-3 典型抽样数据采集过程图谱

大型抽样数据分析的补充，在问卷设计时弱化了对抽样家庭的人口学特征调查，因此典型抽样数据的生计资本代理变量并未完全与大型抽样数据保持一致。具体而言，由典型抽样数据提取的生计资本代理变量中未包括家庭年龄、老人务农、子女务农、土地灌溉、金融接入变量，同时，根据样本数据特征，将组织参与的衡量方式改变为家庭成员中是否有村干部或公职人员。

表 4-9 基于典型抽样数据的生计资本的代理变量：分类、名称及定义

分类	变量名称	定义	平均值	标准差
人力资本	年龄	户主年龄（岁）	53.37	13.40
	性别	户主性别（1=男；0=女）	0.54	0.50
	健康	户主健康状态（1=处于一般及以上健康状态；0=否）	0.79	0.41
	教育	户主受教育程度（1=具有高中及以上文凭；0=否）	0.10	0.30
	职业	户主职业状态（1=从事农业生产；0=否）	0.10	0.29
	家庭教育	家庭成员中具有高中及以上文凭的比例（%）	16.14	21.23
	家庭健康	家庭成员中处于一般及以上健康状态的比例（%）	91.82	19.20
自然资本	土地面积	家庭成员人均承包耕地面积（亩）	1.02	1.85
	土地确权	家庭承包耕地是否获得土地权证（1=是；0=否）	0.89	0.31
	土壤质量	家庭耕地整体质量自我评价（1=好；0=其他）	0.21	0.41
金融资本	家庭收入	家庭成员 2018 年的现金总收入（万元）	6.63	7.25
	贷款	家庭是否从银行等正规金融渠道获得资金（1=是；0=否）	0.37	0.48
	借款	家庭是否从亲朋好友等非正规金融渠道获得资金（1=是；0=否）	0.40	0.49
社会资本	礼金支出	家庭 2018 年礼金支出的数额（万元）	0.71	1.83
	合作社	家庭是否加入某一个农业合作社（1=是；0=否）	0.15	0.36
	互联网	家庭是否使用了互联网（1=是；0=否）	0.62	0.49
	组织参与	家庭成员中是否有村干部或公职人员（1=是；0=否）	0.43	0.50
	土地流转	家庭 2018 年是否转出耕地（1=是；0=否）	0.13	0.34
物质资本	固定资产	家庭成员人均拥有的固定资产在 2018 年的价值总额（万元）	11.54	16.99

4.2.2.2 滑坡灾害风险认知情况

对于大型抽样数据，本研究根据 Renn（2011）、Demski 等

(2017)、Ogunbode 等（2019）等人的研究成果，从单一维度出发以具体发生的历史滑坡灾害事件作为农户感知滑坡灾害风险的代理变量。在典型抽样调查中，本研究参考 Slovic（1987）、Kleinhesselink & Rosa（1991）、Lindell & Perry（2003）、Peacock 等（2005）、Armaş & Avram（2008）、Xu 等（2016）、徐定德（2017）、Mertens 等（2018）、Xu 等（2018b）等人的研究成果，从灾害发生可能性、个人担忧程度、个人对灾害的了解程度、灾害的可控性以及灾害的威胁性等几个方面综合评价农户的滑坡灾害风险认知水平。这一做法弥补了从单一维度测量滑坡灾害风险认知水平的不足，是对大型抽样数据以历史灾害事件测量农户的滑坡灾害风险认知水平的有益补充。滑坡灾害风险认知的代理变量见表 4-10。

表 4-10　滑坡灾害风险认知代理变量：分类与定义

分类	符号	定义
未知	$index\_1$	滑坡灾害这东西,说发生就发生了,是人力不可控制的
	$index\_2$	如果滑坡灾害真的在您面前发生了,您就只好听天由命了(生死有命)
担忧	$index\_3$	您很担心滑坡灾害对居住房屋造成的影响
	$index\_4$	如果滑坡灾害发生了,村里老百姓的生产生活会受到严重影响
可控性	$index\_5$	滑坡灾害的发生虽然不可控,但你们可以做一些预防措施(如群测群防)减少损失
	$index\_6$	即使发生滑坡灾害使得家里受灾,您也有较大信心从灾害中恢复过来
可能性	$index\_7$	相比于其他农户,您家面临的滑坡灾害发生的可能性更大
	$index\_8$	最近这几年滑坡灾害发生的征兆越来越明显(如时常有土块从坡上滑落)
威胁性	$index\_9$	未来 10 年内,若发生滑坡灾害,您家的住房和土地可能受灾
	$index\_10$	未来 10 年内,若发生滑坡灾害,会影响到您及家人的生命安全

注：滑坡灾害风险认知代理变量的问题设置为 5 级，其中，1=非常不同意，2=不同意，3=一般，4=同意，5=非常同意。

由于滑坡灾害风险认知代理变量的问题设置遵循 5 级李克特量表法，因此需要对该量表的信度进行检验。基于整理好的数据，使用信度分析对农户滑坡灾害风险认知词条进行一致性检验。检验结果显示整体风险认知的 Cronbach's alpha 系数为 0.65，这表明测量农户滑坡灾害风险认知的词条得分间的一致性较高，可进行后续分析。在后续分析中，本研究采用熵权法①给每个词条赋权，最终测算每个农户的滑坡灾害风险认知水平。各指标均值、标准差及权重见表4-11。

表4-11 滑坡灾害风险认知代理变量：均值、标准差及权重

指标	均值	标准差	权重
$index\_1$	4.11	1.08	0.03
$index\_2$	3.42	1.43	0.08
$index\_3$	4.19	1.12	0.03
$index\_4$	4.15	1.06	0.03
$index\_5$	4.28	0.80	0.25
$index\_6$	4.29	0.85	0.28
$index\_7$	2.91	1.24	0.09
$index\_8$	3.18	1.35	0.09
$index\_9$	3.84	1.15	0.04
$index\_10$	3.35	1.31	0.07

根据表4-11的权重，计算农户滑坡灾害风险认知水平。图4-4（a）表示农户对滑坡灾害风险5个维度的认知水平均值（取值范围为0~1，值越大表示认知水平越高）。如图4-4（a）所示，对滑坡灾害风险"未知""担忧""可控性""可能性""威胁性"的认知水平均值分别为0.07、0.05、0.09、0.09和0.07，这表明"可控性"和"可能性"这两类代理变量对农户滑坡灾害风险认知水平的贡献较大。图4-4（b）表示不同样本区农户滑坡灾害风险认知水平均值（取值范围为0~1，值越大表示认知水平越高）。如图4-4（b）所示，低风险区、中风险区、高风险区及总体样本农户滑坡灾害风险认知水平均值分别为0.38、0.42、0.35和0.38，这表明滑坡灾害高风险区域农户的滑坡灾害风险认知水平还有待提高。

---

① 熵权法的计算过程见附录C。

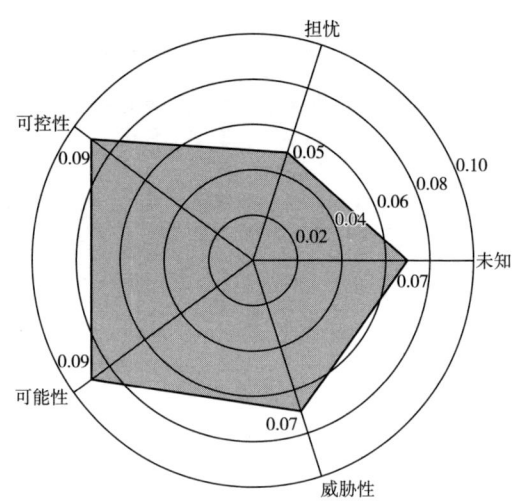

（a）分类风险认知水平

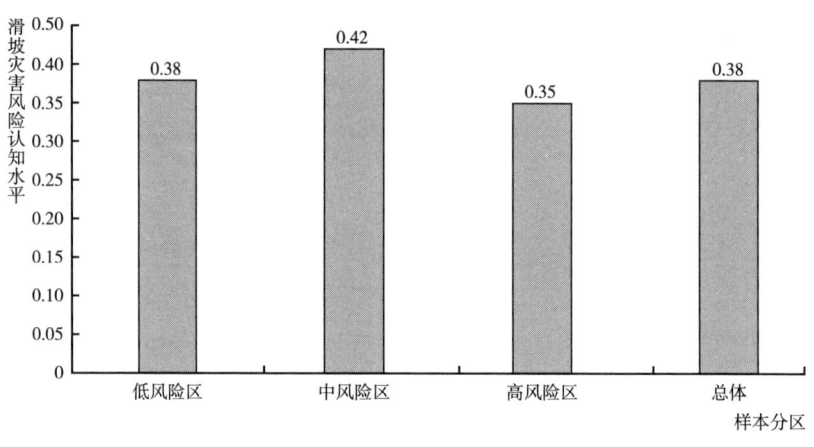

（b）分区风险认知水平

图 4-4 农户滑坡灾害风险认知水平

4.2.2.3 非农就业基本情况

与大型抽样数据处理方式一致，此处非农就业表示农户中 2018 年非农就业劳动力占家庭总劳动力规模的比例。如表 4-12 所示，以典型抽样数据计算，2018 年农户中非农就业劳动力平均占比 36.61%。

表 4-12 典型抽样数据非农就业变量：名称及定义

变量名称	定义	均值	标准差
非农就业	农户中 2018 年非农就业劳动力占总劳动力规模的比例(%)	36.61	38.96

4.2.2.4 耕地抛荒基本情况

与大型抽样数据处理方式一致，此处耕地抛荒也以耕地抛荒行为、耕地抛荒面积和耕地抛荒比例度量，与之不同的是，此处是以受访农户 2018 年的数据计算，详见表 4-13。

表 4-13 耕地抛荒的代理变量：名称及定义

变量名称	定义	均值	标准差
耕地抛荒行为	农户 2018 年是否存在抛荒耕地行为(1＝是;0＝否)	0.24	0.43
耕地抛荒面积	农户 2018 年抛荒耕地的总面积(亩)	0.77	1.99
耕地抛荒比例	农户 2018 年抛荒耕地面积占家庭耕地总面积的比例(%)	21.45	40.01

4.3 山丘区农户耕地抛荒的现实考察与分析

4.3.1 地形分区视角下耕地抛荒的比较分析

本研究在第三章中基于马克思主义地租理论对耕地抛荒现象给出了经济学解释，发现由自然环境所决定的、相对较差的基础生产条件导致了山丘区耕地被普遍抛荒。本节利用 CLDS2014 数据分平原区和山丘区[①]来考察马克思主义地租理论的推演结果。具体地，分别以耕地抛荒行为和耕地抛荒面积两个指标来表征耕地抛荒，这些指标的含义与前文一致。表 4-14 报告了地形分区下耕地抛荒的 T 检验结果，结果表明，

---

① CLDS2014 原数据库共涉及农户 8031 户，其中平原区农户 3181 户，山丘区农户 4850 户，除本小节为对马克思主义地租理论的推演结果进行现实考察需要而使用了平原区农户数据外，其余部分所采用的 CLDS2014 数据均为山丘区农户数据。

在耕地抛荒行为方面，平原区有 8% 的农户抛荒耕地，山丘区有 15% 的农户抛荒耕地，山丘区比平原区高出 7 个百分点，且差异值在 1% 的水平上显著；在耕地抛荒面积方面，平原区农户抛荒耕地面积平均值为 0.32 亩，山丘区农户抛荒面积平均值为 0.34 亩，山丘区比平原区高出 0.02 亩。

综上所述，基于 CLDS2014 数据的现实考察结果印证了马克思主义地租理论的推演结果。具体而言，尽管耕地抛荒面积的差异值不显著，但是无论是从耕地抛荒行为还是从耕地抛荒面积来考察，相对于平原区农户而言，山丘区农户具有更高的耕地抛荒行为发生率和更大的耕地抛荒面积。换言之，这在一定程度上表明相较于平原区农户，山丘区农户抛荒耕地的现象更为普遍。这印证了根据马克思主义地租理论推演的结果"耕地抛荒最可能发生于生产条件相对于平原地区较差的丘陵地区和山区"。

表 4-14 地形分区下耕地抛荒的 T 检验结果

考察指标	平原区（3181 户）	山丘区（4850 户）	差异值
耕地抛荒行为	0.08	0.15	-0.07***
耕地抛荒面积	0.32	0.34	-0.02

注：*** 表示在 1% 的水平上显著。

4.3.2 耕地抛荒的时间维度变化趋势

为了从时间维度考察本研究主要指标的变化趋势，本研究以四川为例，选取了非农就业的代理变量及耕地抛荒的代理变量进行 T 检验[①]。本研究从 2014 年中国劳动力动态调查数据库中提取四川样本数据（大型抽样数据）与 2019 年四川典型抽样数据进行对比分析，前者可表征

---

① 滑坡灾害在两个抽样数据库中的代理变量的度量方式存在差异，此处没有进行对比分析。

2013 年四川的情况，后者可表征 2018 年四川的情况。T 检验结果见图 4-5。从非农就业来看，2013 年四川山丘区农户非农就业的比例户均为 44.53%，2018 年为 36.61%，差异值为 7.92%（在 1% 的统计水平上显著）。从耕地抛荒来看，2013 年四川山丘区农户耕地抛荒行为的发生率为 21%，2018 年为 24%，差异值为 3%（统计上不显著）；2013 年四川山丘区农户耕地抛荒面积户均 0.41 亩，2018 年为 0.77 亩，差异值为 0.36 亩（在 1% 的统计水平上显著）；2013 年四川山丘区农户耕地抛荒比例户均为 12.11%，2018 年为 21.45%，差异值为 9.34%（在 1% 的统计水平上显著）。综合大型抽样数据与典型抽样数据的检验结果，从时间维度来看，以四川为例，山丘区农户耕地抛荒行为、抛荒规模和抛荒程度都有上升趋势。综合而言，从时间维度来看，尽管非农就业有下降的趋势，但耕地抛荒有上升的趋势，这表明在山丘区除非农就业等社会经济因素外，还可能有其他非社会经济因素在助推农户抛荒耕地。例如，前文提出山丘区自然条件较差，滑坡灾害频发，这可能也是农户耕地抛荒的重要驱动力。

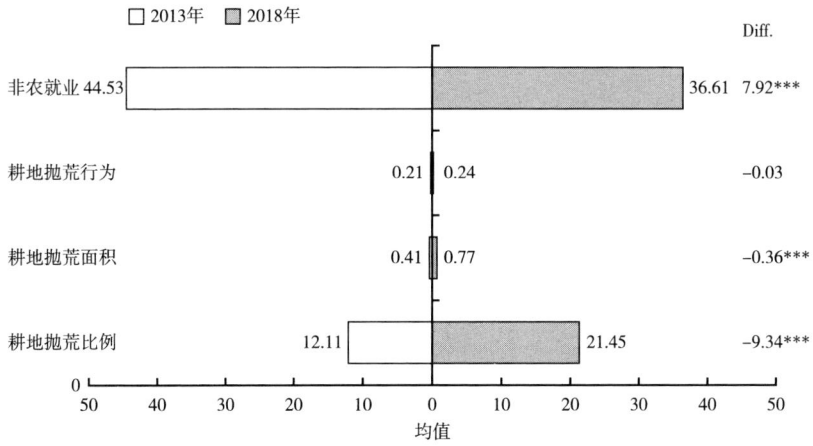

图 4-5 大型抽样数据与典型抽样数据的关键变量 T 检验

数据来源：根据数据计算所得；*、**、*** 分别表示在 10%、5%、1% 的水平上显著。

5 滑坡灾害与山丘区农户耕地抛荒

5.1 滑坡灾害影响山丘区农户耕地抛荒的背景分析

山丘区是地质灾害频发的主要空间（Alvioli et al., 2018）。徐定德（2017）指出山地灾害，特别是滑坡灾害的频繁发生，给山丘区聚落居民的生命和财产安全带来了巨大威胁。据统计，1990~2005年，滑坡灾害发生次数占全球灾害发生总次数的4.8%（Conforti et al., 2014）；2004~2010年，全球发生山体滑坡2620起，至少造成了32322人死亡（Petley, 2012）。2009年以来，中国一半以上的地质灾害是滑坡灾害，而山丘区是滑坡灾害的主要发生场所（Conforti et al., 2014；崔鹏等，2015；杨文涛等，2015；Chuang & Shiu, 2018；石磊，2019）。因此，对山丘区聚落居民而言，以滑坡灾害为代表的山地灾害，严重影响其家庭生活与农业生产等活动（Conforti et al., 2014；Mertens et al., 2016；Chuang & Shiu, 2018；Luo & Liu, 2018），并造成巨大的生命和财产损失（Hong et al., 2007；Domakinis et al., 2008；Petley, 2012）。然而，尽管滑坡灾害每年影响着全世界数百万人，但是有关滑坡灾害影响的理论和实证研究仍然很少（Mertens et al., 2016）。

与此同时，山丘区耕地是未来维系粮食安全的重要物质载体。中国是一个山地大国，国土面积中的70%是山丘区，聚落居民有约45%居住在山丘区（陈国阶等，2007）。大部分农村聚落位于山丘区，多数农村聚落居民仍以农业为生（Pingali, 2007；Xu et al., 2015b），耕地是农村聚落居民的重要生计资产（Zou et al.，2018）。伴随着城市化进程加速，山丘区耕地在维系粮食安全和提供生态屏障方面扮演着更加重要的角色。Tan 等（2005）认为快速城市化的代价是优质肥沃的耕地不断被蚕食，这是因为城市一般发端于地势平坦、资源丰富的地区，并不断向周围拓展。中国政府出于对粮食安全的担忧，对耕地实施"增减挂钩、占补平衡"制度（周飞舟、王绍琛，2015）。然而，在城市用地需求高涨的情形下，基本农田呈现"上山"现象（赵永平，2014）。就此，Shi 等（2016）总结道随着城镇的范围不断扩大，耕地的重心逐渐移动到高海拔地区。山丘区耕地或将成为端牢中国人自己饭碗的重要基础。然而，已有研究对于山丘区耕地利用现状及其驱动机制尚未给出较全面的说明。

事实上，以滑坡灾害为代表的山地灾害逐渐成为山丘区耕地利用方式转型（表现为耕地抛荒）的主要驱动因素。Xu 等（2016）认为滑坡灾害具有较强的隐蔽性、突发性、局地性和破坏性，农户一旦遭受滑坡灾害，不仅毕生积蓄可能因此一无所有，更可能遭受巨大的心理伤害。这可能在长期内影响农户的行为决策。Cameron & Shah（2015）发现经历过自然灾害的人会在实验中偏好风险回避；Cassar 等（2017）的研究表明有过自然灾害经历的人更有动机回避风险；Malmendier & Nagel（2011）的研究则证实经过"大萧条"的人会更少持有风险类资产。类似地，如果农户经历了滑坡灾害，可能会在经济允许的情形下搬离原住地，或者放弃耕种滑坡灾害发生概率较高的地块。此外，滑坡灾害极易造成农田水利基础设施的损坏，从而直接引发农户抛荒耕地。然而，少有研究基于农户数据定量辨识滑坡灾害对耕地抛荒的微观影响。

长期以来，乡村一直是世界各国经济发展的薄弱地区。农村发展的关键问题在于农业生产老龄化以及城乡资源分配不均（Gary & John，2013）。为了振兴乡村，2017 年党的十九大报告提出了"乡村振兴战略"，其核心目标是打通城乡要素流通壁垒，将农村打造成生态宜居之地。然而，滑坡灾害不仅加速农业生产劳动力的老龄化，还有可能导致更多的乡村资源被闲置。可以预见，中国政府将在有效管理滑坡灾害方面和盘活闲置农地资源方面做出更多的努力。因此，研究耕地抛荒的驱动因素有助于理解农业用地变化的动态过程和后果（Müller et al.，2013），其研究结果能为政府的政策提供一些参考。本章拟回答的关键问题是：从定量角度而言，检验滑坡灾害是否以及在多大程度上影响山丘区农户耕地抛荒的行为及规模？

5.2 滑坡灾害影响山丘区农户耕地抛荒的实证策略

5.2.1 模型构建

本章探索滑坡灾害对耕地抛荒的定量影响。耕地抛荒从耕地抛荒行为和耕地抛荒规模（即耕地抛荒面积）两方面进行测度。其中，耕地抛荒行为是一个二分类变量；耕地抛荒面积是一个左截断的连续型变量。

5.2.1.1 被解释变量：耕地抛荒行为

为了检验滑坡灾害对耕地抛荒行为的影响，本章估计了如下的模型：

$$Behavior_{ip} = \beta_0 + \beta_1 Landslide_p + \gamma X + \delta Province + \varepsilon_{ip} \quad (5-1)$$

其中，下标 i 和 p 分别表示农户和省份；$Behavior$ 是一个二分类变量，如果省份 p 的农户 i 抛荒耕地，则赋值为 1，否则赋值为 0；$Landslide$ 表示农户所在村庄 2012 年及以前是否发生滑坡灾害，如果省份 p 的农户 i 所在村庄 2012 年及以前遭受了滑坡灾害，则赋值为 1，否则赋值为 0；X 表示一个向量，代表一系列控制变量；$Province$ 表示一个由省份虚拟变量组成的向量；β_0、β_1 分别表示常数项和变量的待估系数；γ 表示一个向量，代表一系列控制变量的待估系数；δ 表示省份虚拟变量的待估系数；ε 表示误差项。

式（5-1）是被解释变量取值为 0 或 1 的二值线性概率模型（Linear Probability Model，下文简记为 LPM），它的优点有两个：①不用对误差项的分布做出任何假设；②较为容易地解释模型的回归系数（陈强，2014）。然而，LPM 也存在明显的劣势，即被解释变量的拟合值可能会小于 0 或者大于 1。因此，比较好的解决方案是采用 Probit 或 Logit 等二元选择模型。

农户做出选择的过程是复杂的，但一般遵循效用最大化原则。假定 U^* 表示农户选择后对应的效用，农户的抛荒行为决策过程可以表示为：当选择抛荒耕地所带来的效用大于不选择抛荒耕地所带来的效用时，该农户就会选择抛荒耕地（即 $Behavior_{ip}=1$）；反之，该农户就会不选择抛荒耕地（即 $Behavior_{ip}=0$）。因此，省份 p 的农户 i 选择抛荒耕地或者不选择抛荒耕地的概率见式（5-2）：

$$\Pr(Behavior_{ip}=s)=\Pr(U^*_{ips}>U^*_{ipl}) \quad (5-2)$$

其中，$s=1$ 或者 0，$l=1$ 或者 0，且 $s \neq l$；U^*_{ips} 或 U^*_{ipl} 表示省份 p 的农户 i 选择抛荒耕地或不选择抛荒耕地时获得的不可观察的效用水平。我们假定效用是由一个确定性部分和一个随机项组成的，如式（5-3）：

$$U^*_{ips}=\varphi_s x_{ip}+\varepsilon_{ips} \quad (5-3)$$

其中，φ_s 表示系数向量，x_{ip} 表示影响农户选择抛荒耕地或不选择抛荒耕地的各种因素，ε_{ips} 是随机项。农户不同选择的概率可以表示如下：

$$\Pr(Behavior_{ip}=1)=\Pr(U^*_{ip1}>0) \quad (5-4)$$

$$\Pr(Behavior_{ip}=0)=\Pr(U^*_{ip0}=0) \quad (5-5)$$

一般而言，ε_{ips} 以 0 为对称轴对称分布，因此可以得出如下公式：

$$\begin{aligned}\Pr(Behavior_{ip}=1) &= \Pr(U^*_{ip1}>0)=\Pr(\varphi_1 x_{ip}+\varepsilon_{ip1}>0)\\ &= \Pr(\varphi_1 x_{ip}>\varepsilon_{ip1})\end{aligned} \quad (5-6)$$

如果 ε_{ips} 服从标准正态分布，则应使用 Probit 模型；如果 ε_{ips} 服从 Logit 分布，则应使用 Logit 模型。一般而言，Logit 模型和 Probit 模型得到的结论几乎是相同的。然而，Wooldridge（2015）认为经济学研究更偏好正态分布假设，因此 Probit 模型比 Logit 模型在计量经济学中的应用更多。因此，本章采用 Probit 模型进行估计。

5.2.1.2 被解释变量：耕地抛荒面积

为检验滑坡灾害对耕地抛荒面积的影响，本章估计了如下的模型：

$$Area_{ip} = \beta_0^* + \beta_1^* Landslide_p + \gamma^* X + \delta^* Province + \varepsilon_{ip}^* \quad (5-7)$$

其中，下标 i 和 p 分别表示农户和省份；$Area$ 是左截断的连续型变量，表示省份 p 的农户 i 抛荒耕地的面积；$Landslide$ 表示农户所在村庄 2012 年及以前是否发生滑坡灾害，如果省份 p 的农户 i 所在村庄 2012 年及以前遭受了滑坡灾害，则赋值为 1，否则赋值为 0；X 表示一个向量，代表一系列控制变量；$Province$ 表示一个由省份虚拟变量组成的向量；β_0^*、β_1^* 分别表示常数项和变量的待估系数；γ^* 表示一个向量，代表一系列控制变量的待估系数；δ^* 表示一个向量，代表省份虚拟变量的待估系数；ε^* 表示误差项。

理论上，农户可抛荒耕地的面积是没有上限的，但会有一个下限，即抛荒耕地的面积至少等于 0，并且不会低于 0。虽然，通过问卷调查可以获取全部的观察数据，但对于某些观察数据，被解释变量 $Area$ 被压缩在一个点上（即抛荒耕地面积为 0）。此时，被解释变量 $Area$ 的概率分布就变成了由一个离散点与一个连续分布所组成的混合分布。参考陈强（2014），本章的研究可以设定如下：

$$Area_{ip}^* = \beta_0^* + \beta_1^* Landslide_p + \gamma^* X + \delta^* Province + \varepsilon_{ip}^* \quad (5-8)$$

$$Area_{ip} = \begin{cases} Area_{ip}^*, & \text{如果 } Area_{ip}^* > 0 \\ 0, & \text{如果 } Area_{ip}^* \leq 0 \end{cases} \quad (5-9)$$

其中，$Area$ 是实际测得的农户抛荒耕地的面积；$Area^*$ 是对应的隐藏变量。陈强（2014）认为在这种混合分布下，采用 OLS 估计，无论是使用全部样本，还是使用去掉离散点后的子样本，都不能得到一致的估计。为了解决这一问题，本研究采用最大似然估计法来估计上述模型，即使用 Tobit 模型。

5.2.2 变量选取

为了尽可能避免其他因素影响滑坡灾害与耕地抛荒之间的定量关系，本章参考可持续生计框架的核心内容，在实证模型中控制了人力资本变量（如年龄、性别、健康、教育等）、自然资本变量（土地面积、土地确权、土壤质量、土地灌溉）、金融资本变量（家庭收入、金融接入、贷款、借款）、社会资本变量（如礼金支出、合作社、互联网等）、物质资本变量（固定资产）。此外，为了进一步消除省份政策因素和地理区位导致的混淆影响，实证部分还将加入省份虚拟变量、集镇距离、人口密度、地形等变量。实证模型涉及的变量的分类、名称及定义等见表5-1。

5.2.3 描述性统计及相关关系探索

从表 5-1 可知，样本中 2013 年有 15% 的山丘区农户抛荒了耕地，农户抛荒耕地面积平均为 0.34 亩。同时，31% 的山丘区农户所在村庄在 2012 年及以前遭受过滑坡灾害。Renn（2011）、Demski 等（2017）、汪险生和郭忠兴（2018）、Ogunbode 等（2019）等认为灾害经历会提高受灾群体的认知程度，从而使受灾群体关注该类灾害事件，随后产生适应性行为。本章为探索滑坡灾害与山丘区农户耕地抛荒之间的关系，将所在村庄在 2012 年及以前遭受过滑坡灾害的农户作为受灾群体，探索他们的耕地抛荒行为。为了在实证回归之前更好地理解滑坡灾害经历与耕地抛荒行为之间的相关关系，本章将进行 T 检验和皮尔逊相关性分析。

表 5-1　变量定义及其描述性统计

变量类别	变量名称	定义	平均值	标准差
被解释变量	耕地抛荒行为	农户2013年是否存在抛荒耕地行为（1=是；0=否）	0.15	0.35
	耕地抛荒面积	农户2013年抛荒耕地的总面积（亩）	0.34	1.57
核心解释变量	滑坡灾害	农户所在村庄2012年及以前是否发生滑坡灾害（1=是；0=否）	0.31	0.46
人力资本变量	年龄	户主年龄（岁）	53.79	13.37
	性别	户主性别（1=男；0=女）	0.90	0.30
	健康	户主健康状态（1=处于一般及以上健康状态；0=否）	0.82	0.39
	教育	户主受教育程度（1=具有高中及以上文凭；0=否）	0.11	0.31
	职业	户主职业状态（1=从事农业生产；0=否）	0.38	0.49
	家庭教育	家庭成员具有高中及以上文凭的比例（%）	13.29	20.38
	家庭健康	家庭成员中处于一般及以上健康状态的比例（%）	85.29	23.89
	家庭年龄	家庭成员的平均年龄（岁）	40.61	13.19
	老人务农	家庭中64岁以上老人是否从事农业生产（1=是；0=否）	0.11	0.32
	子女务农	家庭中户主的子女是否从事农业生产（1=是；0=否）	0.08	0.27
自然资本变量	土地面积	家庭成员人均承包耕地面积（亩）	1.51	2.11
	土地权	家庭承包耕地是否获得土地权证（1=是；0=否）	0.45	0.50
	土壤质量	家庭耕地整体质量自我评价（1=好；0=其它）	0.18	0.39
	土地灌溉	所在村庄是否提供灌溉服务（1=是；0=否）	0.43	0.49

5 滑坡灾害与山丘区农户耕地抛荒

续表

变量类别	变量名称	定义	平均值	标准差
金融资本变量	家庭收入	家庭成员2013年的现金总收入（万元）	3.99	4.03
	金融接入	家庭持有债券、股票、基金等金融产品的种类（个）	0.01	0.12
	贷款	家庭是否从银行等正规金融渠道获得资金（1=是；0=否）	0.07	0.26
	借款	家庭是否从亲朋好友等非正规金融渠道获得资金（1=是；0=否）	0.08	0.27
	礼金支出	家庭2013年礼金支出的数额（万元）	0.56	1.93
社会资本变量	合作社	家庭是否加入某一个农业合作社（1=是；0=否）	0.02	0.12
	互联网	家庭是否使用了互联网（1=是；0=否）	0.27	0.44
	组织参与	家庭成员中中国共产党党员的比例（%）	3.88	11.13
	土地流转	家庭2013年是否转出耕地（1=是；0=否）	0.68	0.47
物质资本变量	固定资产	家庭成员人均拥有的固定资产在2013年的价值总额（万元）	4.42	15.95
地理区位变量	集镇距离	家庭到最近的商业集镇的距离（千米）	8.69	10.81
	人口密度	所在村庄的人口密度（人/平方公里）	140.58	135.13
	城镇化	同一县内城市家庭样本规模占该县总样本的比例（%）	10.94	20.50
	丘陵地形	家庭所在村庄的地形是否为丘陵（1=是；0=否）	0.58	0.49
	山地地形	家庭所在村庄的地形是否为山地（1=是；0=否）	0.42	0.49

5.2.3.1 滑坡灾害经历群体与未经历群体的耕地抛荒差异

按本章对滑坡灾害变量的设定，将样本农户分成经历过滑坡灾害和未经历过滑坡灾害的两类群体，并比较两个群体之间在耕地抛荒行为、规模和程度三个维度上的差异。耕地抛荒行为是指山丘区农户是否存在抛荒耕地的行为；耕地抛荒规模是指山丘区农户抛荒耕地的面积；耕地抛荒程度是指山丘区农户抛荒耕地面积占家庭承包地总面积的比例。本章采用 Stata 软件获取两个群体在耕地抛荒不同维度的均值差异，并将这些结果以柱状图的形式呈现（结果见图 5-1）。如图 5-1 所示，左边表示未经历滑坡灾害群体的耕地抛荒行为、面积和比例，右边表示经历滑坡灾害群体的耕地抛荒行为、面积和比例。从耕地抛荒行为来看，未经历滑坡灾害群体中有 13% 的农户抛荒耕地，经历滑坡灾害群体中有 18% 的农户抛荒耕地，两个群体之间的差异为 5%，且该差异在 1% 的水平上显著，即经历滑坡灾害农户的耕地抛荒行为发生率显著高于未经历滑坡灾害农户的耕地抛荒行为发生率；从耕地抛荒面积来看，未经历滑坡灾害农户平均抛荒耕地面积为 0.28 亩，经历滑坡灾害农户平均抛荒耕地面积为 0.47 亩，两个群体之间的差异为 0.18 亩，且该差异在 1% 的水平上显著，即经历滑坡灾害农户的耕地抛荒平均面积高于未经历滑坡灾害农户的耕地抛荒平均面积；从耕地抛荒比例来看，未经历滑坡灾害农户平均抛荒耕地面积占比为 7.69%，经历滑坡灾害农户平均抛荒耕地面积占比为 10.60%，两个群体之间的差异为 2.91%，且该差异在 1% 的水平上显著，即经历滑坡灾害农户的耕地抛荒比例均值高于未经历滑坡灾害农户的耕地抛荒比例均值。综上所述，从耕地抛荒行为、规模和程度三个维度而言，经历滑坡灾害农户与未经历滑坡灾害农户两个群体间存在显著差异，表现为滑坡灾害经历促进了耕地抛荒。因此，这一结果也为 H1 提供了一定的证据。同时，为了厘清滑坡灾害与山丘区农户耕地抛荒之间的相关关系，有必要基于皮尔逊相关性分析及计量经济学模型进行进一步分析。

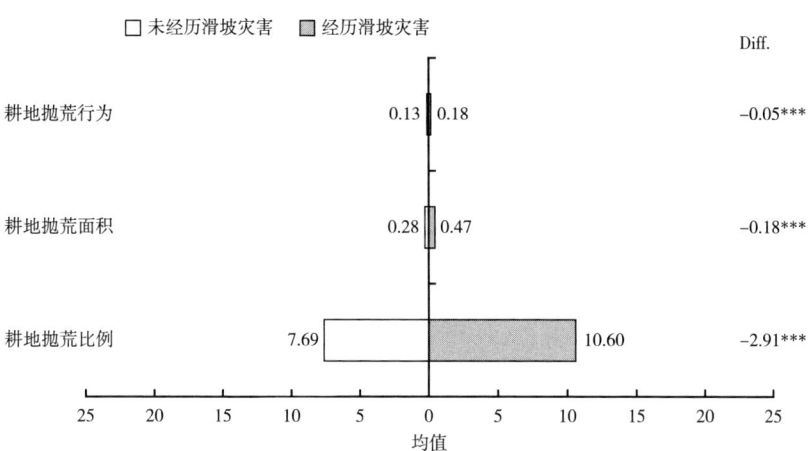

图 5-1 以滑坡灾害经历分组的山丘区农户耕地抛荒差异分析

数据来源：根据 CLDS 数据计算所得；*、**、*** 分别表示在 10%、5%、1% 的水平上显著。

5.2.3.2 滑坡灾害与耕地抛荒的相关性分析

基于 CLDS 提供的样本数据，前文以是否经历滑坡灾害分组，探索性分析了经历滑坡灾害与未经历滑坡灾害群体在耕地抛荒行为、规模和程度三个维度的均值差异。T 检验的结果表明，滑坡灾害经历可能促进山丘区农户抛荒耕地，这一发现为验证 H1 提供了一定的证据。为了进一步探索滑坡灾害经历与山丘区农户耕地抛荒行为和耕地抛荒面积之间的更为直接的相关关系，本章还基于 CLDS 提供的样本数据，利用 Python 3.7 绘制了热力图，用以揭示滑坡灾害经历与耕地抛荒之间的皮尔逊相关关系。图 5-2 展示了滑坡灾害经历与山丘区农户耕地抛荒行为之间的皮尔逊相关关系；图 5-3 展示了滑坡灾害经历与山丘区农户耕地抛荒面积之间的皮尔逊相关关系。

如图 5-2 所示，滑坡灾害经历与山丘区农户耕地抛荒行为之间的皮尔逊相关系数为 0.06。这表明，滑坡灾害经历与山丘区农户耕地抛荒行为之间具有正相关关系，即滑坡灾害经历可能会促进山丘区农户耕地抛荒行为的发生。如图 5-3 所示，滑坡灾害与山丘区农户耕地抛荒面积之间的皮尔逊相关系数为 0.05。这表明，滑坡灾害经历与山丘区农户耕地抛荒面积之间具有正相关关系，即滑坡灾害经历可能会提高山丘区农户耕地抛荒的面积。综合而言，图 5-2 和图 5-3 表明，滑坡灾害经历与山丘区农户耕地抛荒之间可能存在正向的相关关系，即山丘区农户经历滑坡灾害可能导致耕地抛荒。这与前文滑坡灾害经历与耕地抛荒的均值差异 T 检验结果相互印证。然而，无论是 T 检验还是皮尔逊相关系数，在讨论滑坡灾害经历与山丘区农户耕地抛荒之间的相关关系时，都没能消除其他因素对两者关系的混淆影响。因此，T 检验和皮尔逊相关性分析结果为本研究检验滑坡灾害经历与山丘区农户耕地抛荒之间的相关关系提供了一个参考，为了进一步厘清两者间的定量相关关系，本研究聚焦基于计量经济学模型的实证分析结果。

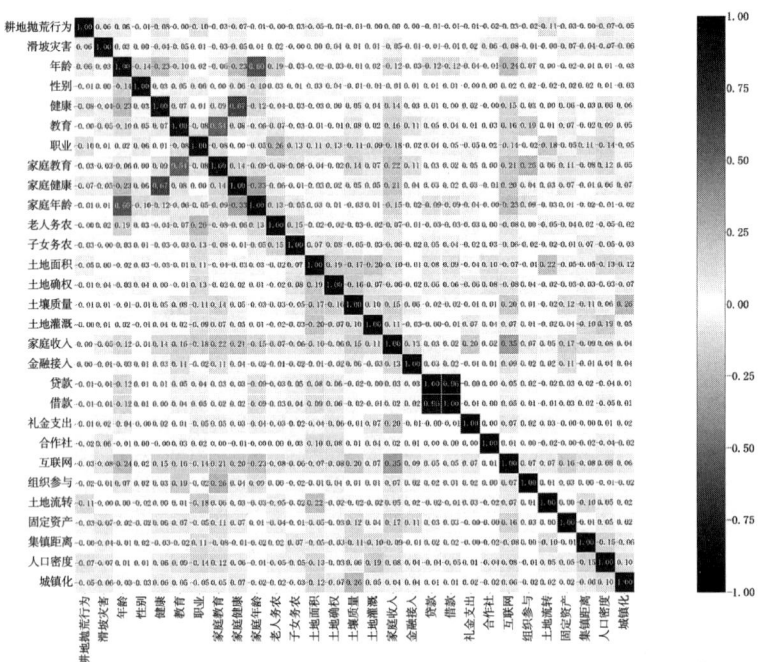

图 5-2　滑坡灾害与山丘区农户耕地抛荒行为的相关性分析

5 滑坡灾害与山丘区农户耕地抛荒

表 5-2 滑坡灾害影响山丘区农户耕地抛荒行为的估计结果

变量	(1)	(2)	(3)	(4)	(5)	(6)	(7)	(8)	(9)
滑坡灾害	0.204***	0.227***	0.198***	0.217***	0.214***	0.214***	0.230***	0.225***	0.044***
	(0.047)	(0.054)	(0.055)	(0.056)	(0.056)	(0.056)	(0.056)	(0.056)	(0.011)
年龄				0.014	0.013	0.013	0.011	0.011	0.002
				(0.011)	(0.011)	(0.011)	(0.011)	(0.011)	(0.002)
年龄的二次方				-0.000	-0.000	-0.000	0.000	0.000	0.000
				(0.000)	(0.000)	(0.000)	(0.000)	(0.000)	(0.000)
性别				0.028	0.027	0.029	0.039	0.039	0.008
				(0.081)	(0.081)	(0.081)	(0.081)	(0.081)	(0.016)
健康				-0.062	-0.061	-0.060	-0.076	-0.077	-0.015
				(0.082)	(0.082)	(0.082)	(0.083)	(0.083)	(0.016)
教育				0.176**	0.172*	0.161*	0.150*	0.151*	0.030*
				(0.089)	(0.089)	(0.089)	(0.090)	(0.090)	(0.018)
职业				-0.446***	-0.453***	-0.446***	-0.523***	-0.523***	-0.102***
				(0.057)	(0.058)	(0.058)	(0.060)	(0.060)	(0.012)
家庭教育					-0.003**	-0.003**	-0.002	-0.002	-0.000
					(0.001)	(0.001)	(0.001)	(0.001)	(0.000)
家庭健康					-0.001	-0.002	-0.001	-0.001	-0.000
					(0.001)	(0.001)	(0.001)	(0.001)	(0.000)

95

续表

变量	(1)	(2)	(3)	(4)	(5)	(6)	(7)	(8)	(9)
家庭年龄				-0.006***	-0.006***	-0.006**	-0.008***	-0.007***	-0.001***
				(0.002)	(0.002)	(0.002)	(0.002)	(0.002)	(0.000)
老人务农				0.063	0.071	0.072	0.061	0.055	0.011
				(0.082)	(0.082)	(0.082)	(0.083)	(0.082)	(0.016)
子女务农				-0.171*	-0.176*	-0.175*	-0.172*	-0.173*	-0.034*
				(0.098)	(0.098)	(0.099)	(0.100)	(0.100)	(0.019)
土地面积					-0.028	-0.027	0.033	0.033	0.006
					(0.072)	(0.071)	(0.069)	(0.069)	(0.013)
土地确权					0.111**	0.110**	0.088	0.089	0.017
					(0.054)	(0.054)	(0.054)	(0.054)	(0.011)
土壤质量					0.009	0.003	0.023	0.039	0.008
					(0.081)	(0.081)	(0.083)	(0.084)	(0.016)
土地灌溉					-0.018	-0.021	-0.024	-0.027	-0.005
					(0.056)	(0.056)	(0.056)	(0.057)	(0.011)
家庭收入						0.010	0.012*	0.013*	0.002*
						(0.007)	(0.007)	(0.007)	(0.001)
金融接入						0.001	0.011	0.031	0.006
						(0.210)	(0.211)	(0.218)	(0.042)

续表

变量	（1）	（2）	（3）	（4）	（5）	（6）	（7）	（8）	（9）
贷款						0.279	0.284	0.294	0.057
						(0.349)	(0.348)	(0.349)	(0.068)
借款						-0.233	-0.237	-0.243	-0.047
						(0.338)	(0.336)	(0.337)	(0.066)
礼金支出							-0.006	-0.007	-0.001
							(0.013)	(0.013)	(0.003)
合作社							-0.137	-0.140	-0.027
							(0.247)	(0.247)	(0.048)
互联网							0.010	0.018	0.003
							(0.063)	(0.063)	(0.012)
组织参与							-0.005**	-0.005**	-0.001**
							(0.002)	(0.002)	(0.000)
土地流转							-0.542***	-0.545***	-0.106***
							(0.055)	(0.055)	(0.011)
固定资产								-0.005	-0.001
								(0.004)	(0.001)
集镇距离			-0.004*	-0.002	-0.002	-0.002	-0.003	-0.003	-0.001
			(0.002)	(0.002)	(0.002)	(0.002)	(0.002)	(0.002)	(0.000)

续表

变量	(1)	(2)	(3)	(4)	(5)	(6)	(7)	(8)	(9)
人口密度			-0.001***	-0.001***	-0.001***	-0.001***	-0.001***	-0.001***	-0.000***
			(0.000)	(0.000)	(0.000)	(0.000)	(0.000)	(0.000)	(0.000)
城镇化			-0.006***	-0.006***	-0.006***	-0.006***	-0.006***	-0.006***	-0.001***
			(0.001)	(0.001)	(0.001)	(0.001)	(0.001)	(0.001)	(0.000)
山地地形			0.126*	0.088	0.073	0.078	0.031	0.030	0.006
			(0.072)	(0.073)	(0.074)	(0.075)	(0.076)	(0.076)	(0.015)
常数项	-1.123***	-1.928***	-1.690***	-1.733***	-1.638***	-1.679***	-1.320***	-1.349***	
	(0.027)	(0.170)	(0.194)	(0.374)	(0.405)	(0.406)	(0.418)	(0.418)	
省份虚拟变量	未控制	已控制	已控制	已控制	已控制	已控制	已控制	已控制	已控制
Log pseudo likelihood	-2003.046	-1838.984	-1819.280	-1767.178	-1764.783	-1763.309	-1715.371	-1713.589	-1713.589
χ^2	19.026***	273.815***	308.005***	406.508***	412.391***	415.549***	490.205***	494.216***	494.216***
Pseudo R^2	0.005	0.086	0.096	0.122	0.123	0.124	0.148	0.149	0.149
样本量	4850	4850	4850	4850	4850	4850	4850	4850	4850

注：丘陵地形是作为参考系的变量，后文实证回归结果均未列出；括号内为标准误；* 表示在10%的水平上显著，** 表示在5%的水平上显著，*** 表示在1%的水平上显著。

5 滑坡灾害与山丘区农户耕地抛荒

表 5-3 报告了滑坡灾害影响山丘区农户耕地抛荒行为的稳健性检验的估计结果。在表 5-3 中，模型（1）基于 CLDS2014 数据采用普通最小二乘法检验滑坡灾害与耕地抛荒行为之间的关系；模型（2）基于 CLDS2014 数据，随机抽取四川、湖南和福建三个省份数据并利用 Probit 模型检验滑坡灾害经历与耕地抛荒行为之间的关系；模型（3）基于 2019 年在四川抽样调查所获取的典型抽样数据，利用 Probit 模型检验滑坡灾害风险认知水平与耕地抛荒行为之间的关系。

表 5-3 滑坡灾害影响山丘区农户耕地抛荒行为的稳健性检验的估计结果

变量	（1）OLS	（2）子样本	（3）典型抽样数据
滑坡灾害	0.048***	0.757***	1.975***
	(0.012)	(0.135)	(0.715)
人力资本变量	已控制	已控制	已控制
自然资本变量	已控制	已控制	已控制
金融资本变量	已控制	已控制	已控制
社会资本变量	已控制	已控制	已控制
物质资本变量	已控制	已控制	已控制
地理区位变量	已控制	已控制	已控制
省份虚拟变量	已控制	已控制	不适用
村庄虚拟变量	不适用	不适用	已控制
样本量	4850	1073	325

注：括号内为标准误；*** 表示在 1% 的水平上显著；村庄虚拟变量是指将村庄转变为 0~1 虚拟变量，以控制村庄差异对估计结果的影响。

由表 5-3 可知，通过变更估计方法和采用子样本回归，在控制了人力资本变量、自然资本变量、金融资本变量、社会资本变量、物质资本变量、地理区位变量和省份虚拟变量后，滑坡灾害（经历）变量在 1% 的水平上显著为正。表 5-3 的估计结果表明，表 5-2 的估计结果不是由于严格的约束条件偶然形成的。同时，采用 2019 年采集的典型抽样数据回归，在控制了人力资本变量、自然资本变量、金融资本变量、社会资本变量、物质资本变量、地理区位变量和村庄虚拟变量后，滑坡灾害（风险认知水平）变量在1%的水平上显著为正。这一结果表明：①滑坡灾害对耕地抛荒的影响在当前的情境下仍然具有很强的解释力；②随着滑坡灾害风险认知水平的提高，山丘区农户耕地抛荒行为的发生率也将提高，即滑坡灾害经历的"信号"会促使农户形成滑坡灾害风险认知，随后引起适应性行为。综合而言，所有稳健性检验策略的估计结果都支持"滑坡灾害显著地促进了山丘区农户耕地抛荒行为的发生"。表5-3的估计结果支持了表5-2的估计结果，并进一步从耕地抛荒行为角度为H1提供了经验证据。

5.3.2 滑坡灾害对山丘区农户耕地抛荒面积的影响

5.3.2.1 主要结果

表5-4报告了滑坡灾害影响山丘区农户耕地抛荒面积的估计结果。为了考察核心解释变量滑坡灾害对被解释变量耕地抛荒面积的定量影响，本章采用逐步添加变量的方法。具体而言，在表5-4的模型（1）~（8）中，分别逐步引入了滑坡灾害、省份虚拟变量、地理区位、人力资本、自然资本、金融资本、社会资本和物质资本等变量，考虑到Tobit模型为非线性模型，估计结果的系数无法解读为解释变量对被解释变量的定量影响，在模型（8）的估计结果基础上，本研究还估算了其边际效应模型（9）。

如表5-4的估计结果所示，模型（1）~（8）中的滑坡灾害变量均在1%的水平上显著，且符号为正。这表明逐步加强约束条件时，滑坡灾害变量对抛荒面积变量的影响是稳定的，这也表明滑坡灾害经历显著地增加了抛荒耕地的面积。模型（9）中的边际效应估计结果表明，在控制了农户生计资本特征、区位特征后，相比于那些没有经历滑坡灾害的山丘区农户而言，经历了滑坡灾害的山丘区农户的耕地抛荒面积将提高4.2个百分点，即滑坡灾害经历显著地增加了山丘区农户抛荒耕地的面积。表5-4的估计结果从耕地抛荒规模的角度为H1提供了经验证据。

5 滑坡灾害与山丘区农户耕地抛荒

表 5-4 滑坡灾害影响山丘区农户耕地抛荒面积的估计结果

变量名称	（1）	（2）	（3）	（4）	（5）	（6）	（7）	（8）	（9）
滑坡灾害	1.191***	1.202***	1.078***	1.134***	1.128***	1.122***	1.148***	1.122***	0.042***
	(0.321)	(0.353)	(0.348)	(0.350)	(0.348)	(0.344)	(0.334)	(0.331)	(0.010)
年龄				0.085	0.082	0.079	0.069	0.072	0.003
				(0.060)	(0.060)	(0.059)	(0.058)	(0.058)	(0.002)
年龄的二次方				-0.000	-0.000	-0.000	0.000	-0.000	-0.000
				(0.001)	(0.001)	(0.001)	(0.000)	(0.000)	(0.000)
性别				0.275	0.271	0.295	0.390	0.401	0.015
				(0.374)	(0.375)	(0.375)	(0.368)	(0.369)	(0.014)
健康				-0.234	-0.215	-0.203	-0.262	-0.264	-0.010
				(0.383)	(0.384)	(0.383)	(0.376)	(0.376)	(0.014)
教育				0.968*	0.945*	0.852	0.777	0.785	0.030
				(0.561)	(0.554)	(0.541)	(0.538)	(0.538)	(0.019)
职业				-2.366***	-2.395***	-2.322***	-2.612***	-2.610***	-0.098***
				(0.425)	(0.429)	(0.409)	(0.435)	(0.434)	(0.010)
家庭教育				-0.012	-0.013*	-0.014*	-0.008	-0.008	-0.000
				(0.008)	(0.008)	(0.008)	(0.007)	(0.007)	(0.000)
家庭健康				-0.004	-0.004	-0.006	-0.003	-0.003	-0.000
				(0.006)	(0.006)	(0.006)	(0.006)	(0.006)	(0.000)

续表

变量名称	(1)	(2)	(3)	(4)	(5)	(6)	(7)	(8)	(9)
家庭年龄				-0.039*** (0.012)	-0.040*** (0.012)	-0.037*** (0.012)	-0.045*** (0.012)	-0.043*** (0.012)	-0.002*** (0.000)
老人务农				0.350 (0.387)	0.391 (0.389)	0.395 (0.387)	0.351 (0.383)	0.314 (0.381)	0.012 (0.014)
子女务农				-0.927* (0.500)	-0.972* (0.505)	-0.945* (0.498)	-0.896* (0.491)	-0.899* (0.491)	-0.034* (0.017)
土地面积					-0.186 (0.354)	-0.183 (0.337)	0.150 (0.326)	0.153 (0.323)	0.006 (0.012)
土地确权					0.392 (0.263)	0.381 (0.261)	0.268 (0.256)	0.270 (0.256)	0.010 (0.009)
土壤质量					0.047 (0.368)	-0.006 (0.367)	0.098 (0.366)	0.190 (0.368)	0.007 (0.014)
土地灌溉					0.265 (0.288)	0.251 (0.284)	0.216 (0.274)	0.201 (0.274)	0.008 (0.010)
家庭收入						0.091** (0.043)	0.096** (0.041)	0.101** (0.042)	0.004*** (0.001)
金融接入						0.006 (0.985)	0.054 (0.933)	0.170 (0.955)	0.006 (0.036)

续表

变量名称	（1）	（2）	（3）	（4）	（5）	（6）	（7）	（8）	（9）
贷款						1.698	1.677	1.713	0.064
						(1.671)	(1.637)	(1.641)	(0.061)
借款						-1.670	-1.618	-1.636	-0.062
						(1.639)	(1.602)	(1.605)	(0.060)
礼金支出							0.017	0.014	0.001
							(0.081)	(0.081)	(0.003)
合作社							0.599	0.603	0.023
							(1.862)	(1.862)	(0.069)
互联网							-0.042	-0.001	-0.000
							(0.314)	(0.316)	(0.012)
组织参与							-0.026**	-0.026**	-0.001**
							(0.012)	(0.012)	(0.000)
土地流转							-2.521***	-2.536***	-0.095***
							(0.359)	(0.360)	(0.010)
固定资产								-0.032	-0.001
								(0.023)	(0.001)
集镇距离			-0.015	-0.007	-0.005	-0.005	-0.008	-0.008	-0.000
			(0.011)	(0.011)	(0.011)	(0.011)	(0.011)	(0.011)	(0.000)

103

续表

变量名称	(1)	(2)	(3)	(4)	(5)	(6)	(7)	(8)	(9)
人口密度			-0.003**	-0.003***	-0.004***	-0.004***	-0.003***	-0.003***	-0.000***
			(0.001)	(0.001)	(0.001)	(0.001)	(0.001)	(0.001)	(0.000)
城镇化			-0.028***	-0.026***	-0.026***	-0.026***	-0.026***	-0.026***	-0.001***
			(0.008)	(0.007)	(0.008)	(0.007)	(0.007)	(0.007)	(0.000)
山地地形			0.439	0.252	0.258	0.318	0.079	0.079	0.003
			(0.335)	(0.329)	(0.335)	(0.337)	(0.334)	(0.334)	(0.013)
常数项	-6.551***	-10.920***	-9.835***	-10.544***	-10.076***	-10.366***	-8.776***	-8.928***	
	(0.901)	(1.803)	(1.743)	(2.667)	(2.754)	(2.777)	(2.730)	(2.739)	
省份虚拟变量	未控制	已控制	已控制	已控制	已控制	已控制	已控制	已控制	已控制
Log pseudo likelihood	-3401.941	-3241.503	-3227.894	-3169.170	-3167.492	-3162.949	-3118.382	-3115.927	-3115.927
F-value	13.771***	8.998***	8.354***	7.291***	6.754***	6.353***	6.451***	6.361***	6.361***
Pseudo R^2	0.003	0.050	0.054	0.071	0.072	0.073	0.086	0.087	0.087
样本量	4850	4850	4850	4850	4850	4850	4850	4850	4850

注：括号内为标准误差；* 表示在10%的水平上显著，** 表示在5%的水平上显著，*** 表示在1%的水平上显著。

5.3.2.2 稳健性检验

上文采用逐步引入变量的方法，估计结果表明滑坡灾害经历均在1%的水平上显著地增加耕地抛荒面积，同时表明这一估计结果具有一定的稳健性。为了进一步确保滑坡灾害对山丘区农户耕地抛荒面积的影响的估计结果是稳健的，本章还将进行如下的稳健性检验：策略一，变更估计方法，将 Tobit 模型变更为普通最小二乘法（OLS）；策略二，采用子样本进行 Tobit 模型回归，在总样本中按东部、中部、西部分区，各分区内随机抽取一个省份参与回归；策略三，变更被解释变量的度量方式，将被解释变量替换成耕地抛荒比例（耕地抛荒面积占家庭承包耕地总面积的比例），并进行 Tobit 回归；策略四，利用典型抽样数据进行上述回归，基于 2019 年在四川搜集的典型抽样数据，构建农户滑坡灾害风险认知水平指标体系，测度其滑坡灾害风险认知水平，并进行 Tobit 回归。上述稳健性检验策略是为了回应如下问题：①策略一和策略二是为了检验表 5-4 的估计结果是不是由于严格的约束条件偶然导致的；②策略三是为了检验表 5-4 的估计结果是不是由于被解释变量的测量方式不同偶然导致的；③策略四是为了检验表 5-4 的估计结果是否适用于当下的环境，更为重要的是，表 5-4 的实证回归也依赖于 Demski 等（2017）和 Ogunbode 等（2019）提出的"灾害经历—风险认知—适应性行为"作用机制，然而，表 5-4 并没有直接检验滑坡灾害风险认知水平对耕地抛荒面积的影响，典型抽样数据正好弥补了这一缺陷，以构建起"滑坡灾害经历—滑坡灾害风险认知—滑坡灾害适应性行为"的完整作用链条。

表 5-5 报告了滑坡灾害影响山丘区农户耕地抛荒面积的稳健性检验的估计结果。在表 5-5 中，模型（1）基于 CLDS2014 数据采用普通最小二乘法检验滑坡灾害与耕地抛荒面积之间的关系；模型（2）基于 CLDS2014 数据，随机抽取四川、湖南和福建三个省份数据并利用 Tobit 模型检验滑坡灾害与耕地抛荒面积之间的关系；模型（3）基于 CLDS2014 数据将被解释变量由耕地抛荒面积变更为耕地抛荒比例，并

采用 Tobit 模型检验滑坡灾害经历与耕地抛荒比例之间的关系；模型（4）基于 2019 年在四川抽样调查所获取的典型抽样数据并利用 Tobit 模型检验滑坡灾害风险认知水平与耕地抛荒面积之间的关系。

表 5-5 滑坡灾害影响山丘区农户耕地抛荒面积的稳健性检验的估计结果

变量名称	（1）OLS	（2）子样本	（3）耕地抛荒比例	（4）典型抽样数据
滑坡灾害	0.190***	2.064***	19.638***	9.073***
	(0.068)	(0.072)	(4.765)	(3.318)
人力资本变量	已控制	已控制	已控制	已控制
自然资本变量	已控制	已控制	已控制	已控制
金融资本变量	已控制	已控制	已控制	已控制
社会资本变量	已控制	已控制	已控制	已控制
物质资本变量	已控制	已控制	已控制	已控制
地理区位变量	已控制	已控制	已控制	已控制
省份虚拟变量	已控制	已控制	已控制	不适用
村庄虚拟变量	不适用	不适用	不适用	已控制
样本量	4850	1087	4850	325

注：括号内为标准误；*** 表示在 1% 的水平上显著。

由表 5-5 可知，通过变更估计方法、采用子样本回归以及变更被解释变量的度量方式，在控制了人力资本变量、自然资本变量、金融资本变量、社会资本变量、物质资本变量、地理区位变量和省份虚拟变量后，滑坡灾害（经历）变量在 1% 的水平上显著为正。表 5-5 的估计结果表明，表 5-4 的估计结果不是由于严格的约束条件偶然形成的，也不是由被解释变量的度量方式不同而偶然导致的。同时，采用 2019 年采集的典型抽样数据回归，在控制了人力资本变量、自然资本变量、金融资本变量、社会资本变量、物质资本变量、地理区位变量和村庄虚拟变量后，滑坡灾害（风险认知水平）变量在 1% 的水平上显著为正。这一结果同样表明：①滑坡灾害对耕地抛荒面积的影响在当前的情境下仍然具有很强的解释力；②随着滑坡灾害风险认知水平的提高，山丘区农户耕地抛荒面积也将增加，即滑坡灾害经历的"信号"会促使农户形成滑坡灾害风险认知，随后引起更大范围的适应性行为。综合而言，所有稳健性检验策略的估计结果都支持"滑坡灾害显著地提高了山丘区农户耕地抛荒的规模"。表5-5的估计结果支持了表5-4的估计结果，进一步从耕地抛荒面积角度为H1提供了经验证据。

5.4 滑坡灾害影响山丘区农户耕地抛荒的讨论分析

利用中山大学社会科学调查中心提供的CLDS2014数据，在可持续生计框架下耦合人地关系地域系统理论，本章回答了滑坡灾害是否影响山丘区农户耕地抛荒。相比于已有研究，本章的边际贡献在于：一是将研究视角从社会经济因素转向自然环境因素，探索滑坡灾害与耕地抛荒之间的关系；二是采用计量经济学模型揭示了滑坡灾害对耕地抛荒的定量影响。本章的研究结论可以为政府出台有效管理滑坡灾害和盘活闲置农地资源方面的政策提供参考。

首先，本章的实证结果支持了假设H1"滑坡灾害将正向影响山丘区农户耕地抛荒"，这对于理解发展中国家山丘区自然灾害与土地利用的关系十分重要。具体而言，本章的实证结果显示滑坡灾害提高了山丘区农户抛荒耕地的可能性和规模。这一发现将人地关系理论更加具体化，根据人地关系地域系统理论，人与自然是相互作用的，环境因素的冲击会导致人们采取适应性行为以平滑风险。本章关注自然环境因素对土地利用的影响，采取的识别策略是基于滑坡灾害历史数据构建变量，讨论以往年度滑坡灾害经历对本年度耕地利用的影响，结果表明，在山丘区，以滑坡灾害为代表的自然环境因素冲击，将促进农户抛荒耕地。这一发现也得到了典型抽样数据的支持。同时，Demski等（2017）和Ogunbode等（2019）认为灾害经历传导产生适应性行为是通过产生风险认知促成的。本章基于典型抽样数据设计了有关滑坡灾害风险认知水平指标体系，其结果表明，随着农户滑坡灾害风险认知水平的上升，抛荒耕地的可能性和规模也在提高。因此，本章的实证结果构建了完整的影响机制链条"滑坡灾害经历—滑坡灾害风险认知—滑坡灾害适应性行为",这也从经验证据上验证了马克思主义地租理论所指的"自然环境→耕地利用"的理论机制。综上所述,本章的发现有助于从自然环境因素视角促进土地资源的有效利用。同时,本章的发现还可以为关注山丘区自然环境变化提供证据支持。

其次,以往研究多从社会环境变化角度定量或定性揭示耕地抛荒的驱动因素,Jepsen 等(2015)、Long 等(2016)、Plieninger 等(2016)、Xystrakis 等(2017)等的研究构成了本章从自然环境变化角度定量揭示耕地抛荒驱动因素的基础。本研究 T 检验及皮尔逊相关性分析结果表明,滑坡灾害与耕地抛荒之间存在正相关关系。进一步地,本章计量经济学模型的实证分析结果表明,在控制了社会环境因素后,自然环境因素(滑坡灾害)对土地利用(耕地抛荒)产生了显著的积极影响。此外,有关自然环境与土地利用之间相关关系的研究十分丰富,但这些研究多认为土地利用变化是驱动自然环境变化的因素(Lasanta et al.,2017;Persichillo et al.,2017;Pisano et al.,2017;Chuang & Shiu,2018;Gariano et al.,2018;Luo & Liu,2018)。存在差异的可能原因有两个方面,一方面,土地制度不同。相比于其他国家,中国农户获得的土地权利是不完整的(Cheng & Chung,2017)。中国的土地法律只赋予了农户有期限的土地管理权,村集体长期持有土地所有权。另一方面,在中国,大部分耕地的抛荒时间是短暂的。土地管理相关法律规定,如果同一块地被连续抛荒两年以上,村集体有权收回承包人的承包经营权。相比于其他国家,中国的农民养老制度还有待完善。土地还提供着一定的社会保障功能(Burgess,2001),大部分农户不会长期抛荒土地。也就是说,在中国,大部分山区被抛荒的耕地不会自然地向林地转型。综上所述,类似于中国这样的发展中国家,更应当关注自然环境对土地利用的影响,以实现土地资源的可持续利用。这有助于保护农业文化景观和解决全球粮食安全问题。

此外,本章还发现城镇化的发展有助于抑制山丘区耕地抛荒。这与一些已有研究的结论不同,他们认为城镇化发展导致了山丘区耕地抛荒(Long et al.,2016;Xystrakis et al.,2017)。可能的原因是,随着城镇的范围不断扩大,耕地的重心逐渐移动到高海拔地区(Shi et al.,2016),而为确保全球粮食安全,山丘区的耕地变得更加重要。本章的研究结果也在一定程度上支持了中国政府的乡村发展理念:通过城乡融合发展实现乡村振兴。

5.5 本章小结

本章利用中山大学社会科学调查中心提供的 CLDS2014 数据,在可持续生计框架下耦合人地关系地域系统理论,定量回答了滑坡灾害是否以及在多大程度上影响山丘区农户耕地抛荒等问题。本章发现:(1)从相关关系出发,滑坡灾害与耕地抛荒之间存在正相关关系,T 检验及皮尔逊相关性分析结果表明相比于未经历滑坡灾害的群体,经历滑坡灾害的群体更倾向于抛荒耕地;(2)从计量实证角度出发,滑坡灾害提高了山丘区农户耕地抛荒的可能性和规模。

基于上述结果,本章也得到一些政策启示。例如,滑坡灾害作为威胁山区农户生命财产安全的最大灾害之一(Conforti et al.,2014;Mertens et al.,2016;Li et al.,2017a;Chuang & Shiu,2018;Xu et al.,2018b),显著地促进了山区农户抛荒耕地,这可能不利于粮食安全和山区人文景观的完整。对此,政府应当完善山丘区自然灾害管理制度,提升山丘区农户的抗灾能力。此外,城镇化发展有助于抑制山丘区耕地抛荒,这启示我们要实现高品质的城镇化。例如,乡村振兴战略正在推进实施,政府应当着力打通城乡壁垒,促使人才、资金和土地等要素在城乡间平等流动。

6 非农就业与山丘区农户耕地抛荒

6.1 非农就业影响山丘区农户耕地抛荒的背景分析

要素错配（factor misallocation）会降低全要素生产率，从而不利于经济的可持续发展（Hsieh & Klenow, 2009; Restuccia & Rogerson, 2013）。在农业生产中，土地要素错配会降低农业生产效率。例如，1988年，菲律宾的土地要素缺乏流动性导致土地要素错配，使得农业生产效率下降了17%（Adamopoulos & Restuccia, 2014）。显而易见，土地要素的有效配置对农业的可持续发展至关重要（Restuccia & Santaeulalia-Llopis, 2017）。因此，讨论土地配置的影响因素成为农业经济学研究的热点话题。特别地，大量已有文献讨论了劳动力非农就业对土地配置的影响（Long et al., 2008; Chen et al., 2014; Deng et al., 2015; Li et al., 2015; Che, 2016; Long et al., 2016; Nguyen et al., 2017; Xu et al., 2017a; Ji et al., 2018）。这些文献的核心观点是非农就业能够促进农地流转，土地将从低生产效率者向高生产效率者集中（Deininger & Jin, 2005）。然而，这似乎与中国农村地区的实际情况不符，在中国农村地区同时存在着较高的非农就业率和较低的土地流转率。

长期以来，中国的非农就业率一直高于土地流转率。如图6-1所示，2008年到2016年，非农就业率的平均值为40.18%，而土地流转率的平均值仅为20.43%，就平均值而言，非农就业率接近土地流转率的2倍。中国农村地区普遍存在着较高的非农就业率与较低的土地流转率。然而，现有的文献并没有对这一现象发生的原因给予很好的解释。事实上，农户除了自营土地、流转土地，还有可能弃耕土地。例如，中国闲置农用地比例在2011年和2013年分别为13.5%和15%（甘犁、尹志超，2015）；中国山区耕地抛荒的比例在2014年大约是14.32%（李升发等，2017）。逐渐地，学者开始关注非农就业与耕地抛荒（Aide & Grau，2004；Van Doorn & Bakker，2007；Sikor et al.，2009；Xie et al.，2014；Lieskovsky et al.，2015；Xie & Jiang，2016）。

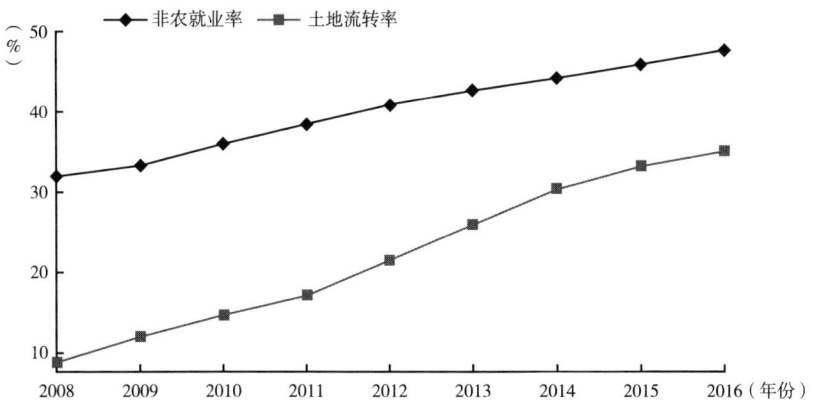

图6-1 2008~2016年中国非农就业率与土地流转率

数据来源：国家统计局、农业农村部。

耕地抛荒意味着土地使用强度下降（MacDonald et al.，2000），原因在于社会经济要素的变化（Benayas et al.，2007），其中最重要的推动力是农村人口向城市迁移。Aide & Grau（2004）认为非农产业的快速发展，导致了拉丁美洲农村土地抛荒；Van Doorn & Bakker（2007）认为农村人口外迁是引起葡萄牙东南部耕地抛荒的原因之一；Gellrich等（2007）的研究表明农户非农就业比例上升导致了瑞士山区的土地抛荒面积增长，此外Sikor等（2009）和Lieskovsky等（2015）在研究阿尔巴尼亚东部和斯诺伐克的土地抛荒时也得出了非农就业致使耕地抛荒面积上升的结论。这些研究多以欧洲和拉丁美洲国家为对象，为进一步厘清农村劳动力迁移与耕地抛荒之间的关系奠定了基础。然而，中国作为全球最大的发展中国家，用约7%的全球总耕地面积养活了近20%的全球总人口（Zhang，2011），厘清中国农村劳动力迁移与耕地抛荒之间的相关关系，有助于解决全球粮食安全问题。

此外，耕地抛荒的空间分布并不均衡。比如，美国的耕地抛荒集中在东部（Brown et al.，2005；Ramankutty et al.，2010），而中欧山区、地中海地区、东欧地区是欧洲耕地抛荒最为明显的地区（MacDonald et al.，2000；Hatna & Bakker，2011；Weissteiner et al.，2011；Alcantara et al.，2013）。对中国而言，中国国土面积位居世界第三，其中山丘区面积约占国土总面积的70%（Xu et al.，2015b；Xu et al.，2017a；Xu et al.，2017b），地貌特征复杂。李升发等（2017）、Xu等（2019c）研究认为由于山丘区的经济发展水平落后于平原区，因此，山丘区成为中国耕地抛荒的主要集中区域。山丘区非农就业与耕地抛荒在省级单元上呈现怎样的空间分布？这亟待从地理层面进行分析，以揭示二者之间的空间分布关系。

综合而言，现有研究为进一步讨论非农就业与耕地抛荒之间的关系提供了丰富的理论基础。同时，研究表明，非农就业通过收入效应影响耕地抛荒也是双向的。一方面，相关研究表明因非农就业增加的收入主要用于住房等非农业投资，这可能降低土地利用效率，从而引发耕地抛荒（Lipton，1980；Huang et al.，2009；De Brauw，2010；钱文荣、郑黎义，2010）。另一方面，相关研究表明因非农就业增加的收入被用于农业生产投资，这可能提高土地利用效率，从而减少耕地抛荒（Taylor，1999）。

山丘区基础设施远不及平原区（Xu et al.，2019c），机械化水平较低（张艳虹，2017），非农就业增加的收入无法有效地用于购买农机或农机服务来替代非农就业流失的劳动力，而是更多地被用于非农消费。

这将导致土地利用效率下降（Luo et al.，2019），从而引发耕地抛荒。此外，Shi（2018）发现非农收入能够放松流动性约束从而在一定程度上降低劳动力外出就业的负面影响，但最终的结果表明，劳动力外出就业的负面效应在农业生产中占主导地位。特别是，Pan 等（2018）发现非农就业导致的劳动力流失，使得在山区的农户受到的负面影响更大。因此，本章聚焦于山丘区情境下，非农就业如何通过收入效应影响耕地抛荒。本章拟回答的关键问题是：

（1）从空间尺度而言，中国山丘区农村劳动力非农就业与耕地抛荒呈现怎样的分布？

（2）从定量角度而言，农村劳动力非农就业是否以及在多大程度上影响耕地抛荒？

（3）从定量角度而言，农村劳动力非农就业如何影响耕地抛荒？

6.2 非农就业影响山丘区农户耕地抛荒的实证策略

6.2.1 模型构建

本章探索非农就业对耕地抛荒的影响。耕地抛荒从耕地抛荒行为和耕地抛荒面积两方面进行测度。其中，耕地抛荒行为是一个二分类变量；耕地抛荒面积是一个左截断的连续型变量。

6.2.1.1 被解释变量：耕地抛荒行为

为了检验非农就业对耕地抛荒行为的影响，本章估计了如下的模型：

$$Behavior_{ip} = \beta_0 + \beta_1 Off\text{-}farm\ labor_{ip} + \gamma X + \delta Province + \varepsilon_{ip} \quad (6-1)$$

其中，下标 i 和 p 分别表示农户和省份；$Behavior$ 是一个二分类变量，如果省份 p 的农户 i 抛荒耕地，则赋值为 1，否则赋值为 0；$Off\text{-}farm\ labor$ 表示 2013 年农户劳动力参与非农就业的比例；X 表示一个向量，代表一系列控制变量；$Province$ 表示一个由省份虚拟变量组成的向量；β_0、β_1 分别表示常数项和变量的待估系数；γ 表示一个向量，代表一系列控制变量的待估系数；δ 表示省份虚拟变量的待估系数；ε 表示误差项。

式（6-1）是被解释变量取值为 0 或 1 的二值线性概率模型（LPM），它的优点有两个：①不用对误差项的分布做出任何假设；②较为容易地解释模型的回归系数（陈强，2014）。然而，LPM 也存在明显的劣势，即被解释变量的拟合值可能会小于 0 或者大于 1。因此，比较好的解决方案是采用 Probit 或 Logit 等二元选择模型。

农户做出选择的过程是复杂的，但一般遵循效用最大化原则。假定 U^* 表示农户选择后对应的效用，农户的抛荒行为决策过程可以表示为：当选择抛荒耕地所带来的效用大于不选择抛荒耕地所带来的效用时，该农户就会选择抛荒耕地（即 $Behavior_{ip}=1$）；反之，该农户就会不选择抛荒耕地（即 $Behavior_{ip}=0$）。因此，省份 p 的农户 i 选择抛荒耕地或者不选择抛荒耕地的概率如式（6-2）所示：

$$\Pr(Behavior_{ip}=s)=\Pr(U^*_{ips}>U^*_{ipl}) \qquad (6-2)$$

其中，$s=1$ 或者 0，$l=1$ 或者 0，且 $s\neq l$；U^*_{ips} 或 U^*_{ipl} 表示省份 p 的农户 i 选择抛荒耕地或不选择抛荒耕地时获得的不可观察的效用水平。我们假定效用是由一个确定性部分和一个随机项组成的，如式（6-3）：

$$U^*_{ips}=\varphi_s x_{ip}+\varepsilon_{ips} \qquad (6-3)$$

其中，φ_s 表示系数向量；x_{ip} 表示影响一个农户选择抛荒耕地或不选择抛荒耕地的各种因素，ε_{ips} 是随机项。农户不同选择的概率可以表示如下：

$$\Pr(Behavior_{ip}=1)=\Pr(U^*_{ip1}>0) \qquad (6-4)$$

$$\Pr(Behavior_{ip}=0)=\Pr(U^*_{ip0}=0) \qquad (6-5)$$

一般而言，ε_{ips} 以 0 为对称轴对称分布，因此可以得出如下公式：

$$\Pr(Behavior_{ip} = 1) = \Pr(U_{ip1}^* > 0) = \Pr(\varphi_1 x_{ip} + \varepsilon_{ip1} > 0)$$
$$= \Pr(\varphi_1 x_{ip} > \varepsilon_{ip1}) \qquad (6-6)$$

如果 ε_{ips} 服从标准正态分布，则应使用 Probit 模型；如果 ε_{ips} 服从 Logit 分布，则应使用 Logit 模型。一般而言，Logit 模型和 Probit 模型得到的结论几乎是相同的。然而，Wooldridge（2015）认为经济学研究更偏好正态分布假设，因此 Probit 模型比 Logit 模型在计量经济学中应用地更多。因此，本章采用 Probit 模型进行估计。

6.2.1.2 被解释变量：耕地抛荒面积

为检验非农就业对耕地抛荒面积的影响，本章估计了如下的模型：

$$Area_{ip} = \beta_0^* + \beta_1^* Off\text{-}farm\ labor_{ip} + \gamma^* X + \delta^* Province + \varepsilon_{ip}^* \qquad (6-7)$$

其中，下标 i 和 p 分别表示农户和省份；$Area$ 是左截断的连续型变量，表示省份 p 的农户 i 抛荒耕地的面积；$Off\text{-}farm\ labor$ 表示农户 2013 年劳动力参与非农就业的比例；X 表示一个向量，代表一系列控制变量；$Province$ 表示一个由省份虚拟变量组成的向量；β_0^*、β_1^* 分别表示常数项和变量的待估系数；γ^* 表示一个向量，代表一系列控制变量的待估系数；δ^* 表示一个向量，代表省份虚拟变量的待估系数；ε 表示误差项。

理论上，农户可抛荒耕地的面积是没有上限的，但会有一个下限，即抛荒耕地的面积至少等于 0，并且不会低于 0。虽然通过问卷调查可以获取全部的观察数据，但对于某些观察数据，被解释变量 $Area$ 被压缩在一个点上（即抛荒耕地面积为 0）。此时，被解释变量 $Area$ 的概率分布就变成了由一个离散点与一个连续分布所组成的混合分布。参考陈强（2014），本章的研究可以设定如下：

$$Area_{ip}^* = \beta_0^* + \beta_1^* Off\text{-}farm\ labor_{ip} + \gamma^* X + \delta^* Province + \varepsilon_{ip}^* \qquad (6-8)$$

$$Area_{ip} = \begin{cases} Area_{ip}^*, & \text{如果 } Area_{ip}^* > 0 \\ 0, & \text{如果 } Area_{ip}^* \leq 0 \end{cases} \qquad (6-9)$$

其中，Area 是实际测得的农户抛荒耕地的面积；Area* 是对应的隐藏变量。陈强（2014）认为在这种混合分布下，采用 OLS 估计，无论是使用全部样本，还是使用去掉离散点后的子样本，都不能得到一致的估计。为了解决这一问题，Tobin（1958）提出采用最大似然估计法来估计上述模型，即采用 Tobit 模型。

6.2.1.3 非农就业对山丘区农户耕地抛荒的影响机制的实证分析模型

在检验了非农就业与耕地抛荒的关系后，本章还将探索非农就业影响耕地抛荒的机制。根据前文理论部分的讨论，非农就业可能通过收入效应影响耕地抛荒。为此，本章将实证分析非农就业对不同家庭资产配置的影响，进而揭示非农就业如何通过收入效应影响耕地抛荒。因此，在剖析影响机制时，被解释变量为农户非农固定资产和农业固定资产，前者表示住房、汽车等耐用消费品，后者表示农业生产用资产，包括牲畜、机械等。无论是农户非农固定资产还是农业固定资产，都可以视为一个连续型变量，同时，通过检视数据结构，发现样本中有部分农户的非农固定资产或者农业固定资产为零。因此，在讨论影响机制时可采用 Tobit 模型回归，模型设定如式（6-10）：

$$Asset_{ipn} = \beta_0^\# + \beta_1^\# Off\text{-}farm\ labor_{ip} + \gamma^\# X + \delta^\# Province + \varepsilon_{ip}^\#,\quad n=1 \text{ 或 } 2$$

(6-10)

其中，下标 i、p 和 n 分别表示农户、省份和资产；当 $n=1$ 时，Asset 表示农业固定资产；当 $n=2$ 时，Asset 表示非农固定资产；Off-farm labor 表示农户 2013 年劳动力参与非农就业的比例；X 表示一个向量，代表一系列控制变量；Province 表示一个由省份虚拟变量组成的向量；$\beta_0^\#$、$\beta_1^\#$ 分别表示常数项和变量的待估系数；$\gamma^\#$ 表示一个向量，代表一系列控制变量的待估系数；$\delta^\#$ 表示一个向量，代表省份虚拟变量的待估系数；ε 表示误差项。

6.2.1.4 模型设定说明

由于城市化进程提速,在经济利益的驱动下,大量农村劳动力外出务工,非农就业成为农户的一种常见而内生的劳动力资源配置安排。许多研究在讨论农户非农就业及其导致的家庭其他行为时,都将其视为内生变量,如钱龙(2017)认为在讨论非农就业与农业生产性投资的相互关系时,应充分考虑内生性问题;Xu 等(2019a)在讨论非农就业与农村土地利用的因果关系时也主张考虑内生性问题。此外,根据人地关系地域系统理论,人与地是相互作用、互相影响的(吴传钧,1991),因此,在实践中,探讨人地关系的文献也多采用工具变量法(instrumental variable,IV)来规避变量互为因果导致的估计偏误(Che,2016)。

根据"同群效应",个体在各种社会关系中相互作用,其中某一个体的行为受到同群者行为的影响(Sacerdote,2001)。这与《太子少傅箴》中提到的"近朱者赤,近墨者黑"有异曲同工之妙。事实上,有关耕地利用的文献已经借鉴了"同群效应"思路,来寻找工具变量。例如,Che(2016)研究非农就业如何影响土地租赁时,用同乡镇除本村外其他村子的非农就业均值作为本村农户非农就业变量的工具变量;类似地,Xu 等(2019a)也采用了这样的处理办法。结合本章采用的数据,借鉴 Chang 等(2012)和钱龙(2017)的经验做法,本章选择同一村庄内除本户家庭外其他家庭的非农就业比例均值作为工具变量,工具变量设定如式(6-11):

$$IV(off-farm)_i = \frac{\sum_{i=1}^{n} Off-farm_i}{n-1}, i = 1,2,3,\cdots,n \text{ (但不包含家庭 } i\text{)}$$

(6-11)

综上所述,本章分析用的主要实证模型分别为 IV-Probit 模型和 IV-Tobit 模型。参考线性回归中讨论工具变量有效性的方法,本章主要关注工具变量法第一阶段估计结果的 F 统计量,根据估计结果[①],本章

---

① 囿于篇幅限制,本章后续并未展示第一阶段的估计结果。

发现 F 统计量的值都大于 10，且在 1% 的水平上显著，这表明能够拒绝"存在弱工具变量"的原假设。

6.2.2 变量选取

为了尽可能避免其他因素影响非农就业与耕地抛荒之间的定量关系，本章参考可持续生计框架的核心内容，在实证模型中控制了人力资本变量（如年龄、性别、健康、教育等）、自然资本变量（土地面积、土地确权、土壤质量、土地灌溉）、金融资本变量（家庭收入、金融接入、贷款、借款）、社会资本变量（如礼金支出、合作社、互联网等）、物质资本变量（固定资产）。此外，为了进一步消除省份政策因素和地理区位导致的混淆影响，实证部分还将加入省份虚拟变量、集镇距离、人口密度、地形等变量。实证模型涉及的变量分类、名称及定义见表 6-1。

6.2.3 描述性统计及相关关系探索

从表 6-1 可知，样本中 2013 年有 15% 的山丘区农户抛荒了耕地，户均抛荒耕地面积 0.34 亩。同时，从表 6-1 亦可知，大约 52% 的山丘区农户劳动力实现了非农就业，这表明山丘区农户劳动力非农就业比例是比较高的。

6.2.3.1 非农就业与耕地抛荒的空间分布

中国是地理空间分异较大的国家，不同省份间的人口迁移和耕地抛荒可能存在巨大差异。为了探索非农就业与耕地抛荒在省域单元的空间关联性，本研究基于调查数据，以省域为统计单位，计算样本省份的总体情况，并将数据以颜色区分填入地理信息图中。图 6-2 呈现了省级层面的山丘区农户非农就业空间分布；图 6-3 呈现了省级层面的山丘区农户耕地抛荒行为发生率空间分布；图 6-4 呈现了省级层面的山丘区农户耕地抛荒面积均值空间分布。

表 6-1 非农就业影响耕地抛荒的实证模型变量定义及其描述性统计

变量类别	变量名称	定义	平均值	标准差
被解释变量	耕地抛荒行为	农户 2013 年是否存在抛荒耕地行为（1=是；0=否）	0.15	0.35
	耕地抛荒面积	农户 2013 年抛荒耕地的总面积（亩）	0.34	1.57
核心解释变量	非农就业	农户中非农就业劳动力占总劳动力规模的比例（%）	51.52	37.84
人力资本变量	年龄	户主年龄（岁）	53.79	13.37
	性别	户主性别（1=男；0=女）	0.90	0.30
	健康	户主健康状态（1=处于一般及以上健康状态；0=否）	0.82	0.39
	教育	户主受教育程度（1=具有高中及以上文凭；0=否）	0.11	0.31
	职业	户主职业状态（1=从事农业生产；0=否）	0.38	0.49
	家庭教育	家庭成员中具有高中及以上文凭的比例（%）	13.29	20.38
	家庭健康	家庭成员中处于一般及以上健康状态的比例（%）	85.29	23.89
	家庭年龄	家庭成员的平均年龄（岁）	40.61	13.19
	老人务农	家庭中 64 岁及以上老人是否从事农业生产（1=是；0=否）	0.11	0.32
	子女务农	家庭中户主的子女是否从事农业生产（1=是；0=否）	0.08	0.27
自然资本变量	土地面积	家庭成员人均承包耕地面积（亩）	1.51	2.11
	土地确权	家庭承包耕地是否获得土地权证（1=是；0=否）	0.45	0.50
	土壤质量	家庭耕地整体质量自我评价（1=好；0=其他）	0.18	0.39
	土地灌溉	所在村庄是否提供灌溉服务（1=是；0=否）	0.43	0.49

续表

变量类别	变量名称	定义	平均值	标准差
金融资本变量	家庭收入	家庭成员2013年的现金总收入(万元)	3.99	4.03
	金融接入	家庭持有债券、股票、基金等金融产品的种类(个)	0.01	0.12
	贷款	家庭是否从银行等正规金融渠道获得资金(1=是;0=否)	0.07	0.26
	借款	家庭是否从亲朋好友等非正规金融渠道获得资金(1=是;0=否)	0.08	0.27
社会资本变量	礼金支出	家庭2013年礼金支出的数额(万元)	0.56	1.93
	合作社	家庭是否加入某一个农业合作社(1=是;0=否)	0.02	0.12
	互联网	家庭是否使用了互联网(1=是;0=否)	0.27	0.44
	组织参与	家庭成员中中国共产党党员的比例(%)	3.88	11.13
	土地流转	家庭2013年是否转出耕地(1=是;0=否)	0.68	0.47
物质资本变量	固定资产	家庭成员人均拥有的固定资产在2013年的价值总额(万元)	4.42	15.95
地理区位变量	集镇距离	家庭到村庄最近的商业集镇的距离(千米)	8.69	10.81
	人口密度	所在村庄的人口密度(人/平方公里)	140.58	135.13
	城镇化	同一县内城市家庭样本规模占该县总样本的比例(%)	10.94	20.50
	丘陵地形	家庭所在村庄的地形是否为丘陵(1=是;0=否)	0.58	0.49
	山地地形	家庭所在村庄的地形是否为山地(1=是;0=否)	0.42	0.49

6 非农就业与山丘区农户耕地抛荒

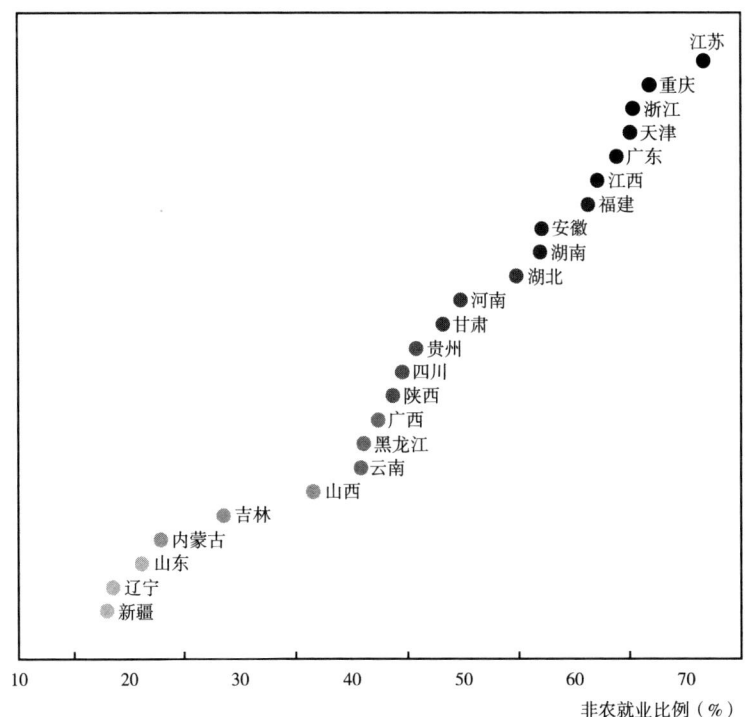

图 6-2 省级层面的山丘区农户非农就业空间分布

将样本数据映射到图 6-2、图 6-3 及图 6-4 中,图中样本省份的填充颜色由浅及深表示数值由小到大。本研究发现以 CLDS2014 数据为基础,山丘区农户的非农就业与耕地抛荒有一个相似的空间集聚趋势,即非农就业比例较高的省份也是耕地抛荒发生率较高的省份。例如,在图 6-2 中,四川、湖北、湖南、安徽、福建、江西、广东、天津、浙江、重庆、江苏等省份的填充色较深,表明这些省份的山丘区农户劳动力普遍参与非农就业;在图 6-3 和图 6-4 中,四川、湖北、湖南、福建、江西、广东、天津、安徽等省份的填充色也比较深,表明这些省份的山丘区农户也普遍抛荒耕地。综合而言,从空间分布视角,本研究发现山丘区农户的耕地抛荒可能伴生于劳动力的非农就业,这在一定程度上表明山丘区农户劳动力的非农就业可能导致耕地抛荒。这为验证 H2 提供

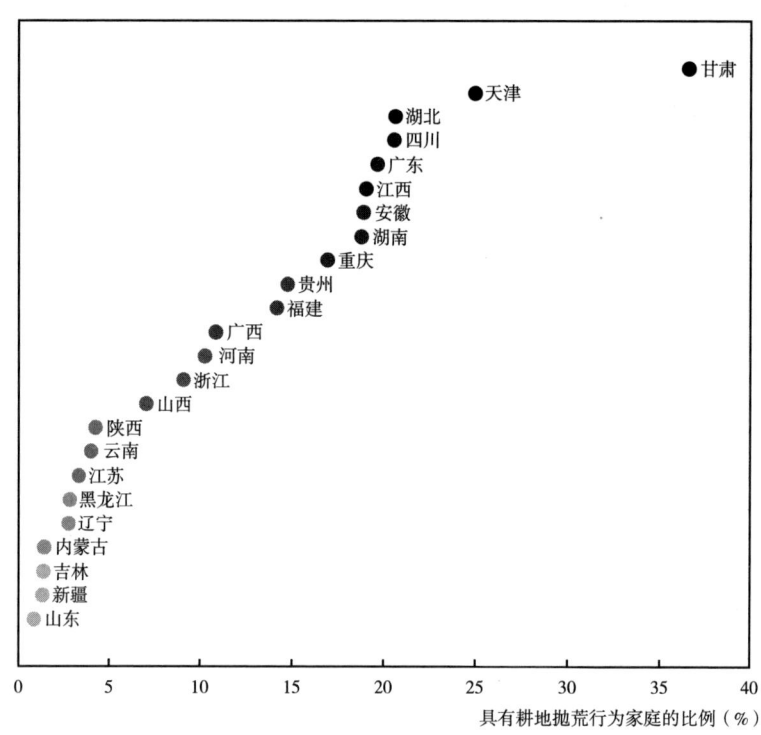

图6-3 省级层面的山丘区农户耕地抛荒行为发生率空间分布

了一个感性认识。然而，空间分布仅能从感性上观察非农就业与耕地抛荒在山丘区的集聚趋势，非农就业导致耕地抛荒还可能受到诸多因素的干扰。因此，为了厘清山丘区农户劳动力非农就业与耕地抛荒之间的相关关系，有必要基于皮尔逊相关性分析及计量经济学模型进行进一步分析。

6.2.3.2 非农就业与耕地抛荒的皮尔逊相关性分析

基于CLDS提供的样本数据，结合地理信息系统（ArcGIS），前文从空间分布视角感性地认识了山丘区农户劳动力非农就业与耕地抛荒之间的相关关系。结果表明，山丘区农户劳动力非农就业与耕地抛荒存在相似的空间集聚趋势。为了进一步探索山丘区农户劳动力非农就业与耕地抛荒之间的更为直接的相关关系，本研究还基于CLDS2014数据，利

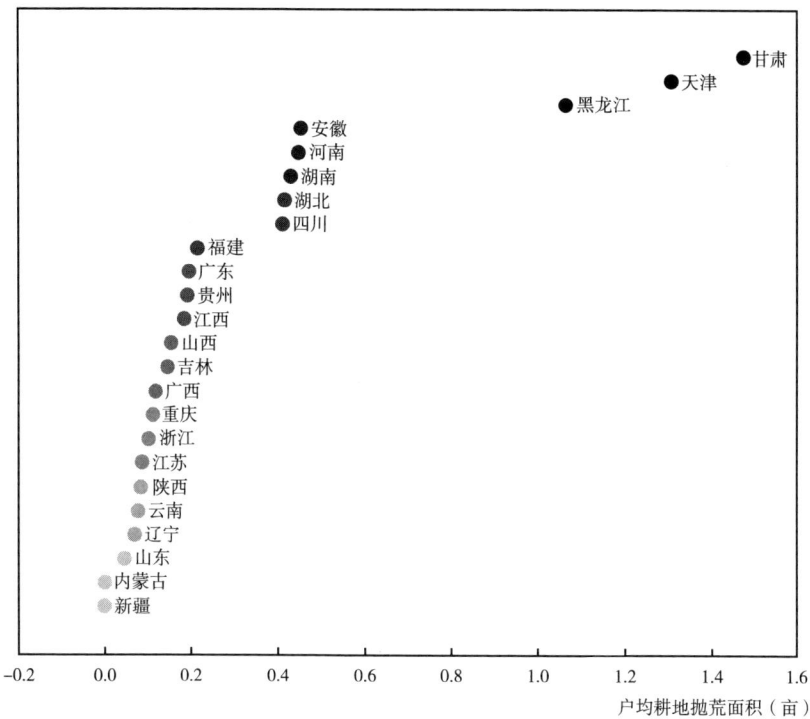

图6-4 省级层面的山丘区农户耕地抛荒面积均值空间分布

用Python 3.7绘制了热力图,用以揭示非农就业与耕地抛荒之间的皮尔逊相关关系。图6-5展示了山丘区农户劳动力非农就业与耕地抛荒行为之间的皮尔逊相关关系;图6-6展示了山丘区农户劳动力非农就业与耕地抛荒面积之间的皮尔逊相关关系。

如图6-5所示,山丘区农户劳动力非农就业与耕地抛荒行为的皮尔逊相关系数为0.12。这表明,山丘区农户劳动力非农就业与耕地抛荒行为之间存在正相关关系,即山丘区农户劳动力非农就业可能促进耕地抛荒行为的发生。如图6-6所示,山丘区农户劳动力非农就业与耕地抛荒面积的皮尔逊相关系数为0.08。这表明,山丘区农户劳动力非农就业与耕地抛荒面积之间存在正相关关系,即山丘区农户劳动力非农

藏粮于地：山丘区耕地抛荒治理策略研究

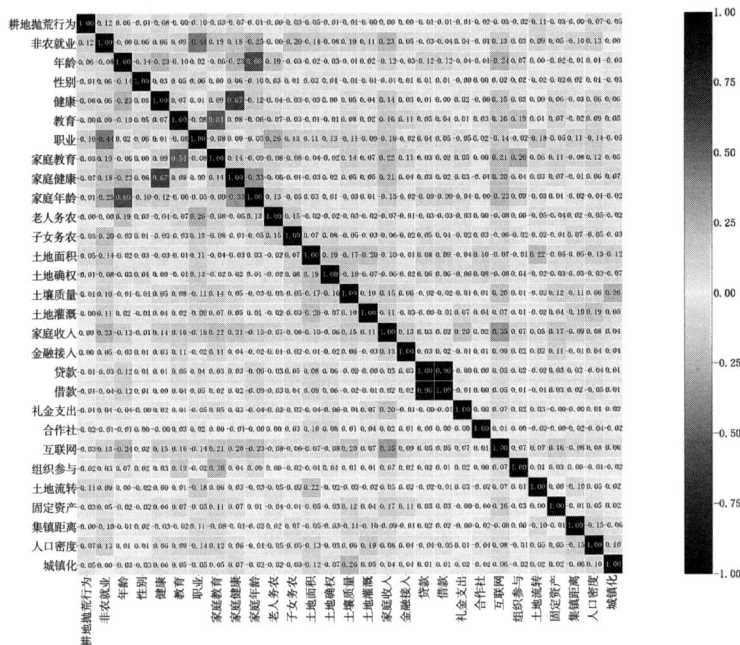

图 6-5 山丘区农户劳动力非农就业与耕地抛荒行为的相关性分析

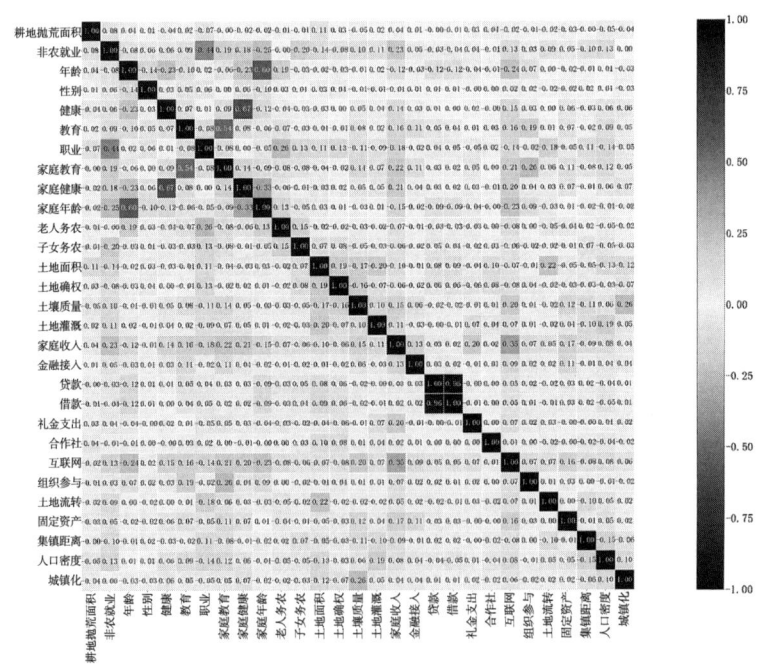

图 6-6 山丘区农户劳动力非农就业与耕地抛荒面积的相关性分析

就业可能增加耕地抛荒面积。综合而言，图6-5和图6-6表明，非农就业与耕地抛荒之间可能存在正相关关系，即非农就业可能导致耕地抛荒。这与前文非农就业与耕地抛荒的空间集聚趋势结果相互印证。然而，无论是空间分布还是皮尔逊相关系数，在讨论山丘区农户劳动力非农就业与耕地抛荒之间的相关关系时，都没能消除其他因素对两者关系的混淆影响。因此，空间分布和皮尔逊相关性分析的结果只是为本研究检验山丘区农户劳动力非农就业与耕地抛荒之间的相关关系提供了一个参考。为了进一步厘清两者间的定量相关关系，本研究聚焦基于计量经济学模型的实证分析结果。

6.3 非农就业对山丘区农户耕地抛荒的影响

6.3.1 非农就业对山丘区农户耕地抛荒行为的影响

6.3.1.1 主要结果

表6-2报告了山丘区农户劳动力非农就业影响耕地抛荒行为的估计结果。为了考察核心解释变量非农就业对被解释变量耕地抛荒行为的定量影响，本研究采用逐步添加变量的方法。具体而言，在表6-2的模型（1）~（8）中，分别逐步引入了非农就业、省份虚拟、地理区位、人力资本、自然资本、金融资本、社会资本和物质资本等变量，考虑到IV-Probit模型为非线性模型，估计结果的系数无法解读为解释变量对被解释变量的定量影响，在模型（8）的估计结果基础上，本研究还估算了其边际效应模型（9）。在模型（1）~（8）中，Wald χ^2 检验值都在1%的水平上显著，这表明该统计量显著地不等于零。因此，在本研究讨论的情境下，模型（1）~（8）可以拒绝"非农就业为外生变量"的原假设，即，可以认为非农就业是内生变量，IV-Probit模型的估计结果要比Probit模型的估计结果更有效。

如表6-2所示，模型（1）~（8）中的非农就业变量均在1%的水平上显著，且符号为正。这表明逐步加强约束条件时，非农就业变量对耕地抛荒行为变量的影响是稳定的，这也表明山丘区农户劳动力非农就业显著地促进了耕地抛荒行为的发生。模型（9）中边际效应估计结果表明，在控制农户生计资本特征、区位特征后，山丘区农户非农就业比重每提高 1 个百分点，耕地抛荒行为的发生率将提高 0.5 个百分点。尽管这一数值是很小的，但是置于中国当下的现实情境是很有意义的。原因在于，山丘区农户规模比较小（一般构成为 2~3 个劳动力），当有一个劳动力参与非农就业时，即当山丘区农户每提高 33~50 个百分点的非农就业比例，耕地抛荒行为发生率将提高 16.5~25 个百分点。综上所述，随着山丘区农户劳动力非农就业的比例逐渐上升，耕地抛荒的可能性将增大。表 6-2 的估计结果从耕地抛荒行为的角度为 H2 提供了经验证据。

此外，表 6-2 中模型（9）的边际效应估计结果表明，首先，人力资本相关变量中的家庭教育变量和家庭健康变量在减少耕地抛荒行为方面发挥着一定的作用。由估计结果可知，山丘区农户拥有高中学历家庭成员的比例或拥有健康状态家庭成员的比例每提高 1 个百分点，耕地抛荒行为发生的概率将降低 0.1 个百分点。其次，自然资本相关变量对耕地抛荒行为的影响并不显著，例如，土地确权并没有减少耕地抛荒行为的发生。最后，社会资本相关变量对减少耕地抛荒行为的发生有一定的作用，例如，土地流转变量在 1% 的水平上显著为负，这表明相比于没有参与土地转出的农户而言，参与土地转出的农户耕地抛荒行为发生率较低。

6.3.1.2 稳健性检验

上文采用逐步引入变量方法，估计结果表明非农就业均在 1% 的水平上显著地促进耕地抛荒行为的发生，也表明这一估计结果具有一定的稳健性。为了进一步确保山丘区农户劳动力非农就业影响耕地抛荒行为的估计结果是稳健的，本研究还将进行如下的稳健性检验：策略一，变更估计方法，将 IV-Probit 模型变更为二阶段最小二乘法（2SLS）；策

表 6-2 山丘区农户劳动力非农就业影响耕地抛荒行为的估计结果

变量	(1)	(2)	(3)	(4)	(5)	(6)	(7)	(8)	(9)
非农就业	0.012***	0.014***	0.017***	0.020***	0.020***	0.020***	0.022***	0.022***	0.005***
	(0.001)	(0.002)	(0.002)	(0.003)	(0.003)	(0.003)	(0.003)	(0.003)	(0.001)
年龄				-0.028**	-0.029**	-0.029**	-0.034***	-0.034***	-0.007**
				(0.012)	(0.012)	(0.012)	(0.012)	(0.012)	(0.003)
年龄的二次方				0.000***	0.000***	0.000***	0.000***	0.000***	0.000***
				(0.000)	(0.000)	(0.000)	(0.000)	(0.000)	(0.000)
性别				-0.115	-0.116	-0.116	-0.120	-0.120	-0.027
				(0.080)	(0.080)	(0.080)	(0.079)	(0.079)	(0.018)
健康				0.018	0.020	0.022	0.015	0.015	0.003
				(0.077)	(0.077)	(0.078)	(0.077)	(0.077)	(0.017)
教育				0.201**	0.200**	0.201**	0.189**	0.191**	0.042**
				(0.080)	(0.080)	(0.080)	(0.080)	(0.080)	(0.018)
职业				0.352**	0.346**	0.343**	0.342**	0.341**	0.075**
				(0.149)	(0.150)	(0.149)	(0.142)	(0.142)	(0.034)
家庭教育				-0.007***	-0.007***	-0.007***	-0.006***	-0.006***	-0.001***
				(0.001)	(0.001)	(0.001)	(0.001)	(0.001)	(0.000)
家庭健康				-0.005***	-0.005***	-0.005***	-0.005***	-0.005***	-0.001***
				(0.001)	(0.001)	(0.001)	(0.001)	(0.001)	(0.000)

续表

变量	(1)	(2)	(3)	(4)	(5)	(6)	(7)	(8)	(9)
家庭年龄				0.011***	0.011***	0.010***	0.010***	0.011***	0.002***
				(0.004)	(0.004)	(0.004)	(0.003)	(0.003)	(0.001)
老人务农				-0.380***	-0.374***	-0.374***	-0.418***	-0.424***	-0.094***
				(0.108)	(0.109)	(0.109)	(0.104)	(0.104)	(0.025)
子女务农				0.287**	0.283**	0.283**	0.320***	0.319***	0.071***
				(0.114)	(0.115)	(0.115)	(0.110)	(0.111)	(0.026)
土地面积					-0.070	-0.072	-0.020	-0.019	-0.004
					(0.060)	(0.060)	(0.055)	(0.055)	(0.012)
土地确权					0.085*	0.085*	0.067	0.067	0.015
					(0.051)	(0.051)	(0.050)	(0.050)	(0.011)
土壤质量					-0.005	-0.002	0.009	0.023	0.005
					(0.075)	(0.075)	(0.075)	(0.075)	(0.017)
土地灌溉					-0.040	-0.042	-0.047	-0.050	-0.011
					(0.052)	(0.052)	(0.052)	(0.052)	(0.011)
家庭收入						-0.003	-0.004	-0.003	-0.001
						(0.006)	(0.007)	(0.007)	(0.001)
金融接入						-0.055	-0.053	-0.034	-0.008
						(0.181)	(0.179)	(0.185)	(0.041)

续表

变量	(1)	(2)	(3)	(4)	(5)	(6)	(7)	(8)	(9)
贷款						0.099	0.094	0.105	0.023
						(0.340)	(0.336)	(0.337)	(0.075)
借款						-0.033	-0.028	-0.034	-0.008
						(0.330)	(0.326)	(0.327)	(0.072)
礼金支出							-0.002	-0.003	-0.001
							(0.012)	(0.012)	(0.003)
合作社							-0.151	-0.156	-0.035
							(0.225)	(0.225)	(0.050)
互联网							0.067	0.075	0.017
							(0.057)	(0.057)	(0.013)
组织参与							-0.005**	-0.005**	-0.001**
							(0.002)	(0.002)	(0.001)
土地流转							-0.481***	-0.484***	-0.107***
							(0.056)	(0.056)	(0.011)
固定资产								-0.005	-0.001
								(0.004)	(0.001)
集镇距离			0.000	-0.000	0.000	0.000	-0.000	-0.000	-0.000
			(0.002)	(0.002)	(0.002)	(0.002)	(0.002)	(0.002)	(0.000)

129

续表

变量	（1）	（2）	（3）	（4）	（5）	（6）	（7）	（8）	（9）
人口密度			-0.001*** (0.000)	-0.001*** (0.000)	-0.001*** (0.000)	-0.001*** (0.000)	-0.001*** (0.000)	-0.001*** (0.000)	-0.000*** (0.000)
城镇化			-0.005*** (0.001)	-0.004*** (0.001)	-0.004*** (0.001)	-0.004*** (0.001)	-0.004*** (0.001)	-0.004*** (0.001)	-0.001*** (0.000)
山地地形			0.111* (0.067)	0.093 (0.068)	0.073 (0.070)	0.070 (0.070)	0.023 (0.070)	0.022 (0.070)	0.005 (0.015)
常数项	-1.667*** (0.054)	-2.133*** (0.155)	-1.841*** (0.168)	-1.280*** (0.361)	-1.073*** (0.390)	-1.079*** (0.394)	-0.718* (0.386)	-0.752* (0.387)	
省份虚拟变量	未控制	已控制	已控制	已控制	已控制	已控制	已控制	已控制	已控制
Log pseudo likelihood	-26028.818	-25873.704	-25842.430	-24908.888	-24903.411	-24889.194	-24830.213	-24827.938	-24827.938
χ^2	111.543***	398.145***	570.467***	702.891***	710.730***	712.523***	881.867***	883.888***	883.888***
Wald χ^2	37.155***	16.542***	26.077***	17.401***	17.220***	17.174***	22.551***	22.405***	22.405***
样本量	4850	4850	4850	4850	4850	4850	4850	4850	4850

注：括号内为标准误差；* 表示在10%的水平上显著，** 表示在5%的水平上显著，*** 表示在1%的水平上显著。

略二，采用子样本进行 IV-Probit 模型回归，在总样本中按东部、中部、西部分区，各分区随机抽取一个省份参与回归；策略三，利用典型抽样数据进行上述回归，基于 2019 年在四川收集的典型抽样数据进行 IV-Probit 模型回归；策略四，利用 CHFS2015 数据进行上述回归①。上述稳健性检验策略是为了回应如下问题：①策略一和策略二是为了检验表 6-2 的估计结果是不是由于严格的约束条件偶然导致的；②CLDS2014 数据反映的是 2013 年的农户情况，策略三是为了检验表 6-2 的估计结果能不能适用于当下环境；③CLDS2014 数据主要是反映中国劳动力的迁移情况，策略四是为了检验表6-2的估计结果是不是由于特定数据库导致的。

表 6-3 报告了山丘区农户劳动力非农就业影响耕地抛荒行为的稳健性检验结果。在表 6-3 中，模型（1）基于 CLDS2014 数据，采用二阶段最小二乘法检验非农就业与耕地抛荒行为之间的关系；模型（2）基于 CLDS2014 数据随机抽取四川、湖南和福建三个省份数据并利用 IV-Probit 模型检验非农就业与耕地抛荒行为之间的关系；模型（3）基于 2019 年在四川抽样调查所获取的典型抽样数据并利用 IV-Probit 模型检验非农就业与耕地抛荒行为之间的关系；模型（4）基于 CHFS2015 数据并利用 IV-Probit 模型检验非农就业与耕地抛荒行为之间的关系。

由表 6-3 可知，利用 CLDS 数据通过变更估计方法和采用子样本回归，或者是采用 2019 年采集的典型抽样数据回归，或者是采用 CHFS2015 数据回归，在控制了人力资本变量、自然资本变量、金融资本变量、社会资本变量、物质资本变量、地理区位变量和省份虚拟变量（典型抽样数据中控制的是村庄虚拟变量）后，非农就业变量至少

---

① CHFS2015 数据是指西南财经大学中国家庭金融调查与研究中心于 2015 年在全国 29 个省份开展调查所获取的访谈数据。由于 CHFS 和 CLDS 的调查侧重点不同，所以本章节尽可能地选择了与主要回归中的变量相一致的处理办法来确保变量的含义是一致的。如果不同数据库，或者不同调查口径的调查数据，经过相似处理办法得到分析数据集，在相同计量回归手段下，估计结果的方向一致，且系数具有经济学意义，那表明主要回归结果是稳健的，而非特定数据集偶然导致的。此外，为了让估计结果更能集中反映问题，本研究并未列出具体控制变量及其含义。

在10%的水平上显著为正。表6-3的估计结果表明，表6-2的估计结果不是由于严格的约束条件偶然形成的，也不是由特定数据库的数据导致的，并且在当前的情境下仍然具有很强的解释力。所有稳健性检验策略的估计结果都支持"农户劳动力非农就业显著地促进了耕地抛荒行为的发生"。综合而言，表6-3的估计结果支持了表6-2的估计结果，进一步从耕地抛荒行为角度为H2提供了经验证据。

表6-3　山丘区农户劳动力非农就业影响耕地抛荒行为的稳健性检验结果

变量	（1）2SLS	（2）子样本	（3）典型抽样数据	（4）CHFS数据
非农就业	0.005***	0.021***	0.004*	0.005***
	（0.001）	（0.004）	（0.002）	（0.002）
人力资本变量	已控制	已控制	已控制	已控制
自然资本变量	已控制	已控制	已控制	已控制
金融资本变量	已控制	已控制	已控制	已控制
社会资本变量	已控制	已控制	已控制	已控制
物质资本变量	已控制	已控制	已控制	已控制
地理区位变量	已控制	已控制	已控制	已控制
省份虚拟变量	已控制	已控制	不适用	已控制
村庄虚拟变量	不适用	不适用	已控制	不适用
样本量	4850	1073	325	8171

注：括号内为标准误；*表示在10%的水平上显著，**表示在5%的水平上显著，***表示在1%的水平上显著；随机选取的子样本为四川（西部省份）、湖南（中部省份）和福建（东部省份）。

6.3.2　非农就业对山丘区农户耕地抛荒面积的影响

6.3.2.1　主要结果

表6-4报告了山丘区农户劳动力非农就业影响耕地抛荒面积的估计结果。为了考察核心解释变量非农就业对被解释变量耕地抛荒面积的定量影响，本研究采用逐步添加变量的方法。具体而言，在表6-4的模型（1）~（8）中，分别逐步引入了非农就业、省份虚拟、地理区

位、人力资本、自然资本、金融资本、社会资本和物质资本等变量，考虑到 IV-Tobit 模型为非线性模型，估计结果的系数无法解读为解释变量对被解释变量的定量影响，在模型（8）的估计结果基础上，本研究还估算了其边际效应模型（9）。在模型（1）~（8）中，Wald χ^2 检验值都在 1%的水平上显著，这表明该统计量显著不等于零。因此，在本研究讨论的情境下，模型（1）~（8）可以拒绝"非农就业为外生变量"的原假设，即可以认为非农就业是内生变量，IV-Tobit 模型估计的结果要比 Tobit 模型估计的结果更有效。

如表 6-4 所示，模型（1）~（8）中的非农就业变量均在 1%的水平上显著，且符号为正。这表明逐步加强约束条件时，非农就业变量对耕地抛荒面积变量的影响是稳定的，这也表明山丘区农户劳动力非农就业显著地增加了耕地抛荒面积。模型（9）中边际效应估计结果表明，在控制农户生计资本特征、区位特征后，山丘区农户非农就业比重每提高 1 个百分点，耕地抛荒面积将增加 0.5 个百分点。尽管这一数值是很小的，但是置于中国当下的现实情境是很有意义的。原因在于，山丘区农户规模比较小（一般构成为 2~3 个劳动力），当有一个劳动力参与非农就业时，即当山丘区农户每提高 33~50 个百分点的非农就业比例，耕地抛荒面积将增加 16.5~25 个百分点。综上所述，随着山丘区农户劳动力非农就业的比例逐渐上升，耕地抛荒面积将增加。表 6-4 的估计结果从耕地抛荒面积的角度为 H2 提供了经验证据。

此外，表 6-4 中模型（9）的边际效应估计结果表明，首先，人力资本相关变量中的家庭教育变量和家庭健康变量在减少耕地抛荒面积方面仍然发挥着一定的作用。由估计结果可知，山丘区农户拥有高中学历家庭成员的比例或拥有健康状态家庭成员的比例每提高 1 个百分点，耕地抛荒面积将减少 0.1 个百分点。其次，自然资本相关变量对耕地抛荒面积的影响并不显著，例如，土地确权并没有减少耕地抛荒面积。最后，社会资本相关变量对减少耕地抛荒面积有一定的作用，例如，土地流转变量在 1%的水平上显著为负，这表明相比于没有参与土地转出的

表 6-4 山丘区农户劳动力非农就业影响耕地抛荒面积的估计结果

变量	(1)	(2)	(3)	(4)	(5)	(6)	(7)	(8)	(9)
非农就业	0.063***	0.080***	0.106***	0.127***	0.127***	0.125***	0.132***	0.131***	0.005***
	(0.010)	(0.016)	(0.021)	(0.030)	(0.030)	(0.030)	(0.029)	(0.029)	(0.001)
年龄				−0.173**	−0.176**	−0.171**	−0.197***	−0.193**	−0.007***
				(0.078)	(0.078)	(0.077)	(0.075)	(0.075)	(0.003)
年龄的二次方				0.002***	0.002***	0.002***	0.002***	0.002***	0.000***
				(0.001)	(0.001)	(0.001)	(0.001)	(0.001)	(0.000)
性别				−0.610	−0.618	−0.595	−0.553	−0.540	−0.020
				(0.457)	(0.457)	(0.454)	(0.445)	(0.444)	(0.016)
健康				0.214	0.240	0.248	0.218	0.212	0.008
				(0.435)	(0.437)	(0.436)	(0.434)	(0.432)	(0.016)
教育				1.261**	1.256**	1.229**	1.154**	1.163**	0.043**
				(0.593)	(0.589)	(0.580)	(0.583)	(0.582)	(0.019)
职业				2.267**	2.268**	2.209**	2.180**	2.159**	0.080**
				(0.984)	(0.994)	(0.977)	(0.938)	(0.935)	(0.033)
家庭教育				−0.039***	−0.039***	−0.039***	−0.035***	−0.034***	−0.001***
				(0.011)	(0.011)	(0.011)	(0.011)	(0.011)	(0.000)
家庭健康				−0.029***	−0.030***	−0.030***	−0.029***	−0.028***	−0.001***
				(0.010)	(0.010)	(0.010)	(0.009)	(0.009)	(0.000)

续表

变量	(1)	(2)	(3)	(4)	(5)	(6)	(7)	(8)	(9)
家庭年龄				0.062**	0.062**	0.061**	0.058**	0.060***	0.002***
				(0.024)	(0.025)	(0.024)	(0.023)	(0.023)	(0.001)
老人务农				-2.363***	-2.344***	-2.296***	-2.500***	-2.529***	-0.093***
				(0.756)	(0.761)	(0.749)	(0.740)	(0.740)	(0.025)
子女务农				1.826**	1.802**	1.770**	1.966***	1.953***	0.072***
				(0.740)	(0.742)	(0.733)	(0.721)	(0.720)	(0.025)
土地面积					-0.473	-0.479	-0.139	-0.133	-0.005
					(0.343)	(0.331)	(0.304)	(0.301)	(0.011)
土地确权					0.298	0.296	0.200	0.202	0.007
					(0.282)	(0.280)	(0.277)	(0.276)	(0.010)
土壤质量					-0.024	-0.028	0.036	0.131	0.005
					(0.396)	(0.394)	(0.397)	(0.397)	(0.015)
土地灌溉					0.149	0.139	0.087	0.069	0.003
					(0.308)	(0.305)	(0.298)	(0.297)	(0.011)
家庭收入						0.018	0.010	0.017	0.001
						(0.042)	(0.041)	(0.042)	(0.002)
金融接入						-0.326	-0.326	-0.197	-0.007
						(0.973)	(0.932)	(0.952)	(0.035)

续表

变量	(1)	(2)	(3)	(4)	(5)	(6)	(7)	(8)	(9)
贷款						0.779	0.732	0.790	0.029
						(1.876)	(1.869)	(1.871)	(0.069)
借款						-0.608	-0.536	-0.566	-0.021
						(1.834)	(1.824)	(1.826)	(0.067)
礼金支出							0.039	0.036	0.001
							(0.085)	(0.086)	(0.003)
合作社							0.503	0.498	0.018
							(1.954)	(1.954)	(0.071)
互联网							0.318	0.369	0.014
							(0.341)	(0.345)	(0.013)
组织参与							-0.027**	-0.027**	-0.001**
							(0.013)	(0.013)	(0.000)
土地流转							-2.624***	-2.640***	-0.097***
							(0.383)	(0.384)	(0.010)
固定资产								-0.036	-0.001
								(0.026)	(0.001)
集镇距离			0.007	0.003	0.005	0.005	0.003	0.003	0.000
			(0.012)	(0.012)	(0.012)	(0.012)	(0.012)	(0.012)	(0.000)

续表

变量	（1）	（2）	（3）	（4）	（5）	（6）	（7）	（8）	（9）
人口密度			−0.006***	−0.005***	−0.006***	−0.006***	−0.005***	−0.005***	−0.000***
			(0.001)	(0.001)	(0.001)	(0.001)	(0.001)	(0.001)	(0.000)
城镇化			−0.023***	−0.021***	−0.021***	−0.021***	−0.021***	−0.021***	−0.001***
			(0.007)	(0.007)	(0.007)	(0.007)	(0.007)	(0.007)	(0.000)
山地地形			0.412	0.333	0.304	0.318	0.052	0.046	0.002
			(0.351)	(0.357)	(0.368)	(0.371)	(0.371)	(0.370)	(0.014)
常数项	−9.528***	−12.775***	−11.845***	−8.989***	−7.772***	−7.890***	−6.243**	−6.452**	
	(1.239)	(1.992)	(1.933)	(2.582)	(2.641)	(2.665)	(2.635)	(2.647)	
省份虚拟变量	未控制	已控制	已控制	已控制	已控制	已控制	已控制	已控制	已控制
Log pseudo likelihood	−27434.187	−27271.666	−27246.036	−26310.925	−26306.250	−26289.639	−26234.199	−26231.288	−26231.288
χ^2	43.516***	203.674***	203.912***	229.408***	236.789***	248.580***	273.153***	275.269***	275.269***
Wald χ^2	22.642***	14.739***	18.865***	14.097***	14.039***	14.054***	16.695***	16.645***	16.645***
样本量	4850	4850	4850	4850	4850	4850	4850	4850	4850

注：括号内为标准误；*表示在10%的水平上显著，**表示在5%的水平上显著，***表示在1%的水平上显著。

农户而言，参与土地转出的农户的耕地抛荒面积更少；组织参与变量在5%的水平上显著为负，这表明随着家庭成员中党员比例的提高，耕地抛荒的面积会下降。

6.3.2.2 稳健性检验

上文采用逐步引入变量方法，估计结果表明非农就业均在1%的水平上显著地增加山丘区农户耕地抛荒的面积，同时表明这一估计结果具有一定的稳健性。为了进一步确保山丘区农户劳动力非农就业影响耕地抛荒面积的估计结果是稳健的，与前文检验非农就业影响耕地抛荒行为的稳健性检验相似[1]，本研究还将进行如下的稳健性检验：策略一，变更估计方法，将 IV-Tobit 模型变更为二阶段最小二乘法（2SLS）；策略二，采用子样本进行 IV-Tobit 模型回归，在总样本中按东部、中部、西部分区，各分区随机抽取一个省份参与回归；策略三，变更被解释变量，将被解释变量替换成耕地抛荒比例（耕地抛荒面积占家庭承包耕地总面积的比例），并采用 IV-Tobit 模型进行回归；策略四，利用典型抽样数据进行上述回归，基于2019年在四川收集的典型抽样数据采用 IV-Tobit 模型进行回归。上述稳健性检验策略是为了回应如下问题：①策略一和策略二是为了检验表6-4的估计结果是不是由于严格的约束条件偶然导致的；②策略三是为了检验表6-4的估计结果是不是由于被解释变量的测量方式不同偶然导致的；③CLDS2014 数据反映的是2013年农户的情况，策略四是为了检验表6-4的估计结果能不能适用于当下环境。

表6-5报告了山丘区农户劳动力非农就业影响耕地抛荒面积的稳健性检验结果。在表6-5中，模型（1）基于 CLDS2014 数据并采用二阶段最小二乘法检验非农就业与耕地抛荒面积之间的关系；模型（2）

---

[1] 与表6-3的检验略有不同的是，表6-5的检验没有采用 CHFS2015 数据进行回归，原因在于 CHFS2015 数据仅提供了家庭承包耕地中最大地块的耕地利用详细情况，这一信息能够反映家庭耕地抛荒行为，但以这一信息提取家庭总体耕地抛荒情况，将造成较大的偏差，从而影响估计结果。因此，表6-5没有采用 CHFS2015 数据进行稳健性检验。

6 非农就业与山丘区农户耕地抛荒

基于CLDS2014数据随机抽取四川、湖南和福建三个省份数据并利用IV-Tobit模型检验非农就业与耕地抛荒面积之间的关系；模型（3）基于CLDS2014数据将被解释变量由耕地抛荒面积变更为耕地抛荒比例，采用IV-Tobit模型检验非农就业与耕地抛荒比例之间的关系；模型（4）基于2019年在四川抽样调查所获取的典型抽样数据并利用IV-Tobit模型检验非农就业与耕地抛荒面积之间的关系。

表6-5 山丘区农户劳动力非农就业影响耕地抛荒面积的稳健性检验结果

变量	（1）2SLS	（2）子样本	（3）耕地抛荒比例	（4）典型抽样数据
非农就业	0.015***	0.059***	3.443***	0.018*
	(0.003)	(0.017)	(0.666)	(0.010)
人力资本变量	已控制	已控制	已控制	已控制
自然资本变量	已控制	已控制	已控制	已控制
金融资本变量	已控制	已控制	已控制	已控制
社会资本变量	已控制	已控制	已控制	已控制
物质资本变量	已控制	已控制	已控制	已控制
地理区位变量	已控制	已控制	已控制	已控制
省份虚拟变量	已控制	已控制	已控制	不适用
村庄虚拟变量	不适用	不适用	不适用	已控制
样本量	4850	1073	4850	325

注：括号内为标准误；* 表示在10%的水平上显著，** 表示在5%的水平上显著，*** 表示在1%的水平上显著；随机选取的子样本为四川（西部省份）、湖南（中部省份）和福建（东部省份）。

由表6-5可知，利用CLDS数据通过变更估计方法、采用子样本回归以及变更被解释变量的度量方式，或者是采用2019年采集的典型抽样数据回归，在控制了人力资本变量、自然资本变量、金融资本变量、社会资本变量、物质资本变量、地理区位变量和省份虚拟变量（典型抽样数据中控制的是村庄虚拟变量）后，非农就业变量至少在10%的水平上显著为正。表6-5的估计结果表明，表6-4的估计结果不是由于严格的约束条件偶然形成的，也不是由被解释变量的度量方式不同而偶然导致的，并且在当前的情境下仍然具有很强的解释力。所有稳健性检验策略的估计结果都支持"劳动力非农就业显著地增加了山丘区农户耕地抛荒的面积"。综合而言，表6-5的估计结果支持了表6-4的估计结果，进一步从耕地抛荒面积角度为H2提供了经验证据。

6.3.3 非农就业对山丘区农户耕地抛荒的影响机制的实证分析

表6-2和表6-4的估计结果表明，山丘区农户劳动力非农就业将显著地提高耕地抛荒行为发生率和耕地抛荒面积，即非农就业显著地促进了山丘区农户抛荒耕地。然而，山丘区农户劳动力非农就业影响耕地抛荒的机制尚不清楚，以往研究认为非农就业主要通过收入效应影响农业生产。因此，本研究考虑非农就业的收入效应是否通过作用于资产配置而影响耕地抛荒。具体而言，本研究采用如下思路。一是，以房屋、汽车等表征非农固定资产，探索非农就业的收入效应是否通过影响非农固定资产配置积极影响耕地抛荒，即，如果非农就业能够显著正向地提高非农固定资产价值，那么非农就业所获得的收入将主要用于配置房屋等非农固定资产，这表现为劳动力非农就业将促进耕地抛荒；二是，以牲畜、农业机械表征农业固定资产，探索非农就业的收入效应是否通过影响农业固定资产配置负面影响耕地抛荒，即，如果非农就业能够显著正向地提高农业固定资产价值，那么非农就业所获得的收入将主要用于配置牲畜、农业机械等农业固定资产，这表现为劳动力非农就业将减少耕地抛荒。因此，本研究分别讨论山丘区农户劳动力非农就业对人均非农固定资产和人均农业固定资产的影响。

表6-6报告了山丘区农户劳动力非农就业对耕地抛荒的影响机制的估计结果。表6-6中，模型（1）中的被解释变量为山丘区农户人均非农固定资产；模型（2）中的被解释变量为山丘区农户人均农业固定资产。在回归时除考虑核心解释变量非农就业外，还引入了人力资本变量、自然资本变量、金融资本变量、社会资本变量、地理区位变量和省份虚拟变量。同时，考虑到非农就业为内生变量，回归采用二阶段最小二乘法进行。表6-6的结果显示，在控制了其他变量后，在模型（1）

中非农就业变量的系数为正,且在1%的水平上显著;在模型(2)中非农就业变量的系数为负,且在10%的水平上显著。这表明,山丘区农户劳动力非农就业带来的收入增长主要用于购置非农固定资产,而不是用于购置农业固定资产。表6-6的估计结果为H3和H4提供了经验证据。这也意味着,山丘区农户实现非农就业后降低了对农业生产投资的积极性,非农就业减少的劳动力无法通过投资农业机械等劳动力替代要素而得到替代,最终导致耕地被抛荒。

表6-6 山丘区农户劳动力非农就业对耕地抛荒的影响机制的估计结果

变量	(1)人均非农固定资产	(2)人均农业固定资产
非农就业	0.012***	-0.003*
	(0.003)	(0.002)
年龄	0.031***	0.015***
	(0.010)	(0.006)
年龄的二次方	-0.000***	-0.000***
	(0.000)	(0.000)
性别	-0.099*	0.209***
	(0.057)	(0.037)
健康	0.045	-0.029
	(0.048)	(0.028)
教育	0.107*	0.008
	(0.055)	(0.037)
职业	0.436***	0.033
	(0.108)	(0.062)
家庭教育	0.000	-0.001
	(0.001)	(0.001)
家庭健康	-0.001	0.002**
	(0.001)	(0.001)
家庭年龄	0.016***	-0.004***
	(0.003)	(0.002)
老人务农	-0.372***	0.098**
	(0.077)	(0.044)
子女务农	0.153**	0.019
	(0.077)	(0.046)

续表

变量	（1）人均非农固定资产	（2）人均农业固定资产
土地面积	-0.015	0.014
	(0.033)	(0.027)
土地确权	0.030	-0.024
	(0.032)	(0.020)
土壤质量	0.128**	-0.139***
	(0.053)	(0.031)
土地灌溉	-0.072**	0.031
	(0.035)	(0.021)
家庭收入	0.029***	0.005*
	(0.005)	(0.003)
金融接入	0.199	0.061
	(0.171)	(0.063)
贷款	0.292	-0.116
	(0.197)	(0.098)
借款	-0.130	0.089
	(0.192)	(0.095)
礼金支出	-0.025*	-0.023***
	(0.014)	(0.006)
合作社	0.010	0.153*
	(0.110)	(0.089)
互联网	0.329***	-0.030
	(0.039)	(0.023)
组织参与	0.002	0.000
	(0.001)	(0.001)
土地流转	-0.174***	-0.160***
	(0.033)	(0.022)
集镇距离	0.003**	0.003***
	(0.001)	(0.001)
人口密度	-0.000	-0.000***
	(0.000)	(0.000)
城镇化	-0.001	0.000
	(0.001)	(0.000)
山地地形	0.006	-0.079***
	(0.043)	(0.030)

续表

变量	(1)人均非农固定资产	(2)人均农业固定资产
常数项	-0.754***	-0.598***
	(0.248)	(0.164)
省份虚拟变量	已控制	已控制
Log pseudo likelihood	-29330.548	-24750.281
χ^2	727.975***	463.954***
Wald χ^2	16.736***	3.065**
样本量	4850	4850

注：括号内为标准误；* 表示在10%的水平上显著，** 表示在5%的水平上显著，*** 表示在1%的水平上显著。

6.4 非农就业影响山丘区农户耕地抛荒的讨论分析

利用中山大学社会科学调查中心提供的 CLDS2014 数据，在可持续生计框架下耦合新劳动力迁移经济学理论，本章回答了中国山丘区农户劳动力非农就业是否影响以及如何影响耕地抛荒。相比于已有研究，本章的边际贡献在于：一是从空间分布视角，探索分析了山丘区农户劳动力非农就业与耕地抛荒的省域集聚特征；二是采用计量经济学模型揭示了非农就业对耕地抛荒的定量影响，尤其是关注了山丘区这一特殊区域农户劳动力非农就业对耕地抛荒的定量影响及影响机制。本章研究的结论可以为山丘区劳动力资源和土地资源的合理配置及保障粮食安全等相关政策的制定提供参考依据。

首先，本章的实证结果支持了假设 H2 "随着农户劳动力非农就业比例的上升，耕地抛荒行为发生概率及耕地抛荒面积也将随之上升"，这一结论对于理解发展中国家劳动力资源配置与土地资源配置的关系至关重要。具体而言，本章的实证结果显示山丘区农户劳动力非农就业将提高耕地抛荒行为的发生率和耕地抛荒规模。这一发现将新劳动力迁移经济学理论具体化，根据新劳动力迁移经济学理论，家庭劳动力非农就业是对家庭劳动力资源的再配置，在家庭劳动力资源得到重新配置时，土地资源也会得到重新配置（Carter & Yao，2002；钱龙，2017）。因此，家庭劳动力资源的配置与土地资源的配置密切相关（Arthi & Fenske，2016；Xu et al.，2019c）。换言之，本章的实证结果表明山丘区农户劳动力资源非农化配置后，家庭可能倾向于抛荒耕地。这一发现与已有研究的结论相似，如Gartaula等（2012）、钱龙（2017）发现农户劳动力非农就业会对传统耕作模式产生负面影响。这一发现也得到了2019年典型抽样数据和CHFS2015数据的支持。

尽管在欧美发达国家，耕地抛荒存在一定的好处，如山丘区耕地抛荒后能够促进植被恢复和减少土壤侵蚀（García-Ruiz & Lana-Renault，2011；Cerdà et al.，2019），抛荒部分耕地也能促使农户将有限的生产资料集中到条件相对较好的土地上去，进而提高土地生产率（Li & Li，2017），然而对于发展中国家而言，耕地抛荒可能无益于解决粮食安全问题。21世纪，人类面临的最大挑战是为近100亿人口提供充足的食物（Ward & Pulido-Velazquez，2008）。

在人类历史上，极端的粮食安全危机（饥荒）给人们造成了深重的灾难，并留下了难以磨灭的记忆。实际上，时至今日粮食短缺和营养不良离我们并不遥远（Fan，2018）。据统计，2017年，世界上仍有51个国家近1.24亿人面临严重的粮食不安全或者更严重的危机（FSIN，2018）。EIU（2018）报告称全球粮食安全指数2018年的均值为58.36，其中，53.10%（60/113）的国家的粮食安全指数低于60。土地利用方式在解决粮食安全问题中作用明显（Li et al.，2018b；Deng et al.，2019）。有效利用土地资源避免耕地抛荒，或许有助于解决发展中国家面临的粮食不安全难题，也有助于应对人口不断增加导致的世界粮食安全挑战。本章的实证结果表明，劳动力非农就业促使山丘区农户耕地抛荒，未来则可以进一步从劳动力资源配置视角入手，尽可能地减少山丘区耕地抛荒。

其次，本章的实证结果支持了假设H3"在山丘区，非农就业对农业投资的影响为负"和H4"在山丘区,非农就业对非农投资的影响为正",这有助于进一步理解发展中国家劳动力资源配置如何影响土地资源配置。具体而言,本章实证结果发现,山丘区农户劳动力非农就业显著地提高了非农固定资产、减少了农业固定资产。这一结果表明,农户的农业生产活动因劳动力非农就业而出现劳动力短缺,同时,非农就业带来的收入增长并没有用于农业投资,农业生产中短缺的劳动力无法得到有效替代,最终,农地经营规模收缩,出现耕地抛荒现象。总之,本章的实证结果发现山丘区农户劳动力非农就业带来的收入增长并没有用于农业生产,而主要被用于购置非农资产。这一发现与以往研究中国农村劳动力迁移如何影响农业投资的文献的结论存在一些差异。一方面,本章的实证结果支持了"非农就业增加的收入主要用于非农业投资,这可能降低土地利用效率"的观点。De Brauw & Rozelle(2008)、Zhu等(2014)、王子成和郭沐蓉(2015)、温兴祥(2019)等研究发现中国农户劳动力非农就业带来的收入效应主要体现为非农资产的增加,进一步地,Qian等(2016)、吕新业和胡向东(2017)、柳建平等(2018)等研究指出非农就业降低了农户经营农业的积极性。另一方面,本章的实证结果也与"非农就业增加的收入被用于农业生产投资,这可能提高土地利用效率,从而减少耕地抛荒"的观点不同。Zhao(2002)、De Janvry等(2005)、纪月清和钟甫宁(2013)、苏卫良等(2016)、钟甫宁等(2016)的研究表明非农就业的收入效应会通过增加农机投资或者购买更多农机服务来减少农业生产劳动力短缺的负面效应,从而维持农业生产经营。然而,中国山丘区面积约占陆地面积的70%(Xu et al., 2015b; Xu et al., 2017a; Xu et al., 2017b),且山丘区基础设施远不及平原区(Xu et al., 2019c),机械化水平较低(张艳虹,2017),非农就业增加的收入无法有效地购买农机或农机服务从而替代非农就业流失的劳动力,而是更多地被用于非农消费。因此,非农就业导致的劳动力流失对于山丘区农户的负面影响更为严重(Pan et al., 2018),这将导致土地利用效率下降(Luo et al., 2019),从而引发耕地抛荒。这一发现或许有助于未来发展中国家在构筑农业可持续发展经营体系时，关注劳动力非农就业的作用，引导非农就业带来的收入效应更多地惠及农业生产。

此外，本章的实证回归是在可持续生计框架分析范式下进行的，由可持续生计框架选取的控制变量，对山丘区农户耕地抛荒的影响值得关注。一是，人力资本代理变量中的家庭健康有助于减少耕地抛荒。家庭健康影响人力资本积累（Xu et al.，2019b），人力资本直接关乎家庭可持续发展。家庭健康还会影响农业模式升级和农业技术采纳（Ersado et al.，2004；Asenso-Okyere et al.，2009），这将直接影响农业生产。"家庭越健康，耕地少抛荒"，这也印证了中国政府提出的"健康中国"的重要性[1]。二是，社会资本代理变量中的土地流转有助于减少耕地抛荒。尽管目前土地流转在农村地区的比例仍然不高[2]，但不能忽视土地流转对于减少耕地抛荒的积极作用。持续推进建立并完善农村要素市场，促进土地流转的政策力度应当进一步加大。三是，提高党员比例有助于减少耕地抛荒。这表明农村基层党组织在乡村发展中的各个方面都发挥着积极作用，未来可以继续加强农村基层党组织的堡垒作用，减少耕地抛荒。四是，自然资本代理变量中的土地确权对耕地抛荒的影响不明显。这与罗明忠等（2017）、郑沃林和罗必良（2019）的研究结论有些不同，他们认为土地确权能够显著地减少耕地抛荒。这可能是因为土地确权在山丘区并没有发挥其优势，反而可能增强农户的"禀赋效应"（Thaler，1980），从而不利于通过加快土地流转来减少耕地抛荒。

6.5 本章小结

本章利用中山大学社会科学调查中心提供的 CLDS2014 数据，在

---

[1] 2019 年 7 月，国务院成立健康中国行动推进委员会，负责统筹推进《健康中国行动（2019—2030 年）》的组织实施、监测和考核相关工作，旨在提高全民健康水平。
[2] 《中国农村经营管理统计年报（2017 年）》显示，2017 年全国农户承包经营的耕地中参与流转的比例仅为 36.98%。

可持续生计框架下耦合新劳动力迁移经济学理论，定量回答了中国山丘区农户劳动力非农就业是否影响以及如何影响耕地抛荒等问题。本章发现：(1) 从空间分布角度出发，山丘区农户劳动力非农就业与耕地抛荒之间存在相似的集聚趋势，具体地，以CLDS2014数据提取省域非农就业和耕地抛荒数据，结合地理信息系统软件，发现非农就业程度较高的省份也是耕地抛荒较为严重的省份；(2) 从计量实证角度出发，山丘区农户劳动力非农就业显著地促进了耕地抛荒；(3) 关于非农就业影响耕地抛荒的机制分析指出，可能是由于非农就业带来的收入增长主要被用于购置非农固定资产而不是农业固定资产，非农就业导致的农业生产劳动力的短缺无法得到有效弥补，从而引发耕地抛荒；(4) 基于可持续生计框架选取的控制变量显示，人力资本代理变量中的家庭健康、社会资本代理变量中的土地流转与党员比例有助于减少耕地抛荒，自然资本代理变量中的土地确权对耕地抛荒的影响不明显。

上述发现有一定的政策启示。中国政府正在推动乡村振兴战略，"人、地、钱"是该战略的主线（罗必良，2017；郭晓鸣等，2018）。本章发现山丘区农户劳动力非农就业显著地促进了耕地抛荒。劳动力作为乡村振兴战略中"人"这一要素的重要代表，耕地作为乡村振兴战略中"地"这一要素的重要代表，"人"的有效配置却不利于"地"的有效配置，这可能不利于顺利推进乡村振兴战略。本章也发现非农就业促进耕地抛荒的机制是由于非农就业收入主要用于购置非农固定资产而不是农业固定资产。因此，未来政策在平衡要素配置时，应当注重引导山丘区农户将非农就业收入应用于购置农业资产，以缓解农业生产劳动力的短缺。此外，家庭健康、土地流转和党员比例变量有助于减少耕地抛荒，所以未来政策应当加强对农村地区居民健康状况的关注，建立和完善要素市场，同时利用好农村基层党组织这一重要载体推动农村耕地资源得到有效利用。

7 非农就业、滑坡灾害与山丘区农户耕地抛荒

7.1 非农就业、滑坡灾害影响山丘区农户耕地抛荒的背景分析

灾害的发生与气候变化关系密切（Carleton & Hsiang，2016；Alvioli et al.，2018）。气候变化引起了诸多极端天气事件（National Academies of Sciences & Medicine，2016），这些极端天气事件导致了一系列的灾害（Hore et al.，2018）。特别是，在山区，由于降雨增多导致滑坡灾害频发（Alvioli et al.，2018），对居民的生命和财产安全构成了巨大的威胁（Conforti et al.，2014；Mertens et al.，2016；Li et al.，2017a；Chuang & Shiu，2018；Xu et al.，2018b）。据统计，1990~2005年，滑坡灾害发生次数占全球灾害发生总次数的4.8%（Conforti et al.，2014）；2004~2010年，全球发生山体滑坡2620起，至少造成了32322人死亡（Petley，2012）。然而，尽管山体滑坡每年影响着全世界数百万人，但是有关滑坡灾害影响的理论和实证研究仍然很少（Mertens et al.，2016）。

与此同时，随着经济社会的发展，世界范围内出现了大量的耕地抛荒现象（Levers et al.，2018b）。据统计，20世纪以来，全球抛荒的耕地面积大约为385万~472万平方千米（Campbell et al.，2008）。耕地抛荒对生态环境的影响是混合的。一方面，长期的耕地抛荒有利于生物多样

性恢复（Aide & Grau，2004；Ceauşu et al.，2015）。另一方面，短期的耕地抛荒引起了诸多负面影响（Stanchi et al.，2012；Müller et al.，2013；Beilin et al.，2014）。具体而言，骤然的耕地抛荒导致了水土流失（Stanchi et al.，2012）；耕地抛荒短期内减少了农业文化景观（Müller et al.，2013；Beilin et al.，2014）。更为重要的是，耕地抛荒意味着土地使用强度下降（MacDonald et al.，2000），这对保障全球粮食安全提出了新的挑战。然而，目前有关耕地抛荒的研究多集中在经济发达国家（Beilin et al.，2014；Estel et al.，2015；Plieninger et al.，2016），学者对于中国这类经济快速发展、耕地抛荒现象日益严重的发展中国家还关注较少（Li & Li，2017）。

在中国，山区已成为滑坡灾害和耕地抛荒的叠加区。中国是一个山地大国，山地面积约占国土面积的70%，山区也是自然灾害的主要发生场所（Alvioli et al.，2018；Peng et al.，2018；Xu et al.，2018b）。许多山区聚落居民就居住在滑坡灾害威胁区内，他们饱受滑坡灾害的困扰（Peng et al.，2017；Xu et al.，2017c）。据统计，2016年中国共发生滑坡灾害7403起，约占地质灾害总发生数的76.2%（MNRPRC，2017）。同时，中国山区农村也是耕地抛荒较为严重的区域。耕地抛荒源于农业劳动力短缺（Deng et al.，2018）。据统计，2014年，中国山区有约14.32%的耕地被抛荒（Li et al.，2017b）。事实上，土地利用类型与滑坡灾害分布的相关关系一直是农业经济学和地理学的研究热点。大量的研究表明土地利用变化是引起滑坡灾害的关键因素（Conforti et al.，2014；Lasanta et al.，2017；Li et al.，2017a；Persichillo et al.，2017；Pisano et al.，2017；Gariano et al.，2018；Luo & Liu，2018）。耕地是土地利用类型中最主要的人文景观（Shi et al.，2014），在短期内，抛荒耕地极易引发滑坡灾害（Pfeil-McCullough et al.，2015；Trigila et al.，2015；Persichillo et al.，2017；Pisano et al.，2017），同时滑坡灾害也极易毁坏基础设施，从而引发农户抛荒耕地。然而，少有研究基于农户数据定量辨识滑坡灾害对耕地抛荒的微观影响以及滑坡灾害如何影响耕地抛荒。

人地关系地域系统理论强调人与环境的相互影响与反馈（吴传钧，1991）。广义的环境不仅包括灾害等要素在内的自然环境，还包括城镇化等要素在内的社会环境。以往有关耕地抛荒的研究多强调社会环境变化对农户抛荒行为的影响。例如，东欧耕地抛荒的驱动因子是制度变革（Baumann et al., 2011）；澳大利亚、葡萄牙和瑞典耕地抛荒的驱动因子是社会经济发展（Beilin et al., 2014）。总的来说，技术、制度和经济等人文要素的变化促成了欧洲耕地抛荒的景观布局（Renwick et al., 2013; Jepsen et al., 2015; Li et al., 2018a）。然而，随着研究的深入，耕地抛荒受到的自然环境的影响也不应忽视（Cramer et al., 2008; Bindi & Olesen, 2011; Li et al., 2018a）。

社会环境因素影响农村耕地抛荒（如图7-1所示）。中国快速的城镇化推动了农村耕地抛荒（Long et al., 2016）。随着城市化的不断发展，在经济利益的驱使下，大量农村劳动力外出务工导致农业生产劳动力不足（Xu et al., 2015a），引发耕地抛荒。此外，位置也是影响耕地抛荒的社会环境因素之一（Müller et al., 2013; Prishchepov et al., 2013）。远离市场增加了生产成本，这将挤压农业净收益（Rudel & Fu, 1996; Lieskovsky et al., 2015）。对于东欧国家而言，耕地抛荒还与社会经济体制变革导致的农业政策调整或土地制度改革有关（Hölzel et al., 2002; Nikodemus et al., 2005; Kuemmerle et al., 2008; Alix-Garcia et al., 2012; Prishchepov et al., 2013）。

自然环境因素影响农村耕地抛荒（如图7-1所示）。由于地质结构的特殊性，山区是滑坡灾害的主要发生场所（Alvioli et al., 2018; Peng et al., 2018; Xu et al., 2018b）。山体滑坡是对山区农户生命财产安全造成威胁的最为普遍的自然灾害之一（Conforti et al., 2014）。山体滑坡导致水土流失（Panagos et al., 2018），同时，山体滑坡毁坏农田水利设施，增加了土地管理的难度（Warner et al., 2010; Piguet, 2013），直接引发农户抛荒耕地。山体滑坡还可能引发农户改变家庭劳动力资源配置，进而间接影响耕地抛荒。

7 非农就业、滑坡灾害与山丘区农户耕地抛荒

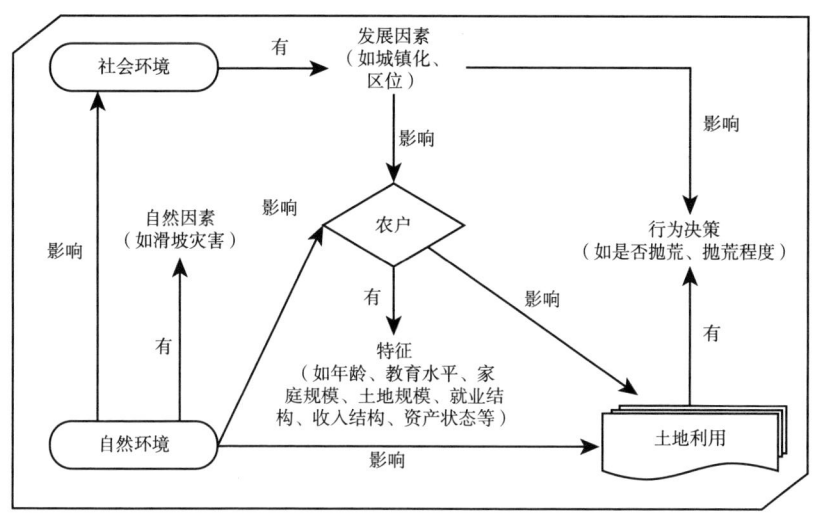

图 7-1 "环境→土地利用"的机理框架

在前面的章节，本研究分别单独检验了社会环境因素和自然环境因素对耕地抛荒的影响，本章节将社会环境因素和自然环境因素纳入同一分析框架，通过可持续生计框架耦合人地关系地域系统理论、新劳动力迁移经济学理论与马克思主义地租理论，讨论自然环境因素是否通过影响社会环境因素进而影响耕地抛荒。即，基于中介效应分析，深入揭示滑坡灾害、非农就业与山丘区农户耕地抛荒之间的内在关联，分析滑坡灾害是否通过影响非农就业进而影响耕地抛荒，从而探索减少山丘区耕地抛荒的有效路径。

7.2 非农就业、滑坡灾害影响山丘区农户耕地抛荒的实证策略

7.2.1 模型构建

前面章节讨论滑坡灾害、非农就业对耕地抛荒的影响时，已经分别构建相关的实证模型，本章节仍然采用二元 Probit/Ⅳ-Probit 模型和 Tobit/Ⅳ-

Tobit 模型分别讨论滑坡灾害与非农就业对耕地抛荒行为和耕地抛荒面积的影响。以上模型的构建过程，可以参见 5.2.1 和 6.2.1 的相关内容。

7.2.2 非农就业作为中介变量的机制分析

在第三章，本研究基于可持续生计框架，耦合人地关系地域系统理论、新劳动力迁移经济学理论与马克思主义地租理论，构建起"自然环境冲击差异→生计策略差异→耕地利用差异"的理论分析框架，从学科交叉视角将社会环境因素和自然环境因素引入同一分析框架，讨论遭受滑坡灾害农户的耕地抛荒行为的驱动机制。首先，当农户意识到灾害风险存在时，基于可持续生计的诉求，土地的社会保障功能被弱化。这源于当潜在的致灾事件演变成真实的灾害事件，农户的生命财产安全可能遭受威胁。依附土地而生有可能遭受巨大损失，所以农户对土地的控制欲望将发生变化。基于人地关系地域系统理论的观点，人与地原有的平衡可能发生改变。其次，当农户意识到灾害风险存在时，基于可持续生计的诉求，人地关系发生改变之后，农户会调整家庭劳动力资源配置，表现为劳动力非农就业。即，农户遭受滑坡灾害时，在新劳动力迁移经济学理论指导下，农户会通过非农就业获取非农收入来平滑风险。最后，滑坡灾害可能破坏农业基础设施和土地租赁市场，打破了既有人地关系的平衡，加速劳动外流，导致农业生产劳动力相对不足进而引发抛荒耕地（Xu et al., 2019a）。即，乡村地域系统在外力诱发下，乡村发展的人、地、钱等要素得到新的配置和管理（Long et al., 2016；Tu et al., 2018；龙花楼、屠爽爽，2018）。

在第五章和第六章，本研究分别探讨了滑坡灾害对耕地抛荒的影响和非农就业对耕地抛荒的影响。根据前文分析框架，本章将检验滑坡灾害是否通过影响家庭劳动力资源配置，进而影响耕地抛荒。基于此，本章将非农就业作为滑坡灾害影响耕地抛荒的中介变量，探索中介效应是否存在。借鉴 Judd & Kenny（1981）、Baron & Kenny（1986）和温忠麟等（2012）的研究，模型构建过程如图 7-2 所示。

7 非农就业、滑坡灾害与山丘区农户耕地抛荒

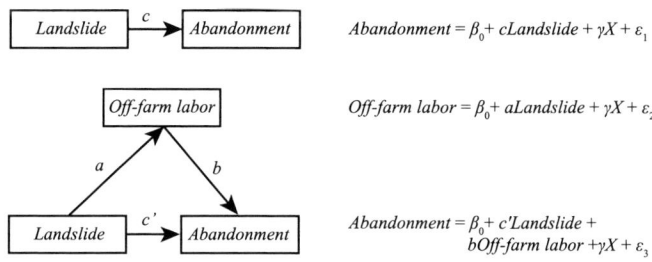

图 7-2 非农就业作为滑坡灾害影响耕地抛荒的中介变量示意图

为了检验非农就业是否起到了中介作用，常见的方法是依次检验图 7-2 中的回归系数（Judd & Kenny，1981；Baron & Kenny，1986）。即，部分中介时，图 7-2 中系数 a、b、c 都显著；完全中介时，图 7-2 中系数 a、b、c 都显著，且 c' 不显著。具体检验流程可以参考温忠麟等（2012）中的相关介绍。

7.2.3 变量选取

为了尽可能避免其他因素影响中介效应分析，本章参考可持续生计框架的核心内容，在实证模型中控制了人力资本变量（如年龄、性别、健康、教育等）、自然资本变量（土地面积、土地确权、土壤质量、土地灌溉）、金融资本变量（家庭收入、金融接入、贷款、借款）、社会资本变量（如礼金支出、合作社、互联网等）、物质资本变量（固定资产）。此外，为了进一步消除省份政策因素和地理区位导致的混淆影响，实证部分还将加入省份虚拟变量、集镇距离、人口密度、地形等变量。实证模型涉及的变量分类、名称及定义见表 7-1。

7.2.4 描述性统计及相关关系探索

基于 CLDS 提供的样本数据，利用 Python 3.7 绘制热力图，以揭示滑坡灾害、非农就业与山丘区农户耕地抛荒之间的皮尔逊相关关系。图 7-3（a）展示了滑坡灾害、劳动力非农就业与山丘区农户耕地抛荒行

表7-1 滑坡灾害影响耕地抛荒的中介效应分析模型变量定义及其描述性统计

变量类别	变量名称	定义	平均值	标准差
被解释变量	耕地抛荒行为	农户2013年是否存在抛荒耕地行为(1=是;0=否)	0.15	0.35
	耕地抛荒面积	农户2013年抛荒耕地的总面积(亩)	0.34	1.57
核心解释变量	滑坡灾害	农户所在村庄2012年及以前是否发生滑坡灾害(1=是;0=否)	0.31	0.46
中介变量	非农就业	农户中非农就业劳动力占总劳动力规模的比例(%)	51.52	37.84
人力资本变量	年龄	户主年龄(岁)	53.79	13.37
	性别	户主性别(1=男;0=女)	0.90	0.30
	健康	户主健康状态(1=处于一般及以上健康状态;0=否)	0.82	0.39
	教育	户主受教育程度(1=拥有高中及以上文凭;0=否)	0.11	0.31
	职业	户主职业状态(1=从事农业生产;0=否)	0.38	0.49
	家庭教育	家庭成员中拥有高中及以上文凭的比例(%)	13.29	20.38
	家庭健康	家庭成员中处于一般及以上健康状态的比例(%)	85.29	23.89
	家庭年龄	家庭成员的平均年龄(岁)	40.61	13.19
	老人务农	家庭中64岁及以上老人是否从事农业生产(1=是;0=否)	0.11	0.32
	子女务农	家庭中户主的子女是否从事农业生产(1=是;0=否)	0.08	0.27
自然资本变量	土地面积	家庭成员人均承包耕地面积(亩)	1.51	2.11
	土地确权	家庭承包耕地是否获得土地权证(1=是;0=否)	0.45	0.50
	土壤质量	家庭耕地整体质量自我评价(1=好;0=其他)	0.18	0.39
	土地灌溉	所在村庄是否提供灌溉服务(1=是;0=否)	0.43	0.49

7 非农就业、滑坡灾害与山丘区农户耕地抛荒

续表

变量类别	变量名称	定义	平均值	标准差
金融资本变量	家庭收入	家庭成员2013年的现金总收入（万元）	3.99	4.03
	金融接入	家庭是否持有债券、基金等金融产品的种类（个）	0.01	0.12
	贷款	家庭是否从银行等正规金融渠道获得资金（1=是；0=否）	0.07	0.26
	借款	家庭是否从亲朋好友等非正规金融渠道获得资金（1=是；0=否）	0.08	0.27
社会资本变量	礼金支出	家庭2013年礼金支出的数额（万元）	0.56	1.93
	合作社	家庭是否加入某一个农业合作社（1=是；0=否）	0.02	0.12
	互联网	家庭是否使用了互联网（1=是；0=否）	0.27	0.44
	组织参与	家庭成员中中国共产党党员的比例（%）	3.88	11.13
	土地流转	家庭2013年是否转出耕地（1=是；0=否）	0.68	0.47
物质资本变量	固定资产	家庭成员人均拥有的固定资产在2013年的价值总额（万元）	4.42	15.95
地理区位变量	集镇距离	家庭到最近的商业集镇的距离（千米）	8.69	10.81
	人口密度	所在村庄的人口密度（人／平方公里）	140.58	135.13
	城镇化	同一县内城市家庭样本规模占该县总样本的比例（%）	10.94	20.50
	丘陵地形	家庭所在村庄的地形是否为丘陵（1=是；0=否）	0.58	0.49
	山地地形	家庭所在村庄的地形是否为山地（1=是；0=否）	0.42	0.49

155

为之间的皮尔逊相关关系；图 7-3（b）展示了滑坡灾害、劳动力非农就业与山丘区农户耕地抛荒面积之间的皮尔逊相关关系。

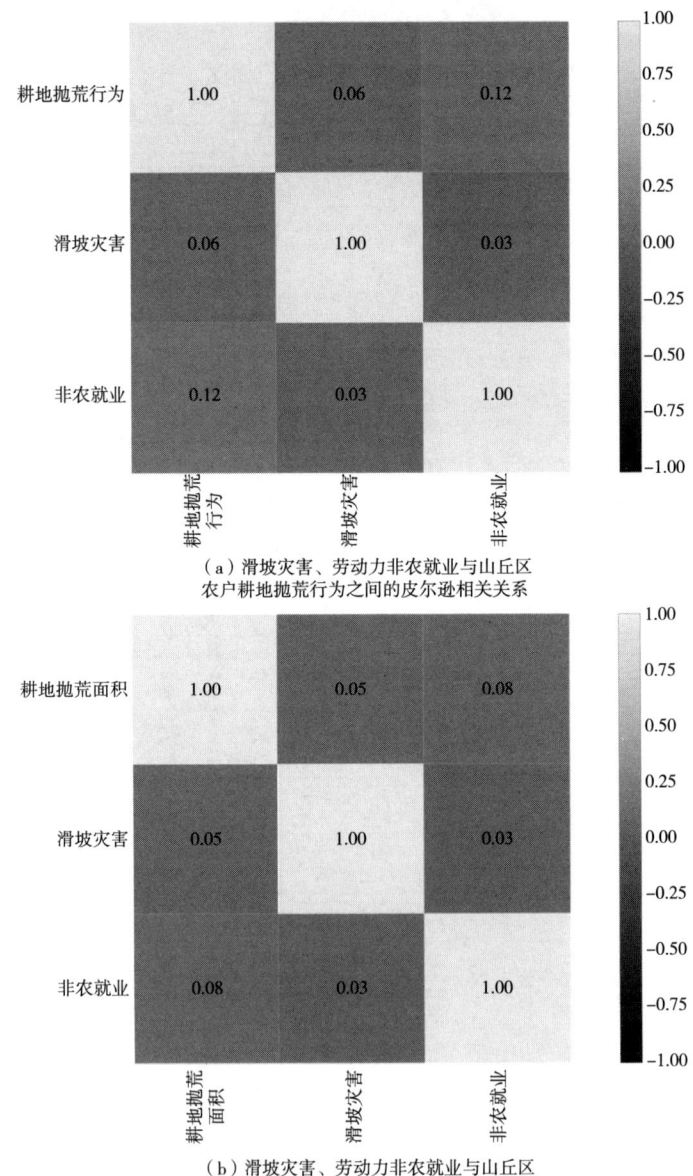

图 7-3 滑坡灾害、非农就业与山丘区农户耕地抛荒的相关性分析

7 非农就业、滑坡灾害与山丘区农户耕地抛荒

如图7-3(a)所示,滑坡灾害与劳动力非农就业的皮尔逊相关系数为0.03;滑坡灾害与耕地抛荒行为的皮尔逊相关系数为0.06;非农就业与耕地抛荒行为的皮尔逊相关系数为0.12。即,滑坡灾害可能直接影响山丘区农户耕地抛荒行为,也可能通过影响劳动力非农就业间接影响山丘区农户耕地抛荒行为。如图7-3(b)所示,滑坡灾害与劳动力非农就业的皮尔逊相关系数为0.03;滑坡灾害与耕地抛荒面积的皮尔逊相关系数为0.05;非农就业与耕地抛荒面积的皮尔逊相关系数为0.08。即,滑坡灾害可能直接影响山丘区农户耕地抛荒面积,也可能通过影响劳动力非农就业间接影响山丘区农户耕地抛荒面积。

综合而言,图7-3(a)和图7-3(b)的结果表明,滑坡灾害可能直接影响山丘区农户耕地抛荒行为和耕地抛荒面积,也可能通过影响劳动力非农就业间接影响山丘区农户耕地抛荒行为和耕地抛荒面积。即,劳动力非农就业可能是滑坡灾害影响山丘区农户耕地抛荒的中介变量。因此,皮尔逊相关性分析结果为检验滑坡灾害影响耕地抛荒的中介效应提供了一个参考。为了进一步厘清滑坡灾害影响耕地抛荒的机制,本章主要聚焦基于计量经济学模型的实证分析结果。

7.3 非农就业、滑坡灾害对山丘区农户耕地抛荒的影响

7.3.1 滑坡灾害与非农就业对山丘区农户耕地抛荒行为的影响

7.3.1.1 主要结果

根据图7-2的设定,表7-2报告了滑坡灾害与非农就业对山丘区农户耕地抛荒行为的定量影响的估计结果。模型(1)讨论的是滑坡灾害是否对耕地抛荒行为有直接影响,被解释变量为耕地抛荒行为,选用的模型为Probit模型;模型(2)讨论的是滑坡灾害是否影响非农就业,被解释变量以非农就业率衡量,选用的模型为OLS模型;模型

157

(3) 讨论的是滑坡灾害与非农就业共同对耕地抛荒行为的影响，被解释变量为耕地抛荒行为，选用的模型为 IV-Probit 模型。

根据表 7-2 的估计结果，在模型（1）中滑坡灾害变量显著正向地影响耕地抛荒行为，在模型（2）中滑坡灾害变量显著正向地影响非农就业；在模型（3）中，滑坡灾害变量和非农就业变量都显著正向地影响耕地抛荒行为。根据图 7-2 的设定，非农就业变量是滑坡灾害影响耕地抛荒的中介变量，且中介效应是部分中介。即，滑坡灾害不仅直接影响耕地抛荒行为，还会通过影响劳动力非农就业间接影响耕地抛荒行为。从耕地抛荒行为角度而言，H5 得到了实证结果的支持。

表 7-2 滑坡灾害与非农就业对山丘区农户耕地抛荒行为的
定量影响的估计结果

变量	（1）耕地抛荒行为	（2）非农就业	（3）耕地抛荒行为
滑坡灾害	0.225***	4.208**	0.161***
	(0.056)	(1.692)	(0.056)
非农就业			0.021***
			(0.003)
年龄	0.011	4.418***	-0.032***
	(0.011)	(0.425)	(0.012)
年龄的二次方	0.000	-0.036***	0.000***
	(0.000)	(0.004)	(0.000)
性别	0.039	12.656***	-0.112
	(0.081)	(2.879)	(0.080)
健康	-0.077	-6.665**	0.013
	(0.083)	(2.658)	(0.078)
教育	0.151*	-4.802*	0.205**
	(0.090)	(2.745)	(0.081)
职业	-0.523***	-54.546***	0.311**
	(0.060)	(1.902)	(0.149)
家庭教育	-0.002	0.336***	-0.006***
	(0.001)	(0.046)	(0.001)

续表

变量	(1)耕地抛荒行为	(2)非农就业	(3)耕地抛荒行为
家庭健康	-0.001	0.351***	-0.005***
	(0.001)	(0.049)	(0.001)
家庭年龄	-0.007***	-1.550***	0.010***
	(0.002)	(0.089)	(0.004)
老人务农	0.055	30.815***	-0.415***
	(0.082)	(2.849)	(0.106)
子女务农	-0.173*	-33.366***	0.306***
	(0.100)	(2.873)	(0.114)
土地面积	0.033	1.250	-0.011
	(0.069)	(2.279)	(0.057)
土地确权	0.089	0.899	0.068
	(0.054)	(1.637)	(0.051)
土壤质量	0.039	1.879	0.014
	(0.084)	(2.466)	(0.076)
土地灌溉	-0.027	2.883	-0.046
	(0.057)	(1.755)	(0.052)
家庭收入	0.013*	1.249***	-0.003
	(0.007)	(0.219)	(0.007)
金融接入	0.031	6.969	-0.040
	(0.218)	(4.791)	(0.191)
贷款	0.294	9.680	0.125
	(0.349)	(10.039)	(0.349)
借款	-0.243	-11.377	-0.050
	(0.337)	(9.668)	(0.339)
礼金支出	-0.007	-0.194	-0.005
	(0.013)	(0.441)	(0.012)
合作社	-0.140	1.447	-0.154
	(0.247)	(6.237)	(0.226)
互联网	0.018	-5.120***	0.086
	(0.063)	(1.846)	(0.058)
组织参与	-0.005**	0.074	-0.005**
	(0.002)	(0.075)	(0.002)
土地流转	-0.545***	2.692	-0.494***
	(0.055)	(1.776)	(0.057)

续表

变量	(1)耕地抛荒行为	(2)非农就业	(3)耕地抛荒行为
固定资产	-0.005	0.015	-0.005
	(0.004)	(0.040)	(0.004)
集镇距离	-0.003	-0.175**	-0.000
	(0.002)	(0.072)	(0.002)
人口密度	-0.001***	0.020***	-0.001***
	(0.000)	(0.007)	(0.000)
城镇化	-0.006***	-0.093**	-0.004***
	(0.001)	(0.041)	(0.001)
山地地形	0.030	2.427	-0.011
	(0.076)	(2.324)	(0.070)
常数项	-1.349***	-93.560***	-0.845**
	(0.418)	(13.978)	(0.394)
省份虚拟变量	已控制	已控制	已控制
Log pseudo likelihood	-1713.589	-12201.954	-24820.431
χ^2	494.216***		862.916***
F-value		33.723***	
Wald χ^2			19.376***
Pseudo R^2	0.149	0.095	
样本量	4850	4850	4850

注：括号内为稳健性标准误；*表示在10%的水平上显著，**表示在5%的水平上显著，***表示在1%的水平上显著。

7.3.1.2 稳健性检验

为了进一步确保表7-2的估计结果是稳健的，本节还采用两种策略来予以检验：策略一，采用子样本进行回归，在总样本中按东部、中部、西部分区，各分区内随机抽取一个省份参与回归；策略二，利用典型抽样数据进行上述回归。上述稳健性检验策略是为了回应如下问题：①策略一是为了检验表7-2的估计结果是不是由严格的约束条件偶然导致的；②CLDS2014数据反映的是2013年农户的情况，策略二是为了检验表7-2的估计结果能不能适用于当下环境。且CLDS2014数据在度量滑坡灾害时使用的是已发生的滑坡灾害数据，典型抽样数据度量滑坡

7 非农就业、滑坡灾害与山丘区农户耕地抛荒

灾害是用量表法提取农户的滑坡灾害风险认知水平,如果二者的结果一致,则表明灾害经历会通过认知起作用,进而使农户产生适应性行为。

表7-3报告了估计结果。在子样本回归中,模型设定与表7-2估计时一致,这里不再赘述;在典型抽样数据回归中,除控制村庄虚拟变量和将滑坡灾害变量换成滑坡灾害风险认知变量外,模型设定与表7-2估计时一致。由表7-3可知,采用子样本回归或典型抽样数据回归,在控制了人力资本变量、自然资本变量、金融资本变量、社会资本变量、物质资本变量、地理区位变量和省份虚拟变量(典型抽样数据中控制的是村庄虚拟变量)后,滑坡灾害变量依然显著正向地影响耕地抛荒行业或非农就业,同时,在模型(3)和模型(6)中非农就业变量也显著正向地影响耕地抛荒行为。这表明,非农就业仍然是滑坡灾害影响耕地抛荒行为的中介变量,且中介效应为部分中介。综合而言,表7-3的估计结果支持了表7-2的估计结果,进一步从耕地抛荒行为角度为H5提供了经验证据。

表7-3 稳健性检验(耕地抛荒行为)

变量	子样本			典型抽样数据		
	(1)耕地抛荒行为	(2)非农就业	(3)耕地抛荒行为	(4)耕地抛荒行为	(5)非农就业	(6)耕地抛荒行为
滑坡灾害	0.757***	7.684*	0.630***	2.018***	50.366*	1.897***
	(0.135)	(4.483)	(0.150)	(0.715)	(28.781)	(0.706)
非农就业			0.020***			0.007**
			(0.004)			(0.004)
人力资本变量	已控制	已控制	已控制	已控制	已控制	已控制
自然资本变量	已控制	已控制	已控制	已控制	已控制	已控制
金融资本变量	已控制	已控制	已控制	已控制	已控制	已控制
社会资本变量	已控制	已控制	已控制	已控制	已控制	已控制
物质资本变量	已控制	已控制	已控制	已控制	已控制	已控制
地理区位变量	已控制	已控制	已控制	已控制	已控制	已控制
省份虚拟变量	已控制	已控制	已控制	不适用	不适用	不适用
村庄虚拟变量	不适用	不适用	不适用	已控制	已控制	已控制
样本量	1087	1087	1087	325	325	325

注:括号内为稳健性标准误;* 表示在10%的水平上显著,** 表示在5%的水平上显著,*** 表示在1%的水平上显著。

7.3.2 滑坡灾害与非农就业对山丘区农户耕地抛荒面积的影响

7.3.2.1 主要结果

根据图7-2的设定，表7-4报告了滑坡灾害与非农就业对山丘区农户耕地抛荒面积的定量影响的估计结果。模型（1）讨论的是滑坡灾害是否对耕地抛荒规模有直接影响，被解释变量为耕地抛荒面积，选用的模型为Tobit模型；模型（2）讨论的是滑坡灾害是否影响非农就业，被解释变量以非农就业率衡量，选用的模型为OLS模型；模型（3）讨论的是滑坡灾害与非农就业共同对耕地抛荒面积的影响，被解释变量为耕地抛荒面积，选用的模型为IV-Tobit模型。

根据表7-4的估计结果，在模型（1）中滑坡灾害变量显著正向地影响耕地抛荒面积，在模型（2）中滑坡灾害变量显著正向地影响非农就业；在模型（3）中，滑坡灾害变量和非农就业变量都显著正向地影响耕地抛荒面积。根据图7-2的设定，非农就业变量是滑坡灾害影响耕地抛荒的中介变量，且中介效应是部分中介。即，滑坡灾害不仅直接影响耕地抛荒面积，还会通过影响劳动力非农就业间接影响耕地抛荒面积。从耕地抛荒面积角度而言，H5得到了实证结果的支持。

表7-4 滑坡灾害与非农就业对山丘区农户耕地抛荒面积的定量影响的估计结果

变量	（1）耕地抛荒面积	（2）非农就业	（3）耕地抛荒面积
滑坡灾害	1.122***	4.208**	0.242***
	(0.331)	(1.692)	(0.080)
非农就业			0.033***
			(0.007)
年龄	0.072	4.418***	-0.049**
	(0.058)	(0.425)	(0.021)
年龄的二次方	-0.000	-0.036***	0.001***
	(0.000)	(0.004)	(0.000)
性别	0.401	12.656***	-0.179
	(0.369)	(2.879)	(0.126)

7 非农就业、滑坡灾害与山丘区农户耕地抛荒

续表

变量	（1）耕地抛荒面积	（2）非农就业	（3）耕地抛荒面积
健康	−0.264	−6.665**	0.033
	(0.376)	(2.658)	(0.118)
教育	0.785	−4.802*	0.309**
	(0.538)	(2.745)	(0.125)
职业	−2.610***	−54.546***	0.507*
	(0.434)	(1.902)	(0.263)
家庭教育	−0.008	0.336***	−0.010***
	(0.007)	(0.046)	(0.002)
家庭健康	−0.003	0.351***	−0.008***
	(0.006)	(0.049)	(0.002)
家庭年龄	−0.043***	−1.550***	0.016**
	(0.012)	(0.089)	(0.006)
老人务农	0.314	30.815***	−0.637***
	(0.381)	(2.849)	(0.196)
子女务农	−0.899*	−33.366***	0.492**
	(0.491)	(2.873)	(0.198)
土地面积	0.153	1.250	−0.018
	(0.323)	(2.279)	(0.090)
土地确权	0.270	0.899	0.111
	(0.256)	(1.637)	(0.077)
土壤质量	0.190	1.879	0.031
	(0.368)	(2.466)	(0.119)
土地灌溉	0.201	2.883	−0.074
	(0.274)	(1.755)	(0.080)
家庭收入	0.101**	1.249***	−0.006
	(0.042)	(0.219)	(0.010)
金融接入	0.170	6.969	−0.060
	(0.955)	(4.791)	(0.289)
贷款	1.713	9.680	0.200
	(1.641)	(10.039)	(0.545)
借款	−1.636	−11.377	−0.075
	(1.605)	(9.668)	(0.531)
礼金支出	0.014	−0.194	−0.008
	(0.081)	(0.441)	(0.019)

163

续表

变量	(1)耕地抛荒面积	(2)非农就业	(3)耕地抛荒面积
合作社	0.603	1.447	-0.220
	(1.862)	(6.237)	(0.361)
互联网	-0.001	-5.120***	0.134
	(0.316)	(1.846)	(0.090)
组织参与	-0.026**	0.074	-0.007*
	(0.012)	(0.075)	(0.004)
土地流转	-2.536***	2.692	-0.753***
	(0.360)	(1.776)	(0.074)
固定资产	-0.032	0.015	-0.008
	(0.023)	(0.040)	(0.007)
集镇距离	-0.008	-0.175**	-0.001
	(0.011)	(0.072)	(0.003)
人口密度	-0.003***	0.020***	-0.001***
	(0.001)	(0.007)	(0.000)
城镇化	-0.026***	-0.093**	-0.007***
	(0.007)	(0.041)	(0.002)
山地地形	0.079	2.427	-0.026
	(0.334)	(2.324)	(0.109)
常数项	-8.928***	-93.560***	-1.374**
	(2.739)	(13.978)	(0.594)
省份虚拟变量	已控制	已控制	已控制
Log pseudo likelihood	-3115.927	-12201.954	-25432.596
χ^2			749.131***
F-value	6.361***	33.723***	
chi2_exog			16.320***
Pseudo R^2	0.087	0.095	
样本量	4850	4850	4850

注：括号内为稳健标准误；*表示在10%的水平上显著，**表示在5%的水平上显著，***表示在1%的水平上显著。

7.3.2.2 稳健性检验

为了进一步确保表 7-4 的估计结果是稳健的，本节也采用两种策略来予以检验：策略一，采用子样本进行回归，在总样本中按东部、中部、西部分区，各分区内随机抽取一个省份参与回归；策略二，利用典型抽样数据进行上述回归。上述稳健性检验策略是为了回应如下问题：①策略一是为了检验表7-4的估计结果是不是由严格的约束条件偶然导致的；②CLDS2014数据反映的是2013年农户的情况，策略二是为了检验表7-4的估计结果能不能适用于当下环境。且CLDS2014数据在度量滑坡灾害时采用的是已发生的滑坡灾害数据，典型抽样数据度量滑坡灾害是用量表法提取农户的滑坡灾害风险认知水平，如果二者的结果一致，则表明灾害经历会通过认知起作用，进而使农户产生适应性行为。

表7-5报告了估计结果。在子样本回归中，模型设定与表7-4估计时一致，这里不再赘述；在典型抽样数据回归中，除控制村庄虚拟变量和将滑坡灾害变量换成滑坡灾害风险认知变量外，模型设定与表7-4估计时一致。由表7-5可知，采用子样本回归或典型抽样数据回归，在控制了人力资本变量、自然资本变量、金融资本变量、社会资本变量、物质资本变量、地理区位变量和省份虚拟变量（典型抽样数据中控制的是村庄虚拟变量）后，滑坡灾害变量依然显著正向地影响耕地抛荒面积或非农就业，同时，在模型（3）和模型（6）中非农就业变量也显著正向地影响耕地抛荒面积。这表明，非农就业仍然是滑坡灾害影响耕地抛荒面积的中介变量，且中介效应为部分中介。综合而言，表7-5的估计结果支持了表7-4的估计结果，进一步从耕地抛荒面积角度为H5提供了经验证据。

表7-5 稳健性检验（耕地抛荒面积）

变量	子样本			典型抽样数据		
	（1）耕地抛荒面积	（2）非农就业	（3）耕地抛荒面积	（4）耕地抛荒面积	（5）非农就业	（6）耕地抛荒面积
滑坡灾害	2.064***	7.684*	0.783***	9.385***	50.366*	8.823***
	(0.072)	(4.483)	(0.158)	(3.389)	(28.781)	(3.194)
非农就业			0.028***			0.033**
			(0.008)			(0.015)

续表

变量	子样本			典型抽样数据		
	(1)耕地抛荒面积	(2)非农就业	(3)耕地抛荒面积	(4)耕地抛荒面积	(5)非农就业	(6)耕地抛荒面积
人力资本变量	已控制	已控制	已控制	已控制	已控制	已控制
自然资本变量	已控制	已控制	已控制	已控制	已控制	已控制
金融资本变量	已控制	已控制	已控制	已控制	已控制	已控制
社会资本变量	已控制	已控制	已控制	已控制	已控制	已控制
物质资本变量	已控制	已控制	已控制	已控制	已控制	已控制
地理区位变量	已控制	已控制	已控制	已控制	已控制	已控制
省份虚拟变量	已控制	已控制	已控制	不适用	不适用	不适用
村庄虚拟变量	不适用	不适用	不适用	已控制	已控制	已控制
样本量	1087	1087	1087	325	325	325

注：括号内为稳健标准误；* 表示在10%的水平上显著，** 表示在5%的水平上显著，*** 表示在1%的水平上显著。

7.4 非农就业、滑坡灾害影响山丘区农户耕地抛荒的讨论分析

利用中山大学社会科学调查中心提供的CLDS2014数据，在可持续生计框架下耦合人地关系地域系统理论、新劳动力迁移经济学理论与马克思主义地租理论，本章回答了滑坡灾害如何影响山丘区农户耕地抛荒。相比于已有研究，本章的边际贡献在于定量辨识了滑坡灾害影响山丘区农户耕地抛荒的机制，发现非农就业是滑坡灾害影响耕地抛荒的中介变量，且中介效应是部分中介。此外，本章的研究结论可以为政府出台有效管理滑坡灾害和盘活闲置农地资源方面的政策提供参考。

本章的实证结果支持了假设H5"非农就业在滑坡灾害影响山丘区农户耕地抛荒中具有正向中介作用"，这一结论对于分析发展中国家山丘区自然灾害驱动土地利用转型的机制十分重要。具体而言，本章的实证结果显示非农就业是滑坡灾害影响耕地抛荒的中介变量，且中介效应

7 非农就业、滑坡灾害与山丘区农户耕地抛荒

为部分中介。即，滑坡灾害不仅直接影响耕地抛荒，还通过影响劳动力资源配置间接影响耕地抛荒。这一发现支持了在可持续生计框架下，新劳动力迁移经济学理论、人地关系地域系统理论与马克思主义地租理论之间存在互动关系，表现为滑坡灾害作为一种外生冲击，可能毁坏农田水利等基础设施，增加山丘区农户的耕种成本，从而直接引发耕地抛荒；滑坡灾害经历也可能让农户为规避风险而重新配置家庭劳动力资源（从事非农生产），进而造成农业生产劳动力不足，从而间接引发耕地抛荒。

促进乡村发展是一个永恒的话题（Gary & John，2013）。山丘区农村不仅受到社会环境因素的影响，还受到自然环境的制约。本章将山丘区农户面临的社会环境因素和自然环境因素在可持续生计框架下耦合起来，同时分析它们对山丘区耕地抛荒的影响，这有助于进一步理解中国的乡土文化。中国的社会属性带有浓厚的乡土色彩（费孝通，2016），农户具有浓厚的恋土情结（Tuan，1979；Xu et al.，2018b），即便是面临灾害威胁也不愿搬迁，甚至存在"受灾→搬迁→回流→受灾"的现象（Long & Zou，2010）。对于山区农户而言，非农就业可能是农户平滑灾害风险的一种生计策略，由此导致的耕地抛荒可能根源于灾害威胁。本章的实证结果表明，中国山丘区可能存在"遭受滑坡灾害—劳动力迁移—耕地抛荒"的土地利用转型路径。同时，乡村振兴的主线是"人、地、钱"（罗必良，2017；郭晓鸣等，2018），本章发现的中国山丘区土地利用转型路径有助于揭示马克思主义地租理论中所指的"自然环境影响土地利用"的作用机制，也有助于从灾害管理视角推动山丘区乡村的振兴。

7.5 本章小结

利用中山大学社会科学调查中心提供的CLDS2014数据，在可持续生计框架下耦合人地关系地域系统理论、新劳动力迁移经济学理论与马

克思主义地租理论，本章回答了滑坡灾害如何影响山丘区农户耕地抛荒。本章发现：非农就业是滑坡灾害影响耕地抛荒的中介变量，且中介效应为部分中介。即，滑坡灾害不仅直接影响耕地抛荒，还通过影响劳动力资源配置间接影响耕地抛荒。

基于上述结果，本章也得到一些政策启示。"人、地、钱"是乡村振兴的主线（罗必良，2017；郭晓鸣等，2018）。然而，中国山丘区可能存在"遭受滑坡灾害—劳动力迁移—耕地抛荒"的土地利用转型路径。以往研究认为我们更应该关注社会环境因素对耕地利用的影响，本章的发现启示我们自然环境因素，尤其是来自自然的外生剧烈冲击，将对耕地利用产生深远影响。未来，推动山丘区乡村振兴应当着重考虑自然环境因素在其中的作用，减少环境负面因素对资源配置的影响。

8 "藏粮于地"背景下山丘区耕地抛荒的长效治理策略

8.1 山丘区耕地抛荒长效治理的逻辑起点

民以食为天，粮食安全问题始终是中国乃至世界上许多国家和地区面临的重要问题。在可预见的未来，耕地仍将是解决粮食安全问题的重要物质载体。在乡村加速重构的背景下，耕地利用转型也在快速进行中。特别是，耕地抛荒已然成为耕地利用转型中最为常见的现象。然而，耕地抛荒作为一种耕地资源闲置现象，对消灭饥饿、维护全球粮食安全提出了巨大的挑战。近年来，在社会经济与自然环境的双重压力下，山丘区农村耕地抛荒现象愈发明显，这无疑为应对全球粮食安全问题带来了新的压力。对于中国而言，作为全球最大的发展中国家，人地关系历来紧张，粮食安全始终是各级政府最为关心的民生话题，对此中国政府一直特别强调要护好群众的"米袋子"。然而，即便是粮食安全问题仍然严峻、人地关系向来紧张的中国，为什么也会出现大量的耕地抛荒呢？耕地利用中的"中国式悖论"的理论逻辑是什么？针对这些问题，摸清山丘区耕地抛荒的理论成因与驱动机理，并进行定量检验迫在眉睫。因此，本研究聚焦山丘区情境，主要回答了如下两个关键问题：①山丘区耕地抛荒现象引申的"中国式悖论"的理论逻辑是什么？②山丘区农户耕地抛荒的微观生成机理是什么以及如何定量检验？

针对第一个问题，本研究在马克思主义地租理论的框架下讨论了耕地利用的"中国式悖论"。首先,本研究分析了马克思主义地租理论的前提条件及其适用性;其次,本研究基于马克思主义地租理论的核心观点,并采用数理模型和经验数据模拟相结合的方式对山丘区耕地抛荒现象的形成给出了理论解释。针对第二个问题,本研究基于可持续生计框架搭建起"自然环境冲击→生计策略差异→耕地利用差异"的理论分析框架,耦合人地关系地域系统理论、新劳动力迁移经济学理论与马克思主义地租理论,遵循学科交叉研究范式探索山丘区农户耕地抛荒的微观生成机理。首先,本研究构建了农户行为的微观生成机理理论模型,以农户为实现家庭生计可持续为出发点,采用逻辑推演与数理推导相结合的方式对滑坡灾害与非农就业影响山丘区农户耕地抛荒的微观机理给出了理论解释;其次,本研究基于 CLDS2014 数据、CHFS2015 数据、2019 年四川典型抽样调查数据,从实证角度定量检验滑坡灾害与非农就业对山丘区农户耕地抛荒的影响是否符合理论逻辑。

综上所述,相比于以往研究,本研究的边际贡献在于以下几个方面。第一,相比大量聚焦土地确权及土地流转的研究,本研究聚焦山丘区农户耕地抛荒,进一步拓展了耕地利用的研究内容。耕地抛荒是当前山丘区农村耕地利用形态中较为普遍的一类,系统讨论山丘区农户耕地抛荒行为,有助于增进理解"如何有效盘活农村土地资源"的问题。第二,本研究探索性搭建耦合不同学科理论的农户耕地抛荒的微观生成机理的理论分析框架。从学科交叉研究范式下基于可持续生计框架耦合人地关系地域系统理论、新劳动力迁移经济学理论与马克思主义地租理论,提出"自然环境冲击差异→生计策略差异→耕地利用差异"的理论分析框架,是对马克思主义地租理论下的"自然环境→耕地利用"的驱动机制的具体阐释。因此,本研究从农户这一微观群体入手探索山丘区农户耕地抛荒的微观生成机理,这拓展了以往类似研究的分析框架。第三,采用 CLDS2014 数据、CHFS2015 数据及 2019 年四川典型抽样数据等多套不同维度数据,以山丘区农户为主要研究对象,从定量研究角度辨识滑坡灾害与非农就业对山丘区农户耕地抛荒的影响

8 "藏粮于地"背景下山丘区耕地抛荒的长效治理策略

及影响机制，对山丘区农户耕地抛荒的微观形成机理进行了定量检验。基于此，本研究得到如下主要研究结论。

（1）马克思主义地租理论揭示了山丘区耕地抛荒现象这一耕地利用的"中国式悖论"。根据马克思主义地租理论的级差地租Ⅰ，本研究的数理推导和经验数据模拟结果表明，在普遍情形下，山丘区农户相对于平原区农户所面临的生产条件更差，生产等量农产品所耗费的劳动更多，结合中国的社会主义市场经济体制，山丘区农户获得社会平均利润的可能性较低。此时，农户的最优策略是退出农业生产，或到平原区从事农业生产，由此，山丘区耕地被抛荒。这一理论解释也得到了现实考察结果的支持。本研究对比分析了平原区与山丘区耕地抛荒的差异，结果发现就农户耕地抛荒行为而言，山丘区农户较平原区农户高出7个百分点；就农户耕地抛荒面积而言，山丘区农户较平原区农户高出0.02亩。即，耕地抛荒最可能发生于生产条件相对于平原区较差的山丘区。

（2）以四川为例，2013~2018年，山丘区农户耕地抛荒的行为发生率在增长、抛荒规模在扩大及抛荒程度在加深。抽取CLDS2014数据中的四川样本表征四川2013年的情况，以2019年四川典型抽样数据表征四川2018年的情况。数据显示，2013~2018年，山丘区农户耕地抛荒行为发生率由21%上升至24%，耕地抛荒面积平均由0.41亩上升至0.77亩，耕地抛荒比例由12.11%上升至21.45%，且这些数据的均值差异除耕地抛荒行为发生率外均在1%的水平上显著。这表明，从行为发生率、规模及程度三个维度来看，2013~2018年，山丘区农户耕地抛荒现象愈发普遍。

（3）滑坡灾害显著正向影响山丘农户耕地抛荒。在本研究的第三章，基于可持续生计框架和人地关系地域系统理论的逻辑推演，本研究发现滑坡灾害正向影响山丘区农户耕地抛荒。本研究的第五章为这一影响机理提供了经验证据，在控制住农户生计资本特征、区位特征后，相比于那些没有经历滑坡灾害的农户而言，经历了滑坡灾害的农户的耕地抛荒发生率和耕地抛荒面积将分别提高 4.4 个百分点和 4.2 个百分点。即，相比于那些没有经历滑坡灾害的农户而言，经历了滑坡灾害的农户更倾向于抛荒耕地和提高抛荒面积。这一结论也得到了 OLS 回归、子样本回归和典型抽样数据回归等不同实证策略结果的支持。

（4）非农就业显著正向影响山丘区农户耕地抛荒。在本研究的第三章，基于可持续生计框架和新劳动力迁移经济学理论的数理推导和逻辑推演，本研究发现非农就业通过收入效应正向影响耕地抛荒。本研究的第六章为这一影响机理提供了经验证据，随着山丘区农户劳动力非农就业比例的上升，耕地抛荒行为发生率及耕地抛荒面积也随之上升。这一结论也得到了 2SLS 回归、子样本回归和典型抽样数据回归等不同实证策略结果的支持。同时，本研究还发现非农就业可能通过影响非农固定资产和农业固定资产的配置影响山丘区农户耕地抛荒。本研究发现非农就业显著正向影响非农固定资产配置，并显著负向影响农业固定资产配置。即，劳动力实现非农就业后山丘区农户降低对农业生产投资的积极性，非农就业减少的劳动力无法通过投资农业机械等劳动力替代要素而得到补充，最终导致耕地被抛荒。

（5）非农就业在滑坡灾害影响山丘区农户耕地抛荒中发挥中介作用。在第三章，基于可持续生计框架耦合人地关系地域系统理论、新劳动力迁移经济学理论与马克思主义地租理论，本研究发现非农就业是滑坡灾害影响山丘区农户耕地抛荒的中介变量。本研究的第七章为这一影响机理提供了经验证据。滑坡灾害在山丘区农户劳动力非农就业中发挥显著正向作用，且滑坡灾害可通过非农就业的部分中介作用促进山丘区农户耕地抛荒。即，非农就业变量是滑坡灾害影响山丘区农户耕地抛荒的中介变量，且中介效应是部分中介。滑坡灾害不仅直接影响山丘区农户耕地抛荒，还会通过影响劳动力非农就业间接影响山丘区农户耕地抛荒。这一结论同样得到了子样本回归和典型抽样数据回归等不同实证策略结果的支持。

8 "藏粮于地"背景下山丘区耕地抛荒的长效治理策略

8.2 山丘区耕地抛荒长效治理的总体思路

中国是世界上人口最多的国家之一，粮食安全一直是中国政府高度关注的重要议题。然而，中国的耕地资源有限，加之经济快速发展和城市化进程的推进，耕地面积持续减少。另外，在中国的山丘区，受自然条件和人为因素的影响，农田的生产力和可持续利用面临严重挑战。中国山丘区是指地势较为陡峭、土地资源相对贫瘠的地区，广泛分布于中国的中西部地区。这些地区的农田通常存在土壤侵蚀、水土流失和植被退化等问题，农作物产量低下，土地抛荒等现象普遍存在。这对中国的粮食安全和农户生计都构成了严重威胁。为了解决山丘区抛荒耕地的问题，中国政府实施了一系列的治理措施，如退耕还林、植被恢复、土地整治等。然而，这些措施大多改变了耕地原有用途，尽管保护了生态环境但对粮食安全带来了新的挑战。因此，需要制定长效的治理策略来实现山丘区抛荒耕地的可持续利用和管理。

长效治理策略的制定需要综合考虑多方面的因素。首先，需要对山丘区土地资源的特点进行深入了解，包括土壤类型、水文地质条件、植被分布等。其次，需要充分利用科技手段，如遥感技术、地理信息系统等，对山丘区的土地利用和变化情况进行监测和评估，为制定长效治理策略提供科学依据。此外，还需要考虑当地农民的经济和社会发展需求，制定符合实际情况的政策和措施。在长效治理策略的制定过程中，需注意以下几个方面。第一，要注重生态环境保护，通过植被恢复、水土保持等措施，提高土地的保育能力和农田的生产力。第二，要注重提高农民的参与感和积极性，通过提供农业技术培训、资金支持等方式，鼓励农民参与到治理过程中，增加他们的收入。第三，还应加强政策的引导和落实，加大对山丘区抛荒耕地治理的资金投入和技术支持，确保长效治理策略的实施效果。

8.3 山丘区耕地抛荒长效治理的政策建议:"藏粮于地"背景下的讨论

8.3.1 重视山丘区农村耕地在国土空间上的特殊地位,系统推进治荒减荒工作

山丘区农村耕地是保护好群众的"米袋子"和"菜篮子"的物质基础之一,也是"山水林田湖草"生命共同体中的有机构成。作为一个拥有14亿人口的国家,确保群众食无忧是一项巨大的工程。特别是在面临大规模突发性公共安全事件时,保护好群众的"米袋子"和"菜篮子"能为切实保障基本民生从而更好、更快降低突发性公共安全事件不良后果提供坚实的保障。近年来,城市的边界不断扩张,城市化进程提速,对优质耕地的挤占趋势明显。然而,中国人口较多(约占世界总人口的20%),人均耕地面积远低于世界人均耕地面积(2017年,中国人均耕地面积约为1.46亩,同期世界人均耕地面积约为2.89亩)。长期以来,人地关系矛盾是中国粮食安全问题的主要方面,对优质耕地的挤占无疑对确保中国粮食安全和维护社会稳定带来了挑战。同时,中国山丘区面积占比约为70%,因此山丘区农村地区的耕地是维系粮食安全的重要物质载体之一。此外,山丘区耕地抛荒已被证实将导致诸多生态环境问题(如土壤退化、提高森林火灾发生风险)。因此,有效利用山丘区农村耕地是推动"山水林田湖草"系统治理的前提之一。

因此,应当以系统性思维统筹推动山丘区农村治荒减荒工作。首先,社会各界需要重新认识山丘区农村耕地在国土空间上的特殊地位。反观过去,有学者认为山丘区农村逐渐凋敝,耕地长期粗放经营会逐渐复原为森林,不用过度干预。然而,耕地由经营状态自发地复原为森林需要一个漫长的过程,这个过程中带来的环境损失可能无法估量。近年

来，山丘区由于人迹罕至，山火频繁发生，不仅对生态系统造成严重破坏，还严重威胁靠近山丘区的聚落居民的生命财产安全。因此，应当建立起这样的认识——不能因为山丘区农业经营困难就放任山丘区农村耕地抛荒。其次，应当分区分类推进山丘区耕地抛荒治理工作。根据马克思主义地租理论，耕地抛荒最易出现在劣等地，由于不同地区面临的生产条件不同，生产相同产品的收益不同。随着社会经济不断进步与人民生活水平不断提高，农产品消费需求结构与农业区域功能也在动态变化，应当着力打破不同地区产品同质竞争的困境，依托地域分工思维优化重构各个区域的功能定位。对于山丘区耕地的利用要突出其对原住地居民的社会保障功能，"宜农则农"与"宜林则林"要立足山丘区耕地的基本功能，发挥好其保障粮食安全和生态安全的稳定器作用；"宜牧则牧"与"宜渔则渔"则应立足山丘区耕地的拓展功能，进一步拓展其保障粮食安全的功能；"宜果则果"、"宜蔬则蔬"与"宜游则游"要立足山丘区耕地的经济功能，发挥好其增收和农耕文化传承的增值作用。最后，建立起全国性耕地抛荒的监测和管理体系，对山丘区耕地利用实施重点关注。全面而系统地推进山丘区耕地抛荒治理工作，需要通过大数据掌握山丘区耕地抛荒的分布、规模以及演化过程。应当构建起从全国层面到地方层面的多级监测和管理体系，运用技术手段加快提升耕地质量和可复耕度，以最优的成本变抛荒耕地为休养耕地，以落实"藏粮于地"战略。

8.3.2 提升山丘区农户防灾减灾的能力，以减少因自然因素导致的耕地抛荒

从宏观层面增强山丘区农户防灾减灾能力具有重要的战略意义。山丘区已成为确保粮食安全的重要国土空间和维系生态安全的重要功能空间，然而，山丘区频繁发生的滑坡灾害严重威胁居民生命财产安全。正如本研究的发现，山丘区滑坡灾害显著不利于减少耕地抛荒。防灾减灾能力提升计划能够有效地弱化山丘区农户由于对灾害认知不足而导致的

恐慌心理和过激的适应性行为。这表明亟待在山丘区农村建立起韧性防灾减灾体系，为振兴山丘区农村提供良好的基础条件。首先，《国家乡村振兴战略规划（2018—2022年）》与2020年中央一号文件均指出要加强农村防灾减灾能力建设，所以要推动国家层面山丘区农村防灾减灾能力提升体系的建构与落地，增强各级主体对山丘区农村防灾减灾能力提升工程的认识。积极引导社会各界在山丘区农村防灾减灾能力提升计划中有所作为，以期切实推动防灾减灾能力提升计划落地。其次，提高农村防灾减灾能力培训教育在新型职业农民培训、贫困地区农民夜校、村两委班子轮训等培训教育中的地位，谋求各方协同，形成政府主抓、学校主建、农户主学的三维培训体系。最后，积极融入世界防灾减灾框架，如联合国"国际减轻自然灾害10年（INDR）"计划、《2015—2030年仙台减少灾害风险框架》等，加强与国际上具有丰富滑坡灾害管理经验的国家与地区的交流，加强同其他参与到国际防灾减灾框架内的成员的交流，吸收他们在滑坡灾害等山丘区频发灾害管理方面的经验，不断完善山丘区农村防灾减灾能力提升体系。

同时，要从微观层面加强山丘区农户日常避灾准备训练。要充分调动各个职能主体参与农户日常的避灾准备训练，利用好信息手段做好宣传和灾害信息预警。一是利用好各类培训，在各类农民培训计划、村干部轮训工程中增设防灾减灾能力提升课程，推动消防部门、气象部门、相关高校等多主体进村下户开展宣传教育；二是利用互联网技术、5G移动通信技术、村广播搭建信息平台，构建起"县—乡—村—户"四级灾害预警体系；三是建立起日常避灾准备训练机制，在村组划定避灾区域，储备应急物资，定期开展以滑坡灾害等特定山丘区地质灾害为发生背景的避灾演练，提高山丘区农户避灾能力。

8.3.3 依托农民工返乡创业恢复乡村活力，盘活农地资源

（1）加大力度鼓励农民工返乡创业，让农业成为有奔头的产业。留住人气才能聚起乡村活力。山丘区农村留不住人才不仅是因为自

然环境恶劣、生产经营易遭受损失,还因为农业生产经营普遍收益较低,因此要持续优化乡村创业干事环境,为农民工返乡创业搭好台、唱好戏。一是政府要做好服务工作,为农民工返乡创业提供获取资金的途径。一方面,简化合作社和家庭农场申领补助的手续和程序,为农民工返乡创业提供资金支持;另一方面,可以为从事农产品生产、加工、运输的合作社和家庭农场提供政策担保,让有资金需求的农民能从金融机构获得生产性贷款。二是加快建立农业领域人才的评定机制。要适应职称评审制度改革,简化农业领域人才评审的程序,同时,要适应形势的变化,为农业从业人员建立起职称评审机制,让农村土专家有名头。三是着力构建农业从业人员素质提升与评价体系,不仅应重视从高等教育体系引进高精尖的农业技术人才和农业经营管理人才,也应通过培训体系和政策激励不断发掘和培育土专家、"田秀才"等生长在农村的乡土人才。四是加快建立农业从业人员人事档案,破除体制机制障碍,为农业从业人员办理档案,提供管理服务,让农民真正成为一门职业。

(2)加快山丘区农村土地市场建设,促进农地经营权流转改革红利释放。

本研究发现农地确权对减少耕地抛荒没有发挥应有的制度作用,反而可能促进农户抛荒耕地。同时,本研究也发现农地流转能够有效减少耕地抛荒。结合山丘区土地市场现实情况,山丘区农村土地市场建设滞后是导致山丘区土地流转不畅、抛荒普遍的又一重要因素。这既受农业传统特征的制约,也受山丘区自然环境因素的限制。未来应当从以下几个方面入手,恢复山丘区农村土地市场活力:一是以高标准农田建设工程为契机,兴修山丘区农田水利、交通等基础设施,摊薄个体农业经营者在生产中面临的由于自然环境制约带来的生产成本;二是强化村集体的农地所有者角色,在有条件的地方村集体可以统一租回农户手里的土地再转租给需要经营农业的主体,以降低农业经营者租地成本和违约风险;三是赋予村集体选择农地经营方的权利,政府不应变相设立门槛限制非本地人员从事农业生产。

参考文献

[1] Adamopoulos T, Restuccia D. Land reform and productivity: A quantitative analysis with micro data [J]. Unpublished manuscript, University of Toronto, December, 2014: 1667-1697.

[2] Adams Jr R H, Cuecuecha A. Remittances, household expenditure and investment in Guatemala [J]. World Development, 2010, 38 (11): 1626-1641.

[3] Ahituv A, Kimhi A. Off-farm work and capital accumulation decisions of farmers over the life-cycle: the role of heterogeneity and state dependence [J]. Journal of Development Economics, 2002, 68 (2): 329-353.

[4] Aide T M, Grau H R. Globalization, migration, and Latin American ecosystems [J]. Science, 2004, 305 (5692): 1915-1916.

[5] Airola J. The use of remittance income in Mexico [J]. International Migration Review, 2007, 41 (4): 850-859.

[6] Alcantara C, Kuemmerle T, Baumann M, Bragina E V, Griffiths P, Hostert P, Knorn J, Müller D, Prishchepov A V, Schierhorn F. Mapping the extent of abandoned farmland in Central and Eastern Europe using MODIS time series satellite data [J]. Environmental Research Letters, 2013, 8 (3): 035035.

[7] Alix-Garcia J, Kuemmerle T, Radeloff V C. Prices, Land Tenure

Institutions, and Geography: a Matching Analysis of Farmland Abandonment in Post-socialist Eastern Europe [J]. Land Economics, 2012, 88 (3): 425-443.

[8] Alvioli M, Melillo M, Guzzetti F, Rossi M, Palazzi E, von Hardenberg J, Brunetti M T, Peruccacci S. Implications of climate change on landslide hazard in Central Italy [J]. Science of the Total Environment, 2018, 630: 1528-1543.

[9] Arma I, Avram E. Patterns and trends in the perception of seismic risk. Case study: Bucharest Municipality/Romania [J]. Natural Hazards, 2008, 44 (1): 147-161.

[10] Arnáez J, Lana-Renault N, Lasanta T, Ruiz-Flaño P, Castroviejo J. Effects of farming terraces on hydrological and geomorphological processes. A review [J]. Catena, 2015, 128: 122-134.

[11] Arthi V, Fenske J. Intra-household labor allocation in colonial Nigeria [J]. Explorations in Economic History, 2016, 60: 69-92.

[12] Asenso-Okyere K, Asante F A, Tarekegn J, Andam K S. The linkages between agriculture and malaria: Issues for policy, research, and capacity strengthening [M]. Intl Food Policy Res Inst, 2009.

[13] Atamanov A, Van den Berg M. Heterogeneous effects of international migration and remittances on crop income: Evidence from the Kyrgyz Republic [J]. World Development, 2012, 40 (3): 620-630.

[14] Attavanich W, McCarl B A. The effect of climate change, CO_2 fertilization, and crop production technology on crop yields and its economic implications on market outcomes and welfare distribution [C]. Proceedings of the 2011 Annual Meeting, Agricultural and Applied Economics Association, Pittsburgh, PA, USA, 2011.

[15] Babulo B, Muys B, Nega F, Tollens E, Nyssen J, Deckers J, Mathijs E. Household livelihood strategies and forest dependence in the

highlands of Tigray, Northern Ethiopia [J]. Agricultural Systems, 2008, 98 (2): 147-155.

[16] Baron R M, Kenny D A. The moderator-mediator variable distinction in social psychological research: Conceptual, strategic, and statistical considerations [J]. Journal of Personality and Social Psychology, 1986, 51 (6): 1173.

[17] Barrows H H. Geography as human ecology [J]. Annals of the Association of American Geographers, 1923, 13 (1): 1-14.

[18] Baumann M, Kuemmerle T, Elbakidze M, Ozdogan M, Radeloff V C, Keuler N S, Prishchepov A V, Kruhlov I, Hostert P. Patterns and drivers of post-socialist farmland abandonment in Western Ukraine [J]. Land use policy, 2011, 28 (3): 552-562.

[19] Bebbington A. Capitals and capabilities: a framework for analyzing peasant viability, rural livelihoods and poverty [J]. World Development, 1999, 27 (12): 2021-2044.

[20] Behera B, Ali A. Household energy choice and consumption intensity: Empirical evidence from Bhutan [J]. Renewable and Sustainable Energy Reviews, 2016, 53: 993-1009.

[21] Beilin R, Lindborg R, Stenseke M, Pereira H M, Llausàs A, Slätmo E, Cerqueira Y, Navarro L, Rodrigues P, Reichelt N. Analysing how drivers of agricultural land abandonment affect biodiversity and cultural landscapes using case studies from Scandinavia, Iberia and Oceania [J]. Land use policy, 2014, 36: 60-72.

[22] Benayas J R, Martins A, Nicolau J M, Schulz J J. Abandonment of agricultural land: an overview of drivers and consequences [J]. CAB reviews: Perspectives in agriculture, veterinary science, nutrition and natural resources, 2007, 2 (57): 1-14.

[23] Berchoux T, Hutton C W. Spatial associations between household and

community livelihood capitals in rural territories: An example from the Mahanadi Delta, India [J]. Applied geography, 2019, 103: 98-111.

[24] Bindi M, Olesen J E. The responses of agriculture in Europe to climate change [J]. Regional Environmental Change, 2011, 11 (1): 151-158.

[25] Böhme M H. Does migration raise agricultural investment? An empirical analysis for rural Mexico [J]. Agricultural Economics, 2015, 46 (2): 211-225.

[26] Bohra-Mishra P. Labour migration and investments by remaining households in rural Nepal [J]. Journal of Population Research, 2013, 30 (2): 171-192.

[27] Boudet F, MacDonald G K, Robinson B E, Samberg L H. Rural-urban connectivity and agricultural land management across the Global South [J]. Global Environmental Change, 2020, 60: 101982.

[28] Bowman D M, Balch J, Artaxo P, Bond W J, Cochrane M A, D'antonio C M, DeFries R, Johnston F H, Keeley J E, Krawchuk M A. The human dimension of fire regimes on Earth [J]. Journal of Biogeography, 2011, 38 (12): 2223-2236.

[29] Bowman D M, Balch J K, Artaxo P, Bond W J, Carlson J M, Cochrane M A, D'Antonio C M, DeFries R S, Doyle J C, Harrison S P. Fire in the Earth system [J]. Science, 2009, 324 (5926): 481-484.

[30] Brandolini P, Pepe G, Capolongo D, Cappadonia C, Cevasco A, Conoscenti C, Marsico A, Vergari F, Del Monte M. Hillslope degradation in representative Italian areas: Just soil erosion risk or opportunity for development? [J]. Land Degradation & Development, 2018, 29 (9): 3050-3068.

[31] Brown D G, Johnson K M, Loveland T R, Theobald D M. Rural

land-use trends in the conterminous United States, 1950–2000 [J]. Ecological Applications, 2005, 15 (6): 1851-1863.

[32] Burgess R. Land and welfare: Theory and evidence from China [J]. London School of Economics Working Paper, 2001.

[33] Cai J, Wang T, Xia X, Chen Y, Lv H, Li N. Analysis on the choice of livelihood strategy for peasant households renting out farmland: Evidence from western poverty-stricken areas in China [J]. Sustainability, 2019, 11 (5): 1424.

[34] Cameron L, Shah M. Risk-taking behavior in the wake of natural disasters [J]. Journal of Human Resources, 2015, 50 (2): 484-515.

[35] Campbell J E, Lobell D B, Genova R C, Field C B. The global potential of bioenergy on abandoned agriculture lands [J]. Environmental Science & Technology, 2008, 42 (15): 5791-5794.

[36] Cao M, Xu D, Xie F, Liu E, Liu S. The influence factors analysis of households' poverty vulnerability in southwest ethnic areas of China based on the hierarchical linear model: a case study of Liangshan Yi autonomous prefecture [J]. Applied geography, 2016, 66: 144–152.

[37] Cao W, Li R, Chi X, Chen N, Chen J, Zhang H, Zhang F. Island urbanization and its ecological consequences: A case study in the Zhoushan Island, East China [J]. Ecological Indicators, 2017, 76: 1-14.

[38] Carleton T A, Hsiang S M. Social and economic impacts of climate [J]. Science, 2016, 353 (6304): aad9837.

[39] Carter M R, Yao Y. Local versus global separability in agricultural household models: The factor price equalization effect of land transfer rights [J]. American Journal of Agricultural Economics, 2002, 84

（3）：702-715.

[40] Cassar A, Healy A, Von Kessler C. Trust, risk, and time preferences after a natural disaster: experimental evidence from Thailand [J]. World Development, 2017, 94: 90-105.

[41] Caulfield M, Bouniol J, Fonte S J, Kessler A. How rural out-migrations drive changes to farm and land management: A case study from the rural Andes [J]. Land use policy, 2019, 81: 594-603.

[42] Ceau u S, Hofmann M, Navarro L M, Carver S, Verburg P H, Pereira H M. Mapping opportunities and challenges for rewilding in Europe [J]. Conservation Biology, 2015, 29 (4): 1017-1027.

[43] Cerdà A. Soil erosion after land abandonment in a semiarid environment of southeastern Spain [J]. Arid Land Research and Management, 1997, 11 (2): 163-176.

[44] Cerdà A, Ackermann O, Terol E, Rodrigo-Comino J. Impact of Farmland Abandonment on Water Resources and Soil Conservation in Citrus Plantations in Eastern Spain [J]. Water, 2019, 11 (4): 824.

[45] Cerdà A, Rodrigo-Comino J, Novara A, Brevik E C, Vaezi A R, Pulido M, Giménez-Morera A, Keesstra S D. Long-term impact of rainfed agricultural land abandonment on soil erosion in the Western Mediterranean basin [J]. Progress in Physical Geography: Earth and Environment, 2018, 42 (2): 202-219.

[46] Chambers R, Conway G. Sustainable rural livelihoods: practical concepts for the 21st century [M]. Institute of Development Studies (UK), 1992.

[47] Chang Y-M, Huang B-W, Chen Y-J. Labor supply, income, and welfare of the farm household [J]. Labour Economics, 2012, 19 (3): 427-437.

[48] Chapagain B, Gentle P. Withdrawing from agrarian livelihoods:

Environmental migration in Nepal [J]. Journal of Mountain Science, 2015, 12 (1): 1-13.

[49] Chaudhary S, Wang Y, Khanal N, Xu P, Fu B, Dixit A, Yan K, Liu Q, Lu Y. Social impact of farmland abandonment and its eco-environmental vulnerability in the high mountain region of Nepal: A case study of Dordi river basin [J]. Sustainability, 2018, 10 (7): 2331.

[50] Che Y. Off-farm employments and land rental behavior: evidence from rural China [J]. China Agricultural Economic Review, 2016, 8 (1): 37-54.

[51] Chen H, Liu Y, Li Z, Xue D. Urbanization, economic development and health: evidence from China's labor-force dynamic survey [J]. International Journal for Equity In Health, 2017, 16.

[52] Chen R, Ye C, Cai Y, Xing X, Chen Q. The impact of rural out-migration on land use transition in China: Past, present and trend [J]. Land use policy, 2014, 40: 101-110.

[53] Chen Y-f, Wang Y-k, Fu B, Wang H-w, Wang W. Spatial patterns of farmland abandonment and its impact factors in the central Three Gorges Reservoir Area [J]. Journal of Mountain Science, 2018, 15 (3): 631-644.

[54] Chen Y, Zhou L-A. The long-term health and economic consequences of the 1959-1961 famine in China [J]. Journal of Health Economics, 2007, 26 (4): 659-681.

[55] Cheng Y S, Chung K S. Designing Property Rights over Land in Rural China [J]. Economic Journal, 2017, 128 (615): 2676-2710.

[56] Chiodi V, Jaimovich E, Montes-Rojas G. Migration, remittances and capital accumulation: Evidence from rural Mexico [J]. Journal of

Development Studies, 2012, 48 (8): 1139-1155.

[57] Chuang Y-C, Shiu Y-S. Relationship between landslides and mountain development—Integrating geospatial statistics and a new long-term database [J]. Science of the Total Environment, 2018, 622: 1265-1276.

[58] Conforti M, Pascale S, Robustelli G, Sdao F. Evaluation of prediction capability of the artificial neural networks for mapping landslide susceptibility in the Turbolo River catchment (northern Calabria, Italy) [J]. Catena, 2014, 113: 236-250.

[59] Corbelle-Rico E, Crecente-Maseda R, Santé-Riveira I. Multi-scale assessment and spatial modelling of agricultural land abandonment in a European peripheral region: Galicia (Spain), 1956-2004 [J]. Land use policy, 2012, 29 (3): 493-501.

[60] Cramer V A, Hobbs R J, Standish R J. What's new about old fields? Land abandonment and ecosystem assembly [J]. Trends in Ecology & Evolution, 2008, 23 (2): 104-112.

[61] Creutzig F, d'Amour C B, Weddige U, Fuss S, Beringer T, Gläser A, Kalkuhl M, Steckel J C, Radebach A, Edenhofer O. Assessing human and environmental pressures of global land-use change 2000-2010 [J]. Global Sustainability, 2019, 2.

[62] Damon A L. Agricultural land use and asset accumulation in migrant households: The case of El Salvador [J]. The Journal of Development Studies, 2010, 46 (1): 162-189.

[63] Davis J, Lopez-Carr D. Migration, remittances and smallholder decision-making: Implications for land use and livelihood change in Central America [J]. Land use policy, 2014, 36: 319-329.

[64] De Brauw A. Seasonal migration and agricultural production in Vietnam [J]. The Journal of Development Studies, 2010, 46 (1):

114-139.

[65] De Brauw A. Rural-urban migration and implications for rural production [J]. Bio-based and Applied Economics Journal, 2018, 6 (1050-2018-3692): 229-242.

[66] De Brauw A, Huang J, Zhang L, Rozelle S. The feminisation of agriculture with Chinese characteristics [J]. Journal of Development Studies, 2013, 49 (5): 689-704.

[67] De Brauw A, Rozelle S. Migration and household investment in rural China [J]. China Economic Review, 2008, 19 (2): 320-335.

[68] De Janvry A, Sadoulet E, Zhu N. The role of non-farm incomes in reducing rural poverty and inequality in China [J]. CUDARE Working Papers, 2005.

[69] De Miranda M D, Pereira H M, Corley M F, Merckx T. Beta diversity patterns reveal positive effects of farmland abandonment on moth communities [J]. Scientific Reports, 2019, 9 (1): 1549.

[70] Deininger K, Jin S. The potential of land rental markets in the process of economic development: Evidence from China [J]. Journal of Development Economics, 2005, 78 (1): 241-270.

[71] Demski C, Capstick S, Pidgeon N, Sposato R G, Spence A. Experience of extreme weather affects climate change mitigation and adaptation responses [J]. Climatic Change, 2017, 140 (2): 149-164.

[72] Deng X, Huang J, Rozelle S, Zhang J, Li Z. Impact of urbanization on cultivated land changes in China [J]. Land use policy, 2015, 45: 1-7.

[73] Deng X, Xu D, Qi Y, Zeng M. Labor Off-Farm Employment and Cropland Abandonment in Rural China: Spatial Distribution and Empirical Analysis [J]. International Journal of Environmental

Research and Public Health, 2018, 15 (9): 1808.

[74] Deng X, Xu D, Zeng M, Qi Y. Does early-life famine experience impact rural land transfer? Evidence from China [J]. Land use policy, 2019, 81: 58-67.

[75] DFID. Sustainable Livelihoods Guidance Sheets [R]. 1999.

[76] Dillon A, Mueller V, Salau S. Migratory responses to agricultural risk in northern Nigeria [J]. American Journal of Agricultural Economics, 2011, 93 (4): 1048-1061.

[77] Domakinis C, Oikonomidis D, Astaras T. Landslide mapping in the coastal area between the Strymonic Gulf and Kavala (Macedonia, Greece) with the aid of remote sensing and geographical information systems [J]. International Journal of Remote Sensing, 2008, 29 (23): 6893-6915.

[78] Dovi M-S. Does higher language proficiency decrease the probability of unemployment? Evidence from China [J]. China Economic Review, 2019, 54: 1-11.

[79] Ecer S, Tompkins A. An econometric analysis of the remittance determinants among Ghanaians and Nigerians in the United States, United Kingdom, and Germany [J]. International Migration, 2013, 51: e53-e69.

[80] EIU. Global Food Security Index 2018: Building resilience in the face of rising food-security risks [R]. Economist Intelligence Unit, 2018.

[81] Ellis F. Rural livelihoods and diversity in developing countries [M]. Oxford university press, 2000.

[82] Ersado L, Amacher G, Alwang J. Productivity and land enhancing technologies in northern Ethiopia: Health, public investments, and sequential adoption [J]. American Journal of Agricultural Economics, 2004, 86 (2): 321-331.

[83] Estel S, Kuemmerle T, Alcántara C, Levers C, Prishchepov A, Hostert P. Mapping farmland abandonment and recultivation across Europe using MODIS NDVI time series [J]. Remote Sensing of Environment, 2015, 163: 312-325.

[84] Evans A W. On minimum rents: Part 1, Marx and absolute rent [J]. Urban Studies, 1999, 36 (12): 2111-2120.

[85] Fan S. Food policy in 2017-2018: Progress, uncertainty, and rising antiglobalism [M]. //International Food Policy Research Institute, 2018 Global food policy report. Washington. Washington, DC: International Food Policy Research Institute, 2018.

[86] Fang Y-p, Fan J, Shen M-y, Song M-q. Sensitivity of livelihood strategy to livelihood capital in mountain areas: Empirical analysis based on different settlements in the upper reaches of the Minjiang River, China [J]. Ecological Indicators, 2014, 38: 225-235.

[87] FAO. The state of the world's land and water resource for food and agriculture: managing systems at risk [R]. The Food and Agriculture Organization of the United Nations and Earthscan, 2011.

[88] FAO, IFAD, UNICEF, WFP, WHO. The State of Food Security and Nutrition in the World 2019 [R]. FAO, 2019.

[89] FSIN. Global report on food crises 2018 [R]. 2018.

[90] Funk C, Raghavan Sathyan A, Winker P, Breuer L. Changing climate-Changing livelihood: Smallholder's perceptions and adaption strategies [J]. Journal of Environmental Management, 2020, 259: 109702.

[91] Gao Y, Liu B, Yu L, Yang H, Yin S. Social capital, land tenure and the adoption of green control techniques by family farms: Evidence from Shandong and Henan Provinces of China [J]. Land use policy, 2019, 89: 104250.

[92] García-Ruiz J M, Lana-Renault N. Hydrological and erosive consequences of farmland abandonment in Europe, with special reference to the Mediterranean region – A review [J]. Agriculture, Ecosystems & Environment, 2011, 140 (3-4): 317-338.

[93] Gariano S L, Petrucci O, Rianna G, Santini M, Guzzetti F. Impacts of past and future land changes on landslides in southern Italy [J]. Regional Environmental Change, 2018, 18 (2): 437-449.

[94] Gartaula H, Niehof A, Visser L. Shifting perceptions of food security and land in the context of labour out-migration in rural Nepal [J]. Food Security, 2012, 4 (2): 181-194.

[95] Gary P G, John A Z. Rural Development Theory [M]. //G. P. Green, Handbook of Rural Development. Cheltenham, UK · Northampton, MA, USA: Edward Elgar, 2013.

[96] Gautam Y, Andersen P. Rural livelihood diversification and household well-being: Insights from Humla, Nepal [J]. Journal of rural studies, 2016, 44: 239-249.

[97] Gellrich M, Baur P, Koch B, Zimmermann N E. Agricultural land abandonment and natural forest re-growth in the Swiss mountains: a spatially explicit economic analysis [J]. Agriculture, Ecosystems & Environment, 2007, 118 (1-4): 93-108.

[98] Gellrich M, Zimmermann N E. Investigating the regional-scale pattern of agricultural land abandonment in the Swiss mountains: a spatial statistical modelling approach [J]. Landscape and Urban Planning, 2007, 79 (1): 65-76.

[99] Gisbert J, Ibanez S, Perez M. Terrace Abandonment in the Ceta Valley, Alicante Province, Spain [J]. Advances in Geoecology, 2005, 36: 329-337.

[100] Godfray H C J, Beddington J R, Crute I R, Haddad L, Lawrence

D, Muir J F, Pretty J, Robinson S, Thomas S M, Toulmin C. Food security: the challenge of feeding 9 billion people [J]. Science, 2010, 327 (5967): 812-818.

[101] Gregory B, Meng X. 21. Rural-to-urban migration and migrants' labour market performance, 2008 - 16 [M]. //R. Garnaut, S. Ligang, C. Fang, CHINA'S 40 YEARS OF REFORM AND DEVELOPMENT. Australia: ANU Press, 2018.

[102] Guo Y, Song W. Spatial Distribution and Simulation of Cropland Abandonment in Wushan County, Chongqing, China [J]. Sustainability, 2019, 11 (5): 1367.

[103] Hao L, Liang Y. The Spatial and Career Mobility of China's Urban and Rural Labor Force [J]. Management And Organization Review, 2016, 12 (1): 135-158.

[104] Hatna E, Bakker M M. Abandonment and expansion of arable land in Europe [J]. Ecosystems, 2011, 14 (5): 720-731.

[105] He C, Liu Z, Xu M, Ma Q, Dou Y. Urban expansion brought stress to food security in China: Evidence from decreased cropland net primary productivity [J]. Science of the Total Environment, 2017, 576: 660-670.

[106] Hennessy T, O'Brien M. Is off-farm income driving on-farm investment? [J]. Journal of farm management, 2008, 13 (4): 235-246.

[107] Hölzel N, Haub C, Ingelfinger M P, Otte A, Pilipenko V N. The Return of the Steppe Large-scale Restoration of Degraded land in Southern Russia during the Post-Soviet era [J]. Journal for Nature Conservation, 2002, 10 (2): 75-85.

[108] Hong Y, Adler R, Huffman G. Use of satellite remote sensing data in the mapping of global landslide susceptibility [J]. Natural Hazards,

2007, 43 (2): 245-256.

[109] Hore K, Kelman I, Mercer J, Gaillard J. Climate Change and Disasters [M]. Handbook of Disaster Research. Springer, 2018.

[110] Hsieh C-T, Klenow P J. Misallocation and manufacturing TFP in China and India [J]. The Quarterly journal of economics, 2009, 124 (4): 1403-1448.

[111] Huang J, Wu Y, Rozelle S. Moving off the farm and intensifying agricultural production in Shandong: a case study of rural labor market linkages in China [J]. Agricultural Economics, 2009, 40 (2): 203-218.

[112] Huntington E. Civilization and climate [M]. New Haven, Connecticut: Yale University Press, 1922.

[113] Hutto R L. The ecological importance of severe wildfires: some like it hot [J]. Ecological Applications, 2008, 18 (8): 1827-1834.

[114] Jepsen M R, Kuemmerle T, Müller D, Erb K, Verburg P H, Haberl H, Vesterager J P, Andrič M, Antrop M, Austrheim G. Transitions in European land-management regimes between 1800 and 2010 [J]. Land use policy, 2015, 49: 53-64.

[115] Ji X, Qian Z, Zhang L, Zhang T. Rural Labor Migration and Households' Land Rental Behavior: Evidence from China [J]. China & World Economy, 2018, 26 (1): 66-85.

[116] Judd C M, Kenny D A. Process analysis: Estimating mediation in treatment evaluations [J]. Evaluation review, 1981, 5 (5): 602-619.

[117] Kamada M, Nakagoshi N. Influence of cultural factors on landscapes of mountainous farm villages in western Japan [J]. Landscape and Urban Planning, 1997, 37 (1-2): 85-90.

[118] Kamp J, Reinhard A, Frenzel M, Kämpfer S, Trappe J, Hölzel N.

Farmland bird responses to land abandonment in Western Siberia [J]. Agriculture, Ecosystems & Environment, 2018, 268: 61-69.

[119] Katayama N, Osawa T, Amano T, Kusumoto Y. Are both agricultural intensification and farmland abandonment threats to biodiversity? A test with bird communities in paddy-dominated landscapes [J]. Agriculture, Ecosystems & Environment, 2015, 214: 21-30.

[120] Keane R E, Agee J K, Fulé P, Keeley J E, Key C, Kitchen S G, Miller R, Schulte L A. Ecological effects of large fires on US landscapes: benefit or catastrophe? A [J]. International Journal of Wildland Fire, 2009, 17 (6): 696-712.

[121] Keeble B R. The Brundtland report: 'Our common future' [J]. Medicine and War, 1988, 4 (1): 17-25.

[122] Kleinhesselink R R, Rosa E A. Cognitive representation of risk perceptions: A comparison of Japan and the United States [J]. Journal of Cross-Cultural Psychology, 1991, 22 (1): 11-28.

[123] Koc I, Onan I. International migrants' remittances and welfare status of the left-behind families in Turkey [J]. International Migration Review, 2004, 38 (1): 78-112.

[124] Komarek A M, Shi X, Heerink N. Household-level effects of China's Sloping Land Conversion Program under price and policy shifts [J]. Land use policy, 2014, 40: 36-44.

[125] Krantz L. The sustainable livelihood approach to poverty reduction: An introduction [J]. Swedish International Development Cooperation Agency, 2001: 25-31.

[126] Kuemmerle T, Hostert P, Radeloff V C, van der Linden S, Perzanowski K, Kruhlov I. Cross-border Comparison of Post-socialist Farmland Abandonment in the Carpathians [J]. Ecosystems, 2008,

11（4）：614.

［127］Lacasse S, Nadim F. Landslide risk assessment and mitigation strategy ［M］.//K. Sassa, C. Philippo, Landslides-disaster risk reduction. Berlin Heidelber: Springer, 2009.

［128］Lambin E F, Meyfroidt P. Global land use change, economic globalization, and the looming land scarcity ［J］. Proceedings of the national academy of sciences, 2011, 108（9）：3465-3472.

［129］Lasanta T, Nadal-Romero E, Errea M. The footprint of marginal agriculture in the Mediterranean mountain landscape: An analysis of the Central Spanish Pyrenees ［J］. Science of the Total Environment, 2017, 599：1823-1836.

［130］Lengoiboni M, van der Molen P, Bregt A. Pastoralism within the cadastral system: Seasonal interactions and access agreements between pastoralists and non-pastoralists in Northern Kenya ［J］. Journal of Arid Environments, 2011, 75（5）：477-486.

［131］Levers C, Müller D, Erb K, Haberl H, Jepsen M R, Metzger M J, Meyfroidt P, Plieninger T, Plutzar C, Stürck J. Archetypical patterns and trajectories of land systems in Europe ［J］. Regional Environmental Change, 2018a, 18（3）：715-732.

［132］Levers C, Schneider M, Prishchepov A V, Estel S, Kuemmerle T. Spatial variation in determinants of agricultural land abandonment in Europe ［J］. Science of the Total Environment, 2018b, 644：95-111.

［133］Lewis W A. Economic development with unlimited supplies of labour ［J］. The manchester school, 1954, 22（2）：139-191.

［134］Li G, Lei Y, Yao H, Wu S, Ge J. The influence of land urbanization on landslides: An empirical estimation based on Chinese provincial panel data ［J］. Science of the Total Environment, 2017a,

595: 681-690.

[135] Li S, Juhász-Horváth L, Pintér L, Rounsevell M D, Harrison P A. Modelling regional cropping patterns under scenarios of climate and socio-economic change in Hungary [J]. Science of the Total Environment, 2018a, 622: 1611-1620.

[136] Li S, Li X. Global Understanding of Farmland Abandonment: A Review and Prospects [J]. Journal of Geographical Sciences, 2017, 27 (9): 1123-1150.

[137] Li S, Li X, Sun L, Cao G, Fischer G, Tramberend S. An estimation of the extent of cropland abandonment in mountainous regions of China [J]. Land Degradation & Development, 2018b, 29 (5): 1327-1342.

[138] Li S, Li X, Xin L, Tan H, Wang X, Wang R, Jiang M, Wang Y. Extent and Distribution of Cropland Abandonment in Chinese Mountainous Areas [J]. Resources Science, 2017b, 39 (10): 1801-1811.

[139] Li Y, Li Y, Westlund H, Liu Y. Urban-rural transformation in relation to cultivated land conversion in China: Implications for optimizing land use and balanced regional development [J]. Land use policy, 2015, 47: 218-224.

[140] Lieskovsky J, Bezák P, Špulerová J, Lieskovsky T, Koleda P, Dobrovodská M, Bürgi M, Gimmi U. The Abandonment of Traditional Agricultural Landscape in Slovakia-Analysis of Extent and Driving Forces [J]. Journal of rural studies, 2015, 37: 75-84.

[141] Lin J Y, Yang D T. Food availability, entitlements and the Chinese famine of 1959-61 [J]. Economic Journal, 2000, 110 (460): 136-158.

[142] Lindell M K, Perry R W. Communicating environmental risk in

multiethnic communities [M]. Thousand Oaks: Sage Publications, 2003.

[143] Lipton M. Migration from rural areas of poor countries: the impact on rural productivity and income distribution [J]. World Development, 1980, 8 (1): 1-24.

[144] Liu C Y, Ye L, Feng B. Migrant entrepreneurship in China: entrepreneurial transition and firm performance [J]. Small Business Economics, 2019, 52 (3): 681-696.

[145] Liu Z, Chen Q, Xie H. Influence of the farmer's livelihood assets on livelihood strategies in the western mountainous area, China [J]. Sustainability, 2018, 10 (3): 875.

[146] Long H, Tu S, Ge D, Li T, Liu Y. The allocation and management of critical resources in rural China under restructuring: Problems and prospects [J]. Journal of rural studies, 2016, 47: 392-412.

[147] Long H, Wu X, Wang W, Dong G. Analysis of urban-rural land-use change during 1995 - 2006 and its policy dimensional driving forces in Chongqing, China [J]. Sensors, 2008, 8 (2): 681-699.

[148] Long H, Zou J. Farmland destroyed by natural hazards in China: Spatio-temporal pattern and integrated prevention and treatment system [J]. Disaster Advances, 2010, 3 (4): 592-597.

[149] Luo W, Liu C-C. Innovative landslide susceptibility mapping supported by geomorphon and geographical detector methods [J]. Landslides, 2018, 15 (3): 465-474.

[150] Luo X, Zhang Z, Lu X, Zhang L. Topographic Heterogeneity, Rural Labor Transfer and Cultivated Land Use: An Empirical Study of Plain and Low-Hill areas in China [J]. Papers in Regional Science, 2019: 1-22.

[151] Ma W, Abdulai A, Ma C. The effects of off-farm work on fertilizer

and pesticide expenditures in China [J]. Review of Development Economics, 2018a, 22 (2): 573-591.

[152] Ma W, Renwick A, Nie P, Tang J, Cai R. Off-farm work, smartphone use and household income: Evidence from rural China [J]. China Economic Review, 2018b, 52: 80-94.

[153] Ma W, Zhou X, Renwick A. Impact of off-farm income on household energy expenditures in China: Implications for rural energy transition [J]. Energy Policy, 2019, 127: 248-258.

[154] Ma W, Zhu Z. Reducing Cropland Abandonment in China: Do Agricultural Cooperatives Play a Role [J]. Journal of Agricultural Economics, 2020, forthcoming.

[155] MacDonald D, Crabtree J, Wiesinger G, Dax T, Stamou N, Fleury P, Lazpita J G, Gibon A. Agricultural abandonment in mountain areas of Europe: environmental consequences and policy response [J]. Journal of Environmental Management, 2000, 59 (1): 47-69.

[156] Mago S. Migration as a livelihood strategy in Ethiopia: fallacy or reality? [J]. International Journal of Migration, Health and Social Care, 2018, 14 (3): 230-244.

[157] Malmendier U, Nagel S. Depression babies: do macroeconomic experiences affect risk taking? [J]. The Quarterly journal of economics, 2011, 126 (1): 373-416.

[158] Mathenge M K, Smale M, Tschirley D. Off-farm employment and input intensification among smallholder maize farmers in Kenya [J]. Journal of Agricultural Economics, 2015, 66 (2): 519-536.

[159] Mclennan B, Garvin T. Intra-regional variation in land use and livelihood change during a forest transition in Costa Rica's dry North West [J]. Land use policy, 2012, 29 (1): 119-130.

[160] Melendez-Pastor I, Hernández E, Navarro-Pedreño J, Gomez I. Socioeconomic factors influencing land cover changes in rural areas: The case of the Sierra de Albarracín (Spain) [J]. Applied geography, 2014, 52: 34-45.

[161] Meng X, Qian N. The long term consequences of famine on survivors: evidence from a unique natural experiment using China's great famine [R]. National Bureau of Economic Research, 2009.

[162] Mertens K, Jacobs L, Maes J, Kabaseke C, Maertens M, Poesen J, Kervyn M, Vranken L. The direct impact of landslides on household income in tropical regions: A case study from the Rwenzori Mountains in Uganda [J]. Science of the Total Environment, 2016, 550: 1032-1043.

[163] Mertens K, Jacobs L, Maes J, Poesen J, Kervyn M, Vranken L. Disaster risk reduction among households exposed to landslide hazard: A crucial role for self-efficacy? [J]. Land use policy, 2018, 75: 77-91.

[164] Mistri A, Das B. Environmental Change and Migration: A Growing Concern [M]. Environmental Change, Livelihood Issues and Migration. Springer, 2020.

[165] MNRPRC. National Geological Disaster Notification 2016 (Ministry of Natural Resources of the People's Republic of China) [R]. 2017.

[166] Morera M C, Gladwin C H. Does off-farm work discourage soil conservation? Incentives and disincentives throughout two Honduran hillside communities [J]. Human Ecology, 2006, 34 (3): 355-378.

[167] Müller D, Leitão P J, Sikor T. Comparing the determinants of cropland abandonment in Albania and Romania using boosted regression trees [J]. Agricultural Systems, 2013, 117: 66-77.

[168] Munteanu C, Kuemmerle T, Boltiziar M, Butsic V, Gimmi U, Halada L, Kaim D, Király G, Konkoly-Gyuró é, Kozak J. Forest and agricultural land change in the Carpathian region—A meta-analysis of long-term patterns and drivers of change [J]. Land use policy, 2014, 38: 685-697.

[169] National Academies of Sciences E, Medicine. Attribution of extreme weather events in the context of climate change [M]. Washington, DC: National Academies Press, 2016.

[170] Nguyen T T, Nguyen L D, Lippe R S, Grote U. Determinants of farmers' land use decision-making: Comparative evidence from Thailand and Vietnam [J]. World Development, 2017, 89: 199-213.

[171] Nikodemus O ǵ, Bell S, Grīne I, Liepiņš I. The Impact of Economic, Social and Political Factors on the Landscape Structure of the Vidzeme Uplands in Latvia [J]. Landscape and Urban Planning, 2005, 70 (1-2): 57-67.

[172] Ogunbode C A, Demski C, Capstick S B, Sposato R G. Attribution matters: revisiting the link between extreme weather experience and climate change mitigation responses [J]. Global Environmental Change, 2019, 54: 31-39.

[173] Osili U O. Migrants and housing investments: Theory and evidence from Nigeria [J]. Economic Development and Cultural Change, 2004, 52 (4): 821-849.

[174] Pan Z, Xu W, Huang Z, Wang G. The effects of labour migration on rural household production in inland China: Do landform conditions matter? [J]. Population, Space and Place, 2018, 24 (2): e2086.

[175] Panagos P, Standardi G, Borrelli P, Lugato E, Montanarella L,

Bosello F. Cost of agricultural productivity loss due to soil erosion in the European Union: From direct cost evaluation approaches to the use of macroeconomic models [J]. Land Degradation & Development, 2018, 29 (3): 471-484.

[176] Peacock W G, Brody S D, Highfield W. Hurricane risk perceptions among Florida's single family homeowners [J]. Landscape and Urban Planning, 2005, 73 (2-3): 120-135.

[177] Peng L, Lin L, Liu S, Xu D. Interaction between risk perception and sense of place in disaster-prone mountain areas: A case study in China's Three Gorges Reservoir Area [J]. Natural Hazards, 2017, 85 (2): 777-792.

[178] Peng L, Xu D, Wang X. Vulnerability of rural household livelihood to climate variability and adaptive strategies in landslide-threatened western mountainous regions of the Three Gorges Reservoir Area, China [J]. Climate and Development, 2018: 1-16.

[179] Persichillo M G, Bordoni M, Meisina C. The role of land use changes in the distribution of shallow landslides [J]. Science of the Total Environment, 2017, 574: 924-937.

[180] Petley D. Global patterns of loss of life from landslides [J]. Geology, 2012, 40 (10): 927-930.

[181] Pettorelli N, Schulte to Bühne H, Tulloch A, Dubois G, Macinnis-Ng C, Queirós A M, Keith D A, Wegmann M, Schrodt F, Stellmes M. Satellite remote sensing of ecosystem functions: Opportunities, challenges and way forward [J]. Remote Sensing in Ecology and Conservation, 2018, 4 (2): 71-93.

[182] Pfeil-McCullough E, Bain D J, Bergman J, Crumrine D. Emerald ash borer and the urban forest: Changes in landslide potential due to canopy loss scenarios in the City of Pittsburgh, PA [J]. Science of

the Total Environment, 2015, 536: 538-545.

[183] Piguet E. From "primitive migration" to "climate refugees": The curious fate of the natural environment in migration studies [J]. Annals of the Association of American Geographers, 2013, 103 (1): 148-162.

[184] Pingali P. Agricultural mechanization: adoption patterns and economic impact [J]. Handbook of agricultural economics, 2007, 3: 2779-2805.

[185] Pisano L, Zumpano V, Malek Ž, Rosskopf C M, Parise M. Variations in the susceptibility to landslides, as a consequence of land cover changes: A look to the past, and another towards the future [J]. Science of the Total Environment, 2017, 601: 1147-1159.

[186] Plieninger T, Draux H, Fagerholm N, Bieling C, Bürgi M, Kizos T, Kuemmerle T, Primdahl J, Verburg P H. The driving forces of landscape change in Europe: A systematic review of the evidence [J]. Land use policy, 2016, 57: 204-214.

[187] Plieninger T, Hui C, Gaertner M, Huntsinger L. The impact of land abandonment on species richness and abundance in the Mediterranean Basin: a meta-analysis [J]. PLoS ONE, 2014, 9 (5): e98355.

[188] Prishchepov A V, Müller D, Dubinin M, Baumann M, Radeloff V C. Determinants of Agricultural Land Abandonment in Post-Soviet European Russia [J]. Land use policy, 2013, 30 (1): 873-884.

[189] Qian W, Wang D, Zheng L. The impact of migration on agricultural restructuring: Evidence from Jiangxi Province in China [J]. Journal of rural studies, 2016, 47: 542-551.

[190] Qin H. Rural-to-urban labor migration, household livelihoods, and the rural environment in Chongqing Municipality, Southwest China

[J]. Human Ecology, 2010, 38 (5): 675-690.

[191] Qiu B, Yang X, Tang Z, Chen C, Li H, Berry J. Urban expansion or poor productivity: Explaining regional differences in cropland abandonment in China during the early 21st century [J]. Land Degradation & Development, 2020, forthcoming.

[192] Queiroz C, Beilin R, Folke C, Lindborg R. Farmland abandonment: threat or opportunity for biodiversity conservation? A global review [J]. Frontiers in Ecology and the Environment, 2014, 12 (5): 288-296.

[193] Quisumbing A, McNiven S. Moving forward, looking back: The impact of migration and remittances on assets, consumption, and credit constraints in the rural Philippines [J]. The Journal of Development Studies, 2010, 46 (1): 91-113.

[194] Rahman A, Mishra S. Does non-farm income affect food security? Evidence from India [J]. The Journal of Development Studies, 2019: 1-20.

[195] Rahman H T, Robinson B E, Ford J D, Hickey G M. How do capital asset interactions affect livelihood sensitivity to climatic stresses? Insights from the northeastern floodplains of Bangladesh [J]. Ecological Economics, 2018, 150: 165-176.

[196] Ramankutty N, Heller E, Rhemtulla J. Prevailing myths about agricultural abandonment and forest regrowth in the United States [J]. Annals of the Association of American Geographers, 2010, 100 (3): 502-512.

[197] Ravenstein E G. The laws of migration [J]. Journal of the statistical society of London, 1885, 48 (2): 167-235.

[198] Renn O. The social amplification/attenuation of risk framework: application to climate change [J]. Wiley Interdisciplinary Reviews:

Climate Change, 2011, 2 (2): 154-169.

[199] Renwick A, Jansson T, Verburg P H, Revoredo-Giha C, Britz W, Gocht A, McCracken D. Policy reform and agricultural land abandonment in the EU [J]. Land use policy, 2013, 30 (1): 446-457.

[200] Restuccia D, Rogerson R. Misallocation and productivity [J]. Review of Economic Dynamics, 2013, 16 (1): 1-10.

[201] Restuccia D, Santaeulalia-Llopis R. Land misallocation and productivity [R]. National Bureau of Economic Research, 2017.

[202] Roxby P M. The conference on regional survey at newbury [J]. The Geographical Teacher, 1917, 9 (2): 94-98.

[203] Roxby P M. The scope and aims of human geography [J]. Scottish Geographical Magazine, 1930, 46 (5): 276-290.

[204] Rudel T, Fu C. A Requiem for the Southern Regionalists: Reforestation in the South and the Uses of Regional Social Science [J]. Social Science Quarterly, 1996: 804-820.

[205] Rudel T K, Schneider L, Uriarte M, Turner B L, DeFries R, Lawrence D, Geoghegan J, Hecht S, Ickowitz A, Lambin E F. Agricultural intensification and changes in cultivated areas, 1970-2005 [J]. Proceedings of the national academy of sciences, 2009, 106 (49): 20675-20680.

[206] Sacerdote B. Peer effects with random assignment: Results for Dartmouth roommates [J]. The Quarterly journal of economics, 2001, 116 (2): 681-704.

[207] Sana M, Massey D S. Household composition, family migration, and community context: Migrant remittances in four countries [J]. Social Science Quarterly, 2005, 86 (2): 509-528.

[208] Sankey T T, Massey R, Yadav K, Congalton R G, Tilton J C.

Post-socialist cropland changes and abandonment in Mongolia [J]. Land Degradation & Development, 2018, 29 (9): 2808-2821.

[209] Schelling T C. Micromotives and macrobehavior [M]. WW Norton & Company, 2006.

[210] Scoones I. Sustainable rural livelihoods: a framework for analysis [M]. IDS Working Paper 72: Brighton: Institute of Development Studies, 1998.

[211] Scoones I. Livelihoods perspectives and rural development [J]. The journal of peasant studies, 2009, 36 (1): 171-196.

[212] Seeger M, Ries J. Soil degradation and soil surface process intensities on abandoned fields in Mediterranean mountain environments [J]. Land Degradation & Development, 2008, 19 (5): 488-501.

[213] Sheng Y, Chancellor W. Exploring the relationship between farm size and productivity: Evidence from the Australian grains industry [J]. Food Policy, 2019, 84: 196-204.

[214] Shi P. Natural disasters in China [M]. Netherlands: Springer, 2016.

[215] Shi W, Tao F, Liu J, Xu X, Kuang W, Dong J, Shi X. Has climate change driven spatio-temporal changes of cropland in northern China since the 1970s? [J]. Climatic Change, 2014, 124 (1-2): 163-177.

[216] Shi X. Heterogeneous effects of rural-urban migration on agricultural productivity: Evidence from China [J]. China Agricultural Economic Review, 2018, 10 (3): 482-497.

[217] Shi X, Wang W, Shi W. Progress on quantitative assessment of the impacts of climate change and human activities on cropland change [J]. Journal of Geographical Sciences, 2016, 26 (3): 339-354.

[218] Shively G, Martinez E. Deforestation, irrigation, employment, and cautious optimism in southern Palawan, the Philippines [M]. //A.

Angelsen, D. Kaimowitz, Agricultural technologies and tropical deforestation. London, UK: CABI Publishing, 2001.

[219] Sikor T, Müller D, Stahl J. Land Fragmentation and Cropland Abandonment in Albania: Implications for the Roles of State and Community in Post-socialist Land Consolidation [J]. World Development, 2009, 37 (8): 1411-1423.

[220] Sil Â, Fernandes P M, Rodrigues A P, Alonso J M, Honrado J P, Perera A, Azevedo J C. Farmland abandonment decreases the fire regulation capacity and the fire protection ecosystem service in mountain landscapes [J]. Ecosystem Services, 2019, 36: 100908.

[221] Slovic P. Perception of risk [J]. Science, 1987, 236 (4799): 280-285.

[222] Sluiter R, de Jong S M. Spatial patterns of Mediterranean land abandonment and related land cover transitions [J]. Landscape Ecology, 2007, 22 (4): 559-576.

[223] Smith A M, Kolden C A, Paveglio T B, Cochrane M A, Bowman D M, Moritz M A, Kliskey A D, Alessa L, Hudak A T, Hoffman C M. The science of firescapes: achieving fire-resilient communities [J]. BioScience, 2016, 66 (2): 130-146.

[224] Sohultz T W. Transforming Traditional Agriculture [M]. New Haven: Yale University Press, 1964.

[225] Soltani A, Angelsen A, Eid T, Naieni M S N, Shamekhi T. Poverty, sustainability, and household livelihood strategies in Zagros, Iran [J]. Ecological Economics, 2012, 79: 60-70.

[226] Speranza C I, Wiesmann U, Rist S. An indicator framework for assessing livelihood resilience in the context of social-ecological dynamics [J]. Global Environmental Change, 2014, 28: 109-119.

[227] Stanchi S, Freppaz M, Agnelli A, Reinsch T, Zanini E. Properties,

best management practices and conservation of terraced soils in Southern Europe (from Mediterranean areas to the Alps): a review [J]. Quaternary International, 2012, 265: 90-100.

[228] Stark O. On the role of urban-to-rural remittances in rural development [J]. Journal of Development Studies, 1980, 16: 369-374.

[229] Stark O. Research on rural-to-urban migration in less developed countries: the confusion frontier and why we should pause to rethink afresh [J]. World Development, 1982, 10: 73-80.

[230] Stark O. The Migration of Labor [M]. Cambridge, MA: Basil Blackwell, 1991.

[231] Stark O, Bloom D E. The new economics of labor migration [J]. The American economic review, 1985, 75 (2): 173-178.

[232] Su F, Saikia U, Hay I. Relationships between livelihood risks and livelihood capitals: A case study in Shiyang River Basin, China [J]. Sustainability, 2018a, 10 (2): 509.

[233] Su G, Okahashi H, Chen L. Spatial pattern of farmland abandonment in Japan: Identification and determinants [J]. Sustainability, 2018b, 10 (10): 3676.

[234] Su W, Eriksson T, Zhang L. Off-farm employment, land renting and concentration of farmland in the process of urbanization: Chinese evidence [J]. China Agricultural Economic Review, 2018c, 10 (2): 338-350.

[235] Su W, Liu C, Zhang L, Luo R, Yi H. Household-level linkages between off-farm employment and agricultural fixed assets in rural China [J]. China Agricultural Economic Review, 2015, 7 (2): 185-196.

[236] Tan M, Li X, Xie H, Lu C. Urban land expansion and arable land

loss in China—a case study of Beijing-Tianjin-Hebei region [J]. Land use policy, 2005, 22 (3): 187-196.

[237] Taylor E J. The new economics of labour migration and the role of remittances in the migration process [J]. International Migration, 1999, 37 (1): 63-88.

[238] Taylor J E, Martin P L. Human capital: Migration and rural population change [J]. Handbook of agricultural economics, 2001, 1: 457-511.

[239] Taylor J E, Rozelle S, De Brauw A. Migration and incomes in source communities: A new economics of migration perspective from China [J]. Economic Development and Cultural Change, 2003, 52 (1): 75-101.

[240] Terres J-M, Scacchiafichi L N, Wania A, Ambar M, Anguiano E, Buckwell A, Coppola A, Gocht A, Källström H N, Pointereau P. Farmland abandonment in Europe: Identification of drivers and indicators, and development of a composite indicator of risk [J]. Land use policy, 2015, 49: 20-34.

[241] Thaler R. Toward a positive theory of consumer choice [J]. Journal of Economic Behavior & Organization, 1980, 1 (1): 39-60.

[242] Tian D, Xiang Y, Wang B, Li M, Liu Y, Wang J, Li Z, Niu S. Cropland abandonment enhances soil inorganic nitrogen retention and carbon stock in China: A meta-analysis [J]. Land Degradation & Development, 2018, 29 (11): 3898-3906.

[243] Tobin J. Estimation of relationships for limited dependent variables [J]. Econometrica, 1958, 26 (1): 24-36.

[244] Todaro M. Internal migration in developing countries: a survey [M]. Population and economic change in developing countries. University of Chicago Press, 1980.

[245] Todaro M P. A model of labor migration and urban unemployment in less developed countries [J]. The American economic review, 1969, 59 (1): 138-148.

[246] Trigila A, Iadanza C, Esposito C, Scarascia-Mugnozza G. Comparison of logistic regression and random forests techniques for shallow landslide susceptibility assessment in Giampilieri (NE Sicily, Italy) [J]. Geomorphology, 2015, 249: 119-136.

[247] Tshikala S K, Kostandini G, Fonsah E G. The Impact of Migration, Remittances and Public Transfers on Technology Adoption: The Case of Cereal Producers in Rural Kenya [J]. Journal of Agricultural Economics, 2019, 70 (2): 316-331.

[248] Tu S, Long H, Zhang Y, Ge D, Qu Y. Rural restructuring at village level under rapid urbanization in metropolitan suburbs of China and its implications for innovations in land use policy [J]. Habitat International, 2018, 77: 143-152.

[249] Tuan Y-F. Space and place: humanistic perspective [M]. Philosophy in geography. Netherlands: Springer, 1979.

[250] Ursino N, Romano N. Wild forest fire regime following land abandonment in the Mediterranean region [J]. Geophysical Research Letters, 2014, 41 (23): 8359-8368.

[251] Ustaoglu E, Collier M J. Farmland abandonment in Europe: an overview of drivers, consequences, and assessment of the sustainability implications [J]. Environmental Reviews, 2018, 26 (4): 396-416.

[252] Vadillo J A, Monreal N L-R, Flaño P R, Bellido N P, Martínez T L. Mass soil movement on terraced landscapes of the Mediterranean mountain areas: A case study of the Iberian Range, Spain [J]. Cuadernos de investigación geográfica/Geographical Research Letters,

2017（43）：83-100.

[253] Valin H, Sands R D, Van der Mensbrugghe D, Nelson G C, Ahammad H, Blanc E, Bodirsky B, Fujimori S, Hasegawa T, Havlik P. The future of food demand: understanding differences in global economic models [J]. Agricultural Economics, 2014, 45 (1): 51-67.

[254] Van Doorn A M, Bakker M M. The destination of arable land in a marginal agricultural landscape in South Portugal: an exploration of land use change determinants [J]. Landscape Ecology, 2007, 22 (7): 1073-1087.

[255] Van Meijl H, Van Rheenen T, Tabeau A, Eickhout B. The impact of different policy environments on agricultural land use in Europe [J]. Agriculture, Ecosystems & Environment, 2006, 114 (1): 21-38.

[256] Varnes D J. Landslide types and processes [J]. Landslides and engineering practice, 1958, 29 (3): 20-45.

[257] Vergari F. Assessing soil erosion hazard in a key badland area of Central Italy [J]. Natural Hazards, 2015, 79 (1): 71-95.

[258] Veronis L, McLeman R. Environmental influences on African migration to Canada: focus group findings from Ottawa-Gatineau [J]. Population and Environment, 2014, 36 (2): 234-251.

[259] Wan J, Deng W, Song X, Liu Y, Zhang S, Su Y, Lu Y. Spatio-temporal impact of rural livelihood capital on labor migration in Panxi, southwestern mountainous region of China [J]. Chinese geographical science, 2018, 28 (1): 153-166.

[260] Wang H, Smyth R, Cheng Z. The economic returns to proficiency in English in China [J]. China Economic Review, 2017, 43: 91-104.

[261] Wang Y, Bilsborrow R E, Zhang Q, Li J, Song C. Effects of payment for ecosystem services and agricultural subsidy programs on rural household land use decisions in China: Synergy or trade-off? [J]. Land use policy, 2019, 81: 785-801.

[262] Ward C, Stringer L C, Holmes G. Protected area co-management and perceived livelihood impacts [J]. Journal of Environmental Management, 2018, 228: 1-12.

[263] Ward F A, Pulido-Velazquez M. Water conservation in irrigation can increase water use [J]. Proceedings of the national academy of sciences, 2008.

[264] Warner K, Hamza M, Oliver-Smith A, Renaud F, Julca A. Climate change, environmental degradation and migration [J]. Natural Hazards, 2010, 55 (3): 689-715.

[265] Weissteiner C J, Boschetti M, Böttcher K, Carrara P, Bordogna G, Brivio P A. Spatial explicit assessment of rural land abandonment in the Mediterranean area [J]. Global and Planetary Change, 2011, 79 (1-2): 20-36.

[266] Wooldridge J M. Introductory econometrics: A modern approach, 6E [M]. Boston: Cengage Learning, 2015.

[267] Xie F, Zhu S, Cao M, Kang X, Du J. Does rural labor outward migration reduce household forest investment? The experience of Jiangxi, China [J]. Forest Policy And Economics, 2019, 101: 62-69.

[268] Xie H, Wang P, Yao G. Exploring the dynamic mechanisms of farmland abandonment based on a spatially explicit economic model for environmental sustainability: A case study in Jiangxi Province, China [J]. Sustainability, 2014, 6 (3): 1260-1282.

[269] Xie Y, Jiang Q. Land arrangements for rural-urban migrant workers

in China: Findings from Jiangsu Province [J]. Land use policy, 2016, 50: 262-267.

[270] Xu D, Deng X, Guo S, Liu S. Labor migration and farmland abandonment in rural China: Empirical results and policy implications [J]. Journal of Environmental Management, 2019a, 232: 738-750.

[271] Xu D, Deng X, Guo S, Liu S. Sensitivity of Livelihood Strategy to Livelihood Capital: An Empirical Investigation Using Nationally Representative Survey Data from Rural China [J]. Social Indicators Research, 2019b, 144 (1): 113-131.

[272] Xu D, Deng X, Huang K, Liu Y, Yong Z, Liu S. Relationships between labor migration and cropland abandonment in rural China from the perspective of village types [J]. Land use policy, 2019c, 88: 104164.

[273] Xu D, Guo S, Xie F, Liu S, Cao S. The impact of rural laborer migration and household structure on household land use arrangements in mountainous areas of Sichuan Province, China [J]. Habitat International, 2017a, 70: 72-80.

[274] Xu D, Liu E, Wang X, Tang H, Liu S. Rural Households' Livelihood Capital, Risk Perception, and Willingness to Purchase Earthquake Disaster Insurance: Evidence from Southwestern China [J]. International Journal of Environmental Research and Public Health, 2018a, 15 (7): e15071319-e15071319.

[275] Xu D, Peng L, Liu S, Su C, Wang X, Chen T. Influences of migrant work income on the poverty vulnerability disaster threatened area: a case study of the Three Gorges Reservoir area, China [J]. International Journal of Disaster Risk Reduction, 2017b, 22: 62-70.

[276] Xu D, Peng L, Liu S, Su C, Wang X, Chen T. Influences of sense

of place on farming households' relocation willingness in areas threatened by geological disasters: Evidence from China [J]. International Journal of Disaster Risk Science, 2017c, 8 (1): 16-32.

[277] Xu D, Peng L, Liu S, Wang X. Influences of Risk Perception and Sense of Place on Landslide Disaster Preparedness in Southwestern China [J]. International Journal of Disaster Risk Science, 2018b: 1-14.

[278] Xu D, Peng L, Su C, Liu S, Wang X, Chen T. Influences of mass monitoring and mass prevention systems on peasant households' disaster risk perception in the landslide-threatened Three Gorges Reservoir area, China [J]. Habitat International, 2016, 58: 23-33.

[279] Xu D, Zhang J-f, Xie F-t, Liu S-q, Cao M-t, Liu E-l. Influential factors in employment location selection based on "push-pull" migration theory—a case study in Three Gorges Reservoir area in China [J]. Journal of Mountain Science, 2015a, 12 (6): 1562-1581.

[280] Xu D, Zhang J, Rasul G, Liu S, Xie F, Cao M, Liu E. Household livelihood strategies and dependence on agriculture in the mountainous settlements in the Three Gorges Reservoir Area, China [J]. Sustainability, 2015b, 7 (5): 4850-4869.

[281] Xu F, Ho H C, Chi G, Wang Z. Abandoned rural residential land: Using machine learning techniques to identify rural residential land vulnerable to be abandoned in mountainous areas [J]. Habitat International, 2019d, 84: 43-56.

[282] Xystrakis F, Psarras T, Koutsias N. A process-based land use/land cover change assessment on a mountainous area of Greece during

1945 – 2009: signs of socio-economic drivers [J]. Science of the Total Environment, 2017, 587: 360-370.

[283] Yan J, Yang Z, Li Z, Li X, Xin L, Sun L. Drivers of cropland abandonment in mountainous areas: A household decision model on farming scale in Southwest China [J]. Land use policy, 2016, 57: 459-469.

[284] Yang D. International migration, remittances and household investment: Evidence from Philippine migrants' exchange rate shocks [J]. The Economic Journal, 2008, 118 (528): 591-630.

[285] Yang L, Liu M, Lun F, Min Q, Li W. The impacts of farmers' livelihood capitals on planting decisions: A case study of Zhagana Agriculture-Forestry-Animal Husbandry Composite System [J]. Land use policy, 2019, 86: 208-217.

[286] Zakkak S, Kakalis E, Radović A, Halley J M, Kati V. The impact of forest encroachment after agricultural land abandonment on passerine bird communities: The case of Greece [J]. Journal for Nature Conservation, 2014, 22 (2): 157-165.

[287] Zhang J. China's Success in Increasing Per Capita Food Production [J]. Journal of Experimental Botany, 2011, 62 (11): 3707-3711.

[288] Zhang L, Dong Y, Liu C, Bai Y. Off-farm employment over the past four decades in rural China [J]. China Agricultural Economic Review, 2018, 10 (2): 190-214.

[289] Zhang Q, Zhao X, Tang H. Vulnerability of communities to climate change: application of the livelihood vulnerability index to an environmentally sensitive region of China [J]. Climate and Development, 2019, 11 (6): 525-542.

[290] Zhang Y, Li X, Song W. Determinants of cropland abandonment at the parcel, household and village levels in mountain areas of China: A

multi-level analysis[J]. Land use policy, 2014, 41: 186-192.

[291] Zhao Y. Causes and consequences of return migration: recent evidence from China[J]. Journal of Comparative Economics, 2002, 30(2): 376-394.

[292] Zhou M. Gender Differences in the Provision of Job-Search Help[J]. Gender & Society, 2019, 33(5): 746-771.

[293] Zhu Y, Wu Z, Peng L, Sheng L. Where did all the remittances go? Understanding the impact of remittances on consumption patterns in rural China[J]. Applied Economics, 2014, 46(12): 1312-1322.

[294] Zou B, Mishra A K, Luo B. Aging population, farm succession, and farmland usage: Evidence from rural China[J]. Land use policy, 2018, 77: 437-445.

[295] 曹小红, 尚彦军, 弓小平, 孟和, 艾比拜尔·买买提. 特克斯达坂滑坡灾害发育特征、成因机制及防治措施[J]. 新疆地质, 2019, 37(2): 260-265.

[296] 曹志宏, 郝晋珉, 梁流涛. 农户耕地撂荒行为经济分析与策略研究[J]. 农业技术经济, 2008, (3): 43-46.

[297] 曾亿武. 农产品淘宝村集群的形成及对农户收入的影响[D]. 浙江大学, 2018.

[298] 常晓军, 葛伟亚, 于洋, 赵宇, 叶龙珍, 张泰丽, 魏振磊. 福建省永泰县东门旗山滑坡诱发机理与防治措施[J]. 吉林大学学报(地球科学版), 2019, 49(04): 1063-1072.

[299] 陈国阶, 方一平, 陈勇, 沈茂英, 杨定国, 王青, 刘邵权, 高延军. 中国山区发展报告 中国山区聚落研究[M]. 北京: 商务印书馆, 2007.

[300] 陈宁生, 胡桂胜, 王涛, 丁海涛, 邓明枫, 杨成林. 山地灾害形成与预测预警[M]. 北京: 科学出版社, 2017.

[301] 陈强. 高级计量经济学及Stata应用[M]. 北京: 高等教育出版

社，2014.

[302] 陈心佩，信桂新，魏朝富.贫困山区弃耕撂荒及其影响因素分析——以重庆市酉阳县两乡四村为例[J].西南大学学报：自然科学版，2016，38（9）：166-174.

[303] 陈欣怡，郑国全.国内外耕地撂荒研究进展[J].中国人口资源与环境，2018，28（S2）：37-41.

[304] 陈奕山.农时视角下乡村劳动力的劳动时间配置：农业生产和非农就业的关系分析[J].中国人口科学，2019，(2)：75-86+127-128.

[305] 程名望.中国农村劳动力转移：机理、动因与障碍[D].上海：上海交通大学，2007.

[306] 程宪波.山区农户耕地抛荒影响因素研究[D].昆明：云南财经大学，2018.

[307] 崔鹏，苏凤环，邹强，陈宁生，张镱锂.青藏高原山地灾害和气象灾害风险评估与减灾对策[J].科学通报，2015，60（32）：3067-3077.

[308] 丁建军，金宁波，贾武，易肖肖，王永明.武陵山片区城镇化的农户生计响应及影响因素研究——基于3个典型乡镇355户农户调查数据的分析[J].地理研究，2019，38（08）：2027-2043.

[309] 丁士军，张银银，马志雄.被征地农户生计能力变化研究——基于可持续生计框架的改进[J].农业经济问题，2016，37（06）：25-34+110-111.

[310] 定光平，刘成武，黄利民.惠农政策下丘陵山区农地边际化的理论[J].地理研究，2009，28（1）：109-117.

[311] 董晓波.耕地抛荒问题的实证研究[J].技术经济，2007，26（8）：104-106.

[312] 樊杰."人地关系地域系统"是综合研究地理格局形成与演变规律的理论基石[J].地理学报，2018，73（4）：597-607.

[313] 方鸿.非农就业对农户农业生产性投资的影响[J].云南财经大学学报,2013,29(1):77-83.

[314] 费孝通.乡土中国[M].北京:人民出版社,2016.

[315] 冯大威.家庭财富、创业行为与个体效用[D].广州:暨南大学,2018.

[316] 冯红燕.农户耕地抛荒的驱动因素研究——基于农户调查的计量分析[D]. 浙江大学,2011.

[317] 冯茂秋,潘洪义,朱芳,房力川.不同撂荒耕地类型空间格局及影响因素研究——以德阳市中江县为例[J].西南农业学报,2018,31(6):170-176.

[318] 甘犁,尹志超.中国家庭金融调查报告(2014)[M].成都:西南财经大学出版社,2015.

[319] 甘宇,胡小平.返乡创业农民工家庭生计策略转换[J].华南农业大学学报(社会科学版),2019,18(05):70-82.

[320] 高会会,裴向军,崔圣华,朱凌,梁玉飞.汶川震区震后地质灾害发育分布及演化特征浅析[J].长江科学院院报,2019,36(8):73-80.

[321] 戈大专,龙花楼,杨忍.中国耕地利用转型格局及驱动因素研究——基于人均耕地面积视角[J].资源科学,2018,40(2):273-283.

[322] 葛霖,高明,胡正峰,韩晓飞.基于农户视角的山区耕地撂荒原因分析[J].中国农业资源与区划,2012,33(4):42-46.

[323] 龚敏芳,洪名勇,尚名扬.耕地抛荒与农村劳动力余缺的关系分析[J].南方农业学报,2013,44(3):526-529.

[324] 郭琳,车士义.父母非农就业、外出打工与子女的教育获得[J].兰州学刊,2011,(3):107-114.

[325] 郭晓鸣,张克俊,虞洪,高杰,周小娟,苏艺.实施乡村振兴战略的系统认识与道路选择[J].农村经济,2018,(1):11-20.

[326] 何仁伟.城乡融合与乡村振兴:理论探讨、机理阐释与实现路径[J].地理研究,2018,37(11):2127-2140.

[327] 何仁伟,方方,刘运伟.贫困山区农户人力资本对生计策略的影响研究——以四川省凉山彝族自治州为例[J].地理科学进展,2019,38(9):1282-1293.

[328] 何亚芬.农户异质性视角下丘陵山区耕地利用生态转型行为机理研究[D].南昌:江西财经大学,2018.

[329] 胡守庚,童陆亿,龙花楼.论土地利用转型潜力及其评价的理论框架[J].地理研究,2019,38(6):1367-1377.

[330] 花晓波,阎建忠,袁小燕.劳动力务农机会成本上升对丘陵山区农地弃耕的影响——以重庆市酉阳县为例[J].西南大学学报:自然科学版,2014,36(1):111-119.

[331] 黄利民.农地边际化及其效应研究[D].武汉:华中农业大学,2009.

[332] 纪月清,钟甫宁.非农就业与农户农机服务利用[J].南京农业大学学报(社会科学版),2013,13(05):47-52.

[333] 贾晋,李雪峰,申云.乡村振兴战略的指标体系构建与实证分析[J].财经科学,2018,(11):70-82.

[334] 贾耀锋.中国生态移民效益评估研究综述[J].资源科学,2016,38(08):1550-1560.

[335] 邝佛缘,陈美球,鲁燕飞,翁贞林.生计资本对农户耕地保护意愿的影响分析——以江西省587份问卷为例[J].中国土地科学,2017,31(02):58-66.

[336] 雷锟,阎建忠,何威风.基于农户尺度的山区耕地撂荒影响因素分析[J].西南大学学报:自然科学版,2016,38(7):149-157.

[337] 黎红梅,田松鹤.易地扶贫搬迁农户承包地处置方式选择及其影响因素——基于湖南省搬迁农户调查[J].吉首大学学报:社会科学版,2019,40(1):39-48.

[338] 李聪, 刘若鸿, 许晏君. 易地扶贫搬迁、生计资本与农户收入不平等——来自陕南的证据 [J]. 农业技术经济, 2019, (07): 52-67.

[339] 李德洗. 非农就业对农业生产的影响 [D]. 浙江大学, 2014.

[340] 李娟娟. 川东平行岭谷区撂荒地空间分布特征及撂荒原因研究 [D]. 重庆: 重庆师范大学, 2018.

[341] 李俊高, 李萍. 我国农地撂荒及其分类治理: 基于马克思地租理论的拓展分析 [J]. 财经科学, 2016, (12): 47-54.

[342] 李梦娜, 曾一萌. 非农就业, 基本医疗保险选择对农地流转的影响 [J]. 江汉学术, 2019, 38 (3): 41-48.

[343] 李升发, 李秀彬. 耕地撂荒研究进展与展望 [J]. 地理学报, 2016, 71 (3): 370-389.

[344] 李升发, 李秀彬. 中国山区耕地利用边际化表现及其机理 [J]. 地理学报, 2018, 73 (5): 803-817.

[345] 李升发, 李秀彬, 辛良杰, 谈明洪, 王学, 王仁靖, 蒋敏, 王亚辉. 中国山区耕地撂荒程度及空间分布——基于全国山区抽样调查结果 [J]. 资源科学, 2017, 39 (10): 1801-1811.

[346] 李秀彬, 赵宇鸾. 森林转型, 农地边际化与生态恢复 [J]. 中国人口资源与环境, 2011, 21 (10): 91-95.

[347] 梁义成, 李树茁. 中国农村可持续生计和发展研究 [M]. 北京: 社会科学文献出版社, 2014.

[348] 梁玉成, 周文, 郝令昕, 刘河庆. 流出地调查法: 农村流动人口调查的理论与实践 [J]. 华中科技大学学报 (社会科学版), 2015, 29 (04): 113-123.

[349] 刘芬华. 是何因素阻碍了中国农地流转——基于调研结果及相关观点的解析 [J]. 经济学家, 2011, 2 (2): 83-92.

[350] 刘世建, 唐邦兴, 柳素清. 我国山地灾害及其防治 [J]. 山地研究, 1996, (02): 103-109.

[351] 刘魏.土地征用、非农就业与城郊农民收入研究[D].重庆：西南大学，2017.

[352] 刘筱怡，张永双，郭长宝，吴瑞安，任三绍，沈亚麒.川西鲜水河呷拉宗古滑坡发育特征与形成演化过程[J].地质学报，2019，93（7）：1767-1777.

[353] 刘毓芸，徐现祥，肖泽凯.劳动力跨方言流动的倒 U 型模式[J].经济研究，2015，50（10）：134-146+162.

[354] 刘志飞.农户生计资产对土地利用的作用研究[D].南昌：江西财经大学，2016.

[355] 柳建平，刘咪咪，王璇旖.农村劳动力非农就业的微观效应分析——基于甘肃 14 个贫困村的调查资料[J].干旱区资源与环境，2018，32（06）：50-56.

[356] 龙花楼.论土地利用转型与土地资源管理[J].地理研究，2015，34（9）：1607-1618.

[357] 龙花楼，屠爽爽.乡村重构的理论认知[J].地理科学进展，2018，37（5）：581-590.

[358] 罗必良.明确发展思路，实施乡村振兴战略[J].南方经济，2017（10）：8-11.

[359] 罗湖平，唐禹，康红军，曾争.湖南省农户耕地抛荒意愿影响因素实证研究[J].浙江农业学报，2015，27（8）：1494-1498.

[360] 罗明忠，刘恺，朱文珏.确权减少了农地抛荒吗——源自川，豫，晋三省农户问卷调查的 PSM 实证分析[J].农业技术经济，2017，(2)：15-27.

[361] 罗拥华.耕地抛荒必然危及国家粮食安全吗[J].现代经济探讨，2012（10）：64-69.

[362] 吕开宇，王桦，金莲.不发达地区父母外出非农就业对子女教育的影响——从儿童辍学原因谈起[J].农业经济问题，2006，(4)：25-31.

[363] 吕新业,胡向东.农业补贴、非农就业与粮食生产——基于黑龙江、吉林、河南和山东四省的调研数据[J].农业经济问题,2017,38(09):85-91.

[364] 麻国庆.家与中国社会结构[M].北京:文物出版社,1999.

[365] 马玲玲.半干旱地区基于遥感与农户调查的耕地撂荒原因探究——以内蒙古和林格尔县为例[D]. 内蒙古师范大学,2010.

[366] 孟德斯鸠.论法的精神[M].北京:商务印书馆,1961.

[367] 倪学志.中国耕地抛荒的马克思地租理论分析及其可持续农业含义[J].内蒙古大学学报(哲学社会科学版),2014(5):9.

[368] 牛继强,林昊,牛樱楠,樊勇,唐文武.经济欠发达地区撂荒耕地空间格局与驱动因素分析[J].农业机械学报,2017,48(2):141-149.

[369] 潘学标,郑大玮.地质灾害及其减灾技术[M].北京:化学工业出版社,2010.

[370] 裴宏.马克思的绝对地租理论及其在当代的发展形式[J].经济学家,2015,7(7):13-20.

[371] 钱龙.非农就业、农地流转与农户农业生产变化[D]. 浙江大学,2017.

[372] 钱龙,洪名勇.非农就业,土地流转与农业生产效率变化——基于CFPS的实证分析[J].中国农村经济,2016,(12):2-16.

[373] 钱文荣,郑黎义.劳动力外出务工对农户水稻生产的影响[J].中国人口科学,2010,(05):58-65+111-112.

[374] 邱幼云.从耕地抛荒看土地保障功能的弱化——以闽西L村为个案[J].理论月刊,2014(12):124-128.

[375] 全磊,陈玉萍.农地转出户的生计资本流动及其影响因素分析[J].华中农业大学学报(社会科学版),2018,(02):127-135+161.

[376] 任启平.人地关系地域系统结构研究［D］.长春：东北师范大学，2005.

[377] 邵景安，张仕超，李秀彬.山区耕地边际化特征及其动因与政策含义［J］.地理学报，2014，69（2）：227-242.

[378] 沈绍梅.西部贫困山区农地抛荒问题研究［D］.北京：首都经济贸易大学，2017.

[379] 石磊.山体和滑坡灾害的传感网络预警技术研究［J］.灾害学，2019，34（3）：36-40.

[380] 史常亮.土地流转对农户资源配置及收入的影响研究［D］.北京：中国农业大学，2018.

[381] 史铁丑.重庆山区耕地撂荒的规模与影响因素［M］.北京：气象出版社，2018.

[382] 史铁丑，李秀彬.欧洲耕地撂荒研究及对我国的启示［J］.地理与地理信息科学，2013，29（3）：101-103.

[383] 史铁丑，李秀彬.基于地块尺度的重庆山区耕地撂荒风险研究［J］.山地学报，2017，（4）：543-555.

[384] 史铁丑，徐晓红.重庆市典型县撂荒耕地图斑的提取与验证［J］.农业工程学报，2016，32（24）：262-267.

[385] 宋世雄，梁小英，陈海，毛南赵.基于多智能体和土地转换模型的耕地撂荒模拟研究——以陕西省米脂县为例［J］.自然资源学报，2018，33（3）：515-525.

[386] 苏芳.农户生计风险对其生计资本的影响分析——以石羊河流域为例［J］.农业技术经济，2017，（12）：87-97.

[387] 苏卫良，刘承芳，张林秀.非农就业对农户家庭农业机械化服务影响研究［J］.农业技术经济，2016，（10）：4-11.

[388] 谭术魁.农民为何撂荒耕地［J］.中国土地科学，2001，15（5）：34-38.

[389] 谭术魁.耕地撂荒程度描述、可持续性评判指标体系及其模式

[J]. 中国土地科学, 2003, 17 (6): 3-8.

[390] 田玉军, 李秀彬, 马国霞, 郝海广. 劳动力析出对生态脆弱区耕地撂荒的影响 [J]. 中国土地科学, 2010, 24 (7): 4-9.

[391] 汪险生, 郭忠兴. 早年饥荒经历对农户土地租出行为的影响 [J]. 南京农业大学学报: 社会科学版, 2018, 18 (3): 103-112+155.

[392] 汪樱. 基于多智能体的农业环境政策影响下农户劳动力配置与土地利用决策机理研究 [D]. 武汉: 中国地质大学, 2018.

[393] 王爱民, 缪磊磊. 地理学人地关系研究的理论评述 [J]. 地球科学进展, 2000, 14 (4): 415-420.

[394] 王国亚, 任路滨, 吴玮江, 宿星, 冯乐涛, 姚正学. 甘肃岷县永光村滑坡特征及其成因研究 [J]. 冰川冻土, 2019, 41 (02): 392-399.

[395] 王沪宁. 当代中国村落家族文化: 对中国社会现代化的一项探索 [M]. 上海: 上海人民出版社, 1991.

[396] 王建英, 陈志钢, 黄祖辉, T. Reardon. 转型时期土地生产率与农户经营规模关系再考察 [J]. 管理世界, 2015, (09): 65-81.

[397] 王倩, 邱俊杰, 余劲. 移民搬迁是否加剧了山区耕地撂荒?——基于陕南三市1578户农户面板数据 [J]. 自然资源学报, 2019, (7): 1376-1390.

[398] 王振振, 王立剑. 精准扶贫可以提升农村贫困户可持续生计吗?——基于陕西省70个县 (区) 的调查 [J]. 农业经济问题, 2019, (04): 71-87.

[399] 王子成, 郭沐蓉. 劳动力外出模式对农户支出结构的影响 [J]. 中南财经政法大学学报, 2015, (01): 148-155.

[400] 魏建. 新一轮集体林产权制度改革对不同类型农户收入的影响研究 [D]. 中南林业科技大学, 2019.

[401] 温兴祥. 本地非农就业对农村居民家庭消费的影响——基于CHIP农村住户调查数据的实证研究 [J]. 中国经济问题, 2019

（03）：95-107.

[402] 温忠麟，刘红云，侯杰泰.调节效应和中介效应分析[M].北京：教育科学出版社，2012.

[403] 文洪星，韩青.非农就业如何影响农村居民家庭消费——基于总量与结构视角[J].中国农村观察，2018，141（3）：93-111.

[404] 文华成.四川丘区农村耕地撂荒问题研究[J].农村经济，2003（10）：18-20.

[405] 吴彩燕，王青.山区灾害与环境风险研究[M].北京：科学出版社，2012.

[406] 吴传钧.法国人地学家维达尔·白兰士的思想贡献[J].人文地理，1986（1）：12-16.

[407] 吴传钧.论地理学的研究核心——人地关系地域系统[J].经济地理，1991，11（3）：1-6.

[408] 吴飞.浮生取义[M].北京：中国人民大学出版社，2009.

[409] 吴萍.农村土地流转：基于现代经济学范式的理论分析与实证研究[D].重庆：重庆大学，2010.

[410] 吴志昊.山区农户耕地抛荒行为及其影响因素研究[D].杭州：浙江农林大学，2017.

[411] 伍艳.贫困山区农户生计资本对生计策略的影响研究——基于四川省平武县和南江县的调查数据[J].农业经济问题，2016，37（03）：88-94+112.

[412] 向云，祁春节，胡晓雨.老龄化、兼业化、女性化对家庭生产要素投入的影响——基于全国农村固定观察点数据的实证分析[J].统计与信息论坛，2018，33（04）：109-115.

[413] 肖国峰，朱秀芳，侯陈瑶，夏兴生.撂荒耕地的提取与分析——以山东省庆云县和无棣县为例[J].地理学报，2018，73（9）：1658-1673.

[414] 谢秋山，赵明.家庭劳动力配置，承包耕地数量与中国农民的土

地处置——基于 CGSS2010 的实证分析 [J]. 软科学, 2013, 27 (6): 59-63.

[415] 徐定德. 山地灾害威胁区农户能力、认知及行为响应研究——以三峡库区为例 [D]. 北京: 中国科学院大学, 2017.

[416] 徐志刚, 宁可, 钟甫宁, 纪月清. 新农保与农地转出: 制度性养老能替代土地养老吗？——基于家庭人口结构和流动性约束的视角 [J]. 管理世界, 2018, (5): 86-97.

[417] 许庆, 陆钰凤. 非农就业、土地的社会保障功能与农地流转 [J]. 中国人口科学, 2018, 188 (5): 30-41.

[418] 闫国强, 殷跃平, 黄波林, 张枝华, 代贞伟. 三峡库区巫山金鸡岭滑坡成因机制与变形特征 [J]. 岩土力学, 2019, 40 (S1): 329-340.

[419] 阳义南, 连玉君. 中国社会代际流动性的动态解析——CGSS 与 CLDS 混合横截面数据的经验证据 [J]. 管理世界, 2015, (04): 79-91.

[420] 杨国永, 许文兴. 耕地抛荒及其治理——文献述评与研究展望 [J]. 中国农业大学学报, 2015, 20 (5): 279-288.

[421] 杨娜, 李桦, 孙熠. 农户退耕成果维护意愿与行为一致性研究 [J]. 湖南农业大学学报（社会科学版）, 2018, (5): 27-33.

[422] 杨文杰, 巩前文. 国内耕地休耕试点主要做法, 问题与对策研究 [J]. 农业现代化研究, 2018, 39 (1): 9-18.

[423] 杨文涛, 汪明, 史培军, 沈玲玲. 基于地形因子分割, 分类的面向对象滑坡快速识别方法 [J]. 自然灾害学报, 2015, 24 (4): 1-6.

[424] 叶文平, 李新春, 朱沆. 地区差距、社会嵌入与异地创业——"过江龙"企业家现象研究 [J]. 管理世界, 2018, 34 (01): 139-156.

[425] 尹成杰. 粮安天下: 全球粮食危机与中国粮食安全 [M]. 北京:

中国经济出版社，2009.

[426] 尹虹潘，刘渝琳.城市化进程中农村劳动力的留守、进城与回流 [J].中国人口科学，2016，(04)：26-36+126.

[427] 应星.农户、集体与国家：国家与农民关系的六十年变迁 [M].北京：中国社会科学出版社，2014.

[428] 俞振宁，谭永忠，练款，吴次芳.基于计划行为理论分析农户参与重金属污染耕地休耕治理行为 [J].农业工程学报，2018，34 (24)：266-272.

[429] 俞振宁，谭永忠，练款，吴次芳.基于农户认知视角的重金属污染耕地治理式休耕制度可信度研究 [J].中国农村经济，2019，(3)：96-110.

[430] 袁梁，张光强，霍学喜.生态补偿、生计资本对居民可持续生计影响研究——以陕西省国家重点生态功能区为例 [J].经济地理，2017，37 (10)：188-196.

[431] 袁明宝.生计农业：中国小农的现实表达与发展转型 [J].南京农业大学学报 (社会科学版)，2013，13 (6)：21-24.

[432] 袁明宝.小农理性及其变迁 [D].北京：中国农业大学，2014.

[433] 张佰林，杨庆媛，严燕，薛梅，苏康传，臧波.快速城镇化进程中不同类型农户弃耕特点及原因——基于重庆市十区县540户农户调查 [J].资源科学，2011，33 (11)：2047-2054.

[434] 张柏齐.弃耕抛荒的现状与对策 [J].古今农业，1994，(4)：77-78.

[435] 张斌，徐邓耀，翟有龙，谌柯.耕地抛荒的定量化评价方法 [J].贵州农业科学，2003，31 (5)：43-44.

[436] 张超，刘国彬，薛萐，肖列.黄土丘陵区撂荒农耕地土壤有效态微量元素演变特征 [J].中国农业科学，2013，46 (18)：3809-3817.

[437] 张杰，王宇，李长才，黄玉，张令泽，肖华宗.云南彝良两河镇坪

子滑坡成因及特征分析[J].水文地质工程地质,2018,45(06):157-163.

[438] 张莉,何晶,马润泓.房价如何影响劳动力流动?[J].经济研究,2017,52(08):155-170.

[439] 张敏敏,徐祥玉,张志毅,熊又升,袁家富.抛荒对冷浸稻田土壤团聚体及有机碳稳定性的影响[J].中国生态农业学报,2015,23(5):563-570.

[440] 张娜,邓金钱.农户人力资本投资与城乡劳动力流动:总体效应与结构差异[J].农业技术经济,2017,(03):88-98.

[441] 张学珍,赵彩杉,董金玮,葛全胜.1992-2017年基于荟萃分析的中国耕地撂荒时空特征[J].地理学报,2019,74(3):411-420.

[442] 张艳虹.转型时期非农就业对农户农业生产的影响[D]. 浙江大学,2017.

[443] 张英.山区坡耕地撂荒机理与模型模拟:以重庆市武隆区为例[M].北京:气象出版社,2017.

[444] 张玉泽.供需要素视角下人地系统可持续性评估与空间均衡研究[D].济南:山东师范大学,2017.

[445] 张月蓉.人口、土地、粮食[J].农业技术经济,1982(6):43-44.

[446] 张鋆,杨慧玲.马克思农业地租理论的当代辨析——基于发展中国特色社会主义政治经济学视角[J].财经科学,2016,(8):51-58.

[447] 赵冠楠,金世华,蒋峰,贾丽丽,李荣耀.后退耕时代:成果管护行为,意愿与激励机制研究[J].中国人口资源与环境,2011,(S2):143-147.

[448] 赵光,李放.非农就业,社会保障与农户土地转出——基于30镇49村476个农民的实证分析[J].中国人口资源与环境,2012,

22（10）：102-110.

[449] 赵连阁，李旻.农村妇女非农就业转移对自身及其子女教育的影响——以辽宁省为例[J].中国人口科学，2008，（4）：74-80.

[450] 赵羚雅，向运华.互联网使用、社会资本与非农就业[J].软科学，2019，33（6）：49-53.

[451] 赵文娟，杨世龙，徐蕊.元江干热河谷地区生计资本对农户生计策略选择的影响——以新平县为例[J].中国人口·资源与环境，2015，25（S2）：162-165.

[452] 赵永平.基本农田为何上山[N].人民日报，2014-07-13.

[453] 赵子亮.农村耕地抛荒的影响因素及治理研究[D].广州：暨南大学，2015.

[454] 郑沃林，罗必良.农地确权颁证对农地抛荒的影响——基于产权激励的视角[J].上海财经大学学报，2019，（4）：90-99.

[455] 郑兴明，吴锦程.基于风险厌恶的农户弃耕撂荒行为及其影响因素分析——以福建省农户调查为例[J].东南学术，2013，（1）：89-96.

[456] 钟甫宁，纪月清.土地产权、非农就业机会与农户农业生产投资[J].经济研究，2009，（12）：43-51.

[457] 钟甫宁，陆五一，徐志刚.农村劳动力外出务工不利于粮食生产吗？——对农户要素替代与种植结构调整行为及约束条件的解析[J].中国农村经济，2016，（07）：36-47.

[458] 周飞舟，王绍琛.农民上楼与资本下乡：城镇化的社会学研究[J].中国社会科学，2015，（1）：66-83.

[459] 周丽娟，冉瑞平，林武阳，宋倩.农户耕地撂荒影响因素研究——基于宜宾市南溪区158户农户的调查[J].农村经济，2014，（4）：46-50.

[460] 朱飞，彭红明，王占巍，贾君.青海同仁隆务镇西山岩质切层滑坡破坏机理及防治措施分析[J].中国地质灾害与防治学报，

2017, 28 (01): 43-47.

[461] 朱泓宇, 李扬, 蒋远胜. 发展村社型合作金融组织推动乡村振兴 [J]. 农村经济, 2018, (1): 21-27.

[462] 朱民, 尉安宁, 刘守英. 家庭责任制下的土地制度和土地投资 [J]. 经济研究, 1997, (10): 62-69.

[463] 自然资源部地质灾害技术指导中心. 全国地质灾害通报 (2018年) [R]. 自然资源部地质灾害技术指导中心, 2019.

附录 A 四川典型调查村庄问卷

《滑坡灾害、非农就业对山丘区耕地抛荒的影响研究》
调查问卷（村表）

您好！非常感谢您抽出时间接受访问。本调查由四川农业大学组织，主要向您了解 2018 年农业生产相关情况。请您协助我们完成调查，以帮助国家今后更好地执行并完善政策。

我们承诺，该问卷仅用于科学研究，不会单独透露您个人的信息和观点。谢谢合作！

受访编码：_____

受访者姓名：_____

受访者联系电话：_____

受访者职务：_____

受访者所在地：_____省_____市_____县（区、市）_____村

访谈日期：_____年_____月_____日

访谈员：_____

查表人 1：_____   查表人 2：_____

A 村基本情况

A-1 村社会经济基本情况

词 条	2018年情况
01 总户数(户)	
02 总人口(户籍人口)(人)	
03 常住人口(人)	
04 村落面积(亩)	
05 总共有多少劳动力(人)(16-64岁且有劳动能力)	
06 其中,常年外出务工劳动力数(人)	
07 其中,农忙在家务农,农闲外出务工的劳动力数(人)	
08 村集体所有的企业数量(个)	
09 在乡镇内务工平均工资(元/天)	
10 全年人均纯收入(元)	
11 最近的柏油路/水泥路到村委会所在地的距离(公里)	
12 村委会到乡镇政府的距离(公里)	
13 使用常用交通工具从村委会到乡镇政府时间(分钟)	
14 水土流失情况(1=非常不严重;-5=非常严重)	
15 本村地势(1=平原;2=丘陵;3=山地)	
16 本村大姓(人口占比最多的姓氏)	
17 村落年平均降雨天数(天)	
18 村落年平均降雨量(mm)	

A-2 村土地利用基本情况

词 条	2018年情况
01 耕地总面积(亩)	
02 土地确权颁证率(%)	
03 最近一次土地调整年份	
04 最近一次土地调整涉及农户数(户)	
05 土地流转率(%)	
06 土地抛荒面积(亩)	
07 有效灌溉面积(亩)	
08 大部分耕地类型(1=平地;2=梯田;3=山地;4=其他,请说明)	
09 大部分耕地质量(1=好;2=中;3=差)	
10 是否有灌溉设施(1=是;2=否)	
11 是否有农业社会服务组织(1=是;2=否)	
12 是否有农业资金互助组织(1=是;2=否)	

B 村基础设施投资及灾害治理情况

词条	2018年情况
01 村落植被覆盖率(%)	
02 近5年村落道路投资(万元)	
03 近5年滑坡灾害治理投资(万元)	
04 滑坡灾害防治人员规模(人)	
05 近5年滑坡灾害给村落造成的损失(万元)	
06 易受滑坡灾害威胁的住户户数(户)	
07 近5年群测群防投资(万元)	
08 到目前为止,村里因为滑坡灾害造成的伤亡人数	
09 到目前为止,村里因为滑坡灾害造成耕地被毁的规模(亩)	
10 最近一次滑坡灾害发生年份	
11 造成损失最大的一次滑坡灾害发生年份	
12 本村防治滑坡灾害的措施 (1=加固不稳定斜坡;2=搬迁居民;3=设置警示牌;4=传递预警信息;5=其他,请说明)	

C 其他问题

C1 村内耕地抛荒的主要原因?(多选)_____

1. 缺少劳动力,耕种不了

2. 可能发生滑坡灾害,不愿意耕种

3. 种地太辛苦,不愿意耕种

4. 土地贫瘠,收成不好,不愿意耕种

5. 要搬迁到别处去,不再耕种

6. 距离远,交通不方便

7. 亏本,不愿意耕种

C2 滑坡灾害风险认知

1=非常不同意;2=不同意;3=一般;4=同意;5=非常同意

词条	同意程度
01 您不知道滑坡灾害是怎么发生的	
02 一旦发生滑坡灾害,您觉得天都塌了	

续表

词　条	同意程度
03 滑坡灾害这东西,说发生就发生了,是人力不可控制的	
04 如果滑坡灾害真的在您面前发生了,本村就只好听天由命了(生死有命)	
05 当您想到滑坡灾害时,您感到害怕	
06 您很担心滑坡灾害会对本村居住房屋造成的影响	
07 如果滑坡灾害发生了,村里老百姓的生产生活会受到严重影响	
08 如果滑坡真的在您面前发生了,只要人没事,就会乐观积极地去应对	
09 通过一些合理的方式(如治理工程),滑坡灾害是可以控制的	
10 滑坡灾害的发生虽然不可控,但你们可以做一些预防措施(如群测群防)减少损失	
11 即使发生滑坡灾害使得本村受灾,您也有较大信心从灾害中恢复过来	
12 在接下来10年,本村可能会发生滑坡	
13 您总感觉滑坡灾害在将来某一天就会来临	
14 相比于其他村庄,本村面临的滑坡灾害发生的可能性更大	
15 最近这几年滑坡灾害发生的征兆越来越明显(如时常有土块从坡上滑落)	
16 未来10年内,若发生滑坡灾害,本村的住房可能受灾	
17 未来10年内,若发生滑坡灾害,会影响到本村居民的生命安全	

附录 B 四川典型调查农户问卷

《滑坡灾害、非农就业对山丘区耕地抛荒的影响研究》
调查问卷

您好！非常感谢您抽出时间接受访问。本调查由四川农业大学组织，主要向您了解 2018 年农业生产相关情况。请您协助我们完成调查，以帮助国家今后更好地执行并完善政策。

我们承诺，该问卷仅用于科学研究，不会单独透露您个人的信息和观点。谢谢合作！

受访农户编码：_____

受访农户姓名：_____

受访者联系电话：_____

受访农户所在地：_____省_____市_____县（区、市）_____村_____小组

访谈日期：_____年_____月_____日

访谈员：_____

查表人 1：_____   查表人 2：_____

A 2018年底农户基本情况

序号	词条	答案
1	户主年龄	
2	户主性别(1=男;0=女)	
3	户主健康(1=非常不健康;2=不健康;3=一般;4=健康;5=非常健康)	
4	户主教育(1=具有高中及以上文凭;0=否)	
5	户主职业(1=从事农业生产;0=否)	
6	家庭总人口	
7	家庭中具有高中及以上文凭的成员数量	
8	家庭中处于一般健康状态以上人口的数量	
9	您家里16~64岁的劳动力数(读书/当兵/生大病不能劳动的不算)	
10	家里常年在外务工(累积在外超过6个月)的劳动力数(人)	
11	农闲外出务工,农忙回家种地的人数(人)	
12	您家参加协会组织的数量(如合作社、种养殖协会等)(个)	
13	您家亲朋有几位村、乡干部或其他公职人员(如教师、公务员)	

B 2018年家庭情况

B1 家庭收支情况

一、收入	元	二、支出	元
农业总收入		农业生产总成本(包括农机具、农资、灌溉、雇工等)	
其中:种粮收入		其中:生产性固定资产购买(农机具、运输车等)	
其他种植业收入(棉花、油料、蔬菜等)		经商投入成本(进货成本、原材料成本)	
畜牧、水产养殖业收入		缴纳各项集资(道路、水利建设等,投工投劳按市场价格折算成现金)	
林业收入(竹子、板栗、茶叶、林下等)		生活消费支出	
工资收入		其中:食品	
经商(商贩)收入		衣着	
转移性收入		住房(盖房、修房)	
其中:各项农业补贴收入(如粮食直补、农资补贴、农机补贴)		燃料、能源(包括水、电、液化气等)	
各项林业补贴收入(用括号注明公益林补偿和退耕补助)		生活耐用品(家电等)	

续表

一、收入	元	二、支出	元
其他政府补贴、救济收入（低保、救济金）		医疗、卫生	
礼金收入		学杂费	
财产性收入（房屋租金、借贷利息等）		交通通信（车费、电话费等）	
其他收入（注明）		人情往来开支（婚丧嫁娶）	
合计		合计	

B2　家庭借贷和交通情况

B2-1　您觉得借（贷）款1万元困难吗？_____（1=容易；2=困难）

B2-2　2018年您家是否借（贷）款？_____[1=有（则回答B2-3）；2=无（跳至B2-4开始回答）]

B2-3　借（贷）款来源？（多选）_____（1=亲朋好友；2=资金互助组织；3=互联网借贷平台；4=银行机构）

B2-4　您的家离最近的集镇距离大约有_____公里

B2-5　最常用方式到集镇所需时间大约有_____分钟

B3　家庭资产情况

B3-1　住房资产

	单位/代码	第一处住房	第二处住房	第三处住房
01 你家一共有几间房间	间			
02 建筑面积有多大	平方米【1亩=667平方米，1亩=10分；1米=3尺；1丈=10尺】			
03 房产现值	万元			
04 房子结构	1=草房，2=土房，3=木房，4=砖瓦房，5=混凝土房，6=其他（请注明）_____			
05 房子修建/购买多少年	年			

B3-2　2018年底家庭拥有资产情况（生产工具和耐用消费品）

资产名称	数量	现在卖，一共值多少元	资产名称	数量	现在卖，一共值多少元	资产名称	数量	现在卖，一共值多少元
拖拉机			摩托车			太阳能热水器		
水泵			电动自行车			手机(含固定电话)		
役畜(如耕地的牛)			电脑			电视机		
机动三轮			电冰箱或冰柜			洗衣机		
汽车			空调			其他值钱物品		

B4　滑坡灾害认知情况

B4-1　滑坡灾害发生情况

题目	选项	回答
01 您是否知道村里发生过滑坡灾害	1=是;2=否	
02 最近一次发生滑坡是哪一年	直接填年份	
03 您记忆中最早一次发生滑坡是哪一年	直接填年份	
04 您家是否因滑坡遭受过损失	1=是;2=否	
05 如果遭受过因滑坡的损失,损失了什么(多选)	1=家庭成员;2=房屋资产;3=农田和农作物都损失了;4=仅农作物损失	

B4-2　滑坡灾害风险认知

1=非常不同意;2=不同意;3=一般;4=同意;5=非常同意	
词条	同意程度
01 您不知道滑坡灾害是怎么发生的	
02 一旦发生滑坡灾害,您觉得天都塌了	
03 滑坡灾害这东西,说发生就发生了,是人力不可控制的	

续表

词条	同意程度
04 如果滑坡灾害真的在您面前发生了,您就只好听天由命了(生死有命)	
05 当您想到滑坡灾害时,您感到害怕	
06 您很担心滑坡灾害会对居住房屋造成的影响	
07 如果滑坡灾害发生了,村里老百姓的生产生活会受到严重影响	
08 如果滑坡真的在您面前发生了,只要您人没事,您就会乐观积极地去应对	
09 通过一些合理的方式(如治理工程),滑坡灾害是可以控制的	
10 滑坡灾害的发生虽然不可控,但你们可以做一些预防措施(如群测群防)减少损失	
11 即使发生滑坡灾害使得家里受灾,您也有较大信心从灾害中恢复过来	
12 在接下来 10 年,您家附近可能会发生滑坡	
13 您总感觉滑坡灾害在将来某一天就会来临	
14 相比于其他农户,您家面临的滑坡灾害发生的可能性更大	
15 最近这几年滑坡灾害发生的征兆越来越明显(如时常有土块从坡上滑落)	
16 未来 10 年内,若发生滑坡灾害,您家的住房和土地可能受灾	
17 未来 10 年内,若发生滑坡灾害,会影响到您及家人的生命安全	

B4-3 信息沟通情况

B4-3-1 是否获得滑坡灾害预警信息?_____ (1=是;2=否)

B4-3-2 如果获得了预警信息,信息来源?(多选)_____ (1=电视或广播;2=村干部;3=亲邻朋友;4=互联网;5=手机短信)

B4-3-3 您家里是否通互联网?_____ (1=是;2=否)

B4-3-4 如果通互联网,通过什么途径上网?(选最常用的一种)_____ (1=电脑;2=手机)

B5 土地情况

B5-1 土地利用情况

词条	答案
01 家中耕地的总体质量如何(1=很不好;-5=很好)	
02 家中转出土地面积(亩)	
03 家中转入土地面积(亩)	
04 家中正在经营耕地面积(包括土地和水田)(亩)	
05 家中正在经营田块数(块)(含转入去除转出)	

续表

词 条	答案
06 家中土地水土流失程度(1=很不严重;-5=很严重)	
07 家中土地平原面积:_____;丘陵面积:_____;山地面积:_____	
08 家中正在经营林地面积(亩)	
09 家中正在经营果园面积(亩)	
10 是否拿到土地确权登记证(0=否;1=是)	
11 是否愿意流转土地(包括转入和转出)(1=非常不愿意;-5=非常愿意)	
12 家中抛荒土地面积(亩)	

B6 其他问题

B6-1 周围邻居劳动力非农就业的比例有多大？_____（0~100%，根据实际情况填写）

B6-2 户主姓氏：_____

B6-3 家庭耕地抛荒的主要原因？（多选）_____

　　1. 缺少劳动力，耕种不了

　　2. 可能发生滑坡灾害，不愿意耕种

　　3. 种地太辛苦，不愿意耕种

　　4. 土地贫瘠，收成不好，不愿意耕种

　　5. 要搬迁到别处去，不再耕种

　　6. 距离远，交通不方便

　　7. 亏本，不愿意耕种

B6-4 经度：_____

B6-5 纬度：_____

调查员请注意：经纬度获取方法如下：1. 下载"元道手机相机"；2. 点击设置按钮，将"添加水印图片"改为开启、"显示时间"改为开启、"GPS位置"改为开启；3. 每次拍摄之前，点击"添加文字"改为"问卷编号"，编号规则为姓名首字母+编号，例如，我叫张三，第一份问卷就为zs001。

附录 C　稳健性检验中提取滑坡灾害风险认知变量的方法

风险认知测度过程：熵权法

①对变量进行标准化处理。为了使得不同量纲能够对风险认知测度的影响一致，对风险认知的原始变量进行标准化处理。对正向指标的处理见方程（1），对负向指标的处理见方程（2）。

$$Y_{ij} = \frac{X_{ij} - \text{Min}(X_{1j}, X_{2j}, X_{3j}, \cdots, X_{nj})}{\text{Max}(X_{1j}, X_{2j}, X_{3j}, \cdots, X_{nj}) - \text{Min}(X_{1j}, X_{2j}, X_{3j}, \cdots, X_{nj})}$$
$$i = 1, 2, 3, \cdots, n; j = 1, 2, 3, \cdots, m \tag{1}$$

$$Y_{ij} = \frac{\text{Max}(X_{1j}, X_{2j}, X_{3j}, \cdots, X_{nj}) - X_{ij}}{\text{Max}(X_{1j}, X_{2j}, X_{3j}, \cdots, X_{nj}) - \text{Min}(X_{1j}, X_{2j}, X_{3j}, \cdots, X_{nj})}$$
$$i = 1, 2, 3, \cdots, n; j = 1, 2, 3, \cdots, m \tag{2}$$

其中，下标 i、j、n 和 m 分别表示小农、风险认知指标、农户数量和风险指标数量；Y 表示无量纲化后的结果；X 表示变量原始值；Max 和 Min 分别表示求同一变量所有观察值的最大值和最小值。熵权法处理过程中，无特殊说明时均指此意。

②农户 i 的风险认知指标 j 的比重。计算农户 i 第 j 项指标占该指标总和的比重 $Ratio_{ij}$，见方程（3）。

$$Ratio_{ij} = \frac{Y_{ij}}{\sum_{i=1}^{n} Y_{ij}}, \ i = 1, 2, 3, \cdots, n \tag{3}$$

附录 C 稳健性检验中提取滑坡灾害风险认知变量的方法

③计算风险认知指标 j 的熵值 E_j，见方程（4）。

$$E_j = -\frac{1}{\mathrm{Ln}(n)} \times \sum_{i=1}^{n} [Ratio_{ij} \times \mathrm{Ln}(Ratio_{ij})], i = 1,2,3,\cdots,n \quad (4)$$

④计算风险认知指标 j 的差异性系数 D_j，见方程（5）。

$$D_j = 1 - E_j \quad (5)$$

⑤确定风险认知指标 j 的权重 W_j，见方程（6）。

$$W_j = \frac{D_j}{\sum_{j=1}^{m} D_j}, j = 1,2,3,\cdots,m \quad (6)$$

⑥计算农户 i 的风险认知指标 j 的得分 $Score_{ij}$，见方程（7）。

$$Score_{ij} = W_j \times Y_{ij} \quad (7)$$

⑦农户 i 的风险认知水平 $Landslides_i$，见方程（8）。

$$Landslides_i = \sum_{j=1}^{m} Score_{ij}, j = 1,2,3,\cdots,m \quad (8)$$

著作撰写过程中形成的阶段性成果

著作撰写过程中在国内外学术期刊上发表了 30 余篇阶段性成果论文，现选取代表性论文 9 篇，如下文所列。

[1] 邓鑫，张宽，漆雁斌. 文化差异阻碍了农业技术扩散吗？——来自方言距离与农业机械化的证据 [J]. 中国经济问题，2019. （CSSCI 收录）

[2] Deng Xin, Xu Dingde, Zeng Miao, Qi Yanbin. Does early-life famine experience impact rural land transfer? Evidence from China [J]. Land use policy, 2019. （SSCI 收录）

[3] Deng Xin, Xu Dingde, Zeng Miao, Qi Yanbin. Does Internet use help reduce rural cropland abandonment? Evidence from China [J]. Land use policy, 2019. （SSCI 收录）

[4] Deng Xin, Xu Dingde, Zeng Miao, Qi Yanbin. Does outsourcing affect agricultural productivity of farmer households? Evidence from China [J]. China Agricultural Economic Review, 2020. （SSCI 收录）

[5] Deng Xin, Zeng Miao, Xu Dingde, Qi Yanbin. Why do landslides impact farmland abandonment? Evidence from hilly and mountainous areas of rural China [J]. Natural Hazards, 2022. （SCI 收录）

[6] Deng Xin, Lian Panpan, Zeng Miao, Xu Dingde, Qi Yanbin. Does farmland abandonment harm agricultural productivity in hilly and mountainous areas? evidence from China [J]. Journal of Land Use Science,

2021. （SCI 收录）

［7］Deng Xin, Zeng Miao, Xu Dingde, Qi Yanbin. Does Social Capital Help to Reduce Farmland Abandonment? Evidence from Big Survey Data in Rural China ［J］. Land, 2020. （SSCI 收录）

［8］Xu Dingde, Deng Xin, Guo Shili, Liu Shaoquan. Labor migration and farmland abandonment in rural China: Empirical results and policy implications ［J］. Journal of Environmental Management, 2019. （SSCI 收录）

［9］Xu Rong, Zhan Yating, Zhang Jialan, He Qiang, Zhang Kuan, Xu Dingde, Qi Yanbin, Deng Xin. Does Construction of High–Standard Farmland Improve Recycle Behavior of Agricultural Film? Evidence from Sichuan, China ［J］. AGRICULTURE-BASEL, 2022. （SCI 收录）

图书在版编目（CIP）数据

藏粮于地：山丘区耕地抛荒治理策略研究 / 邓鑫，漆雁斌等著 . --北京：社会科学文献出版社，2023.10
　ISBN 978-7-5228-2495-6

　Ⅰ.①藏⋯　Ⅱ.①邓⋯ ②漆⋯　Ⅲ.①农垦-农业经济-研究-中国　Ⅳ.①F324.1

　中国国家版本馆 CIP 数据核字（2023）第 170205 号

藏粮于地：山丘区耕地抛荒治理策略研究

著　　者／邓　鑫　漆雁斌　等

出 版 人／冀祥德
组稿编辑／陈凤玲
责任编辑／李真巧
责任印制／王京美

出　　版／社会科学文献出版社·经济与管理分社（010）59367226
　　　　　 地址：北京市北三环中路甲29号院华龙大厦　邮编：100029
　　　　　 网址：http://www.ssap.com.cn

发　　行／社会科学文献出版社（010）59367028
印　　装／三河市东方印刷有限公司
规　　格／开　本：787mm×1092mm　1/16
　　　　　 印　张：16.5　字　数：232千字
版　　次／2023年10月第1版　2023年10月第1次印刷
书　　号／ISBN 978-7-5228-2495-6
定　　价／128.00元

读者服务电话：4008918866

版权所有　翻印必究